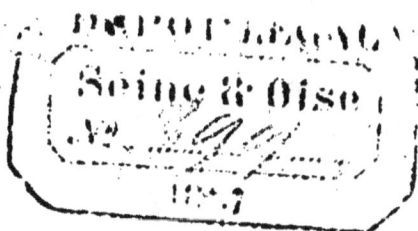
LE
LOGEMENT

3378

DE

L'OUVRIER ET DU PAUVRE

PAR

Arthur RAFFALOVICH

Etats-Unis
Grande-Bretagne — France
Allemagne — Belgique

PARIS
LIBRAIRIE GUILLAUMIN ET Cie
RUE RICHELIEU, 14
—
1887

LE LOGEMENT

DE

L'OUVRIER ET DU PAUVRE

OUVRAGES DE M. ARTHUR RAFFALOVICH

LES FINANCES DE LA RUSSIE DEPUIS LA DERNIÈRE GUERRE D'ORIENT. 1883.

LA NOUVELLE LOI SUR LES SOCIÉTÉS ANONYMES EN ALLEMAGNE. 1884.

LE WURTEMBERG, développement de l'industrie et du commerce. 1886.

LA LIGUE POUR LA DÉFENSE DE LA LIBERTÉ ET DE LA PROPRIÉTÉ. LE SOCIALISME DE M. CHAMBERLAIN, préface de M. Léon SAY. 1886.

TRAVAIL ET SALAIRES, de H. FAWCETT, traduction précédée d'une préface. 1884.

LE TRANSPORT PAR LES CHEMINS DE FER, par M. Arthur T. HADLEY, traduction par MM. Arthur RAFFALOVICH et L. GUÉRIN, précédé d'une préface par M. Arthur RAFFALOVICH. 1887.

8396-87. — CORBEIL. Typ. et stér. CRÉTÉ.

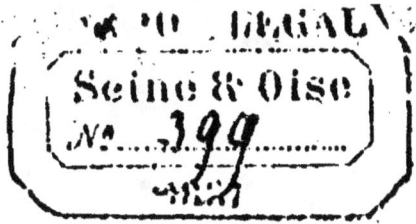

LE

LOGEMENT

DE

L'OUVRIER ET DU PAUVRE

PAR

Arthur RAFFALOVICH

États-Unis
Grande-Bretagne — France
Allemagne — Belgique

PARIS

LIBRAIRIE GUILLAUMIN ET Cie

RUE RICHELIEU, 14

—

1887

LE LOGEMENT

DES OUVRIERS ET DES PAUVRES

AUX ÉTATS-UNIS

CHAPITRE PREMIER

NEW-YORK. CAUSES GÉOGRAPHIQUES DE LA DENSITÉ DE LA POPU-
LATION A NEW-YORK. OBLIGATION D'ÊTRE A PROXIMITÉ DE
L'ATELIER, ATTRACTION EXERCÉE PAR UNE GRANDE VILLE. —
NOMBRE DES MAISONS. ÉTAT DES LOGEMENTS, LOYERS ET SALAIRES
COMPARÉS EN EUROPE ET A NEW-YORK. PRESSION DE L'OPINION
PUBLIQUE. RÔLE DE DEUX ASSOCIATIONS VOLONTAIRES. LA LÉGIS-
LATION SANITAIRE.

Si différent que soit le cadre, quelque contraste qu'il y ait sur certains points entre les
Américains et nous, une raison me porte à croire
qu'il vaut la peine d'étudier certaines questions
chez eux : c'est que la constitution des États-Unis
offre des garanties extraordinaires contre tout
transfert violent de la propriété d'un individu à un
autre par un pouvoir législatif quelconque. Les
lois y sont précises en matière d'expropriation

1

publique : quant à transférer la propriété d'une personne à une autre, fût-ce même considéré comme un bien social, toute loi sanctionnant une mesure obligatoire de ce genre, votée par la législature d'un État quelconque, serait cassée par la cour suprême des États-Unis. La sainteté des droits de propriété individuelle est l'un des fondements de la société, la liberté du contrat privé est respectée aux États-Unis, elle y est entourée de garanties. Cela n'implique nullement qu'on s'y montre clément envers les abus des droits de propriété, contre les négligences. Loin de là, l'opinion publique, les chambres et la presse savent faire acte de vigueur lorsqu'il le faut. On trouve seulement inutile, dangereux de substituer l'action de l'État ou de l'autorité locale, de charger l'État d'attributions nouvelles, lorsqu'on peut arriver au même résultat par des voies moins coûteuses.

Certains problèmes sociaux se présentent avec une singulière uniformité dans toutes l grandes agglomérations humaines. Malgré des salaires plus élevés (que compense d'autre part la cherté de la vie, due au système protectionniste), quoique l'on se trouve dans des pays relativement neufs, la question du logement ressemble sous bien des aspects à ce qu'elle est dans les vieilles capitales de l'Europe.

J'épargnerai au lecteur la description pittoresque

des logements insalubres de New-York. Les tableaux si minutieusement exacts que MM. d'Haussonville, Picot, Dʳ du Mesnil, ont tracés de la misère à Paris, s'appliquent avec bien peu de changement à la métropole du commerce américain. C'est la même saleté, les mêmes habitudes de malpropreté, la même ignorance d'un standard de comfort, le même mépris des lois de la décence, la même pauvreté, la même insuffisance de ressources ne permettant pas aux habitants de ces bouges de consacrer davantage à leur logement; la même puanteur, le même amoncellement de poussière et de détritus de toute nature, d'escaliers aux marches vermoulues, de croisées sans vitre : le même spectacle de dégradation. Sous certains rapports, New-York se distingue favorablement de Londres, de Paris même, en ce que sous la pression de l'opinion publique, il a été fait de grands progrès depuis 1878, que des associations volontaires ont stimulé l'action du pouvoir législatif et de l'autorité locale. Il n'y a pas à New-York, paraît-il, des quartiers complets qu'il faille démolir et reconstruire. Les points sombres ne manquent pas sur le plan de la ville, mais ils sont moins nombreux aujourd'hui. On considère également le problème d'une façon différente, plus pratique qu'en Europe; on invoque l'application de la loi, mais on ne veut pas transformer l'État en pourvoyeur de logements à bon marché, en prêteur de capitaux.

Je remarquerai, en passant, que les Américains prétendent que la population d'origine européenne, née en Europe (environ 50 p. 100) est moins exigeante à New-York que l'*American born*. Les paysans irlandais, allemands, italiens, les juifs polonais et russes, vivent dans des chambres mal aérées, mal tenues, dont les indigènes ne voudraient pas. Les premiers sont accoutumés à un niveau inférieur de bien-être et d'hygiène ; il est vrai qu'ils travaillent à meilleur marché et qu'ils arrivent sans grandes ressources.

Le problème sous la forme de maisons à logements multiples est d'origine récente à New-York, puisque la première a été construite en 1838 dans Charry street. La population à cette époque ne dépassait pas beaucoup 200,000 âmes. Les maisons étaient habitées par un nombre relativement restreint de personnes. Aujourd'hui il en est autrement; les deux tiers au moins d'une population de 1,200,000 habitent des maisons occupées par plus de trois familles. La position géographique (New-York est située sur l'île de Manhattan) implique la nécessité de concentrer les maisons et de les bâtir en hauteur. Les gens se sont absolument habitués à vivre de la sorte, à occuper un étage ou une partie d'étage. Aujourd'hui même, malgré les facilités plus grandes de communication, malgré les chemins de fer, *elevated rail-*

roads, malgré les nouveaux ponts, la population ne se déplace pas.

C'est surtout le cas pour les ouvriers et pour les indigents. La fascination qu'exerce une grande ville est bien connue; il y a là des agréments, des distractions qu'on ne trouve pas ailleurs; le pauvre, le paresseux rencontrent des occasions de vivre aux dépens de la charité de leurs concitoyens.

C'est là ce qui retient beaucoup d'indigents : justement la classe la plus mal logée, la moins capable de se procurer de meilleurs logements est la plus sédentaire. L'ouvrier pour qui le temps a une valeur toute particulière, ne veut pas s'éloigner de l'endroit où est son atelier, son chantier; il peut venir prendre ses repas à domicile, ce qui est une grande économie, et le soir, la fatigue de la route ne s'ajoute pas à celle de la journée. Il épargne volontiers aussi le prix du transport. Comme il est obligé, à New-York, d'être à sept heures du matin au travail, et que tout retard entraîne pour lui des inconvénients, il craint en hiver d'être arrêté par le verglas, par le brouillard. Toute sorte de mobiles, d'habitudes le retiennent. Les moyens de communication plus nombreux servent surtout aux commis, aux boutiquiers, qui ont transporté leur domicile au dehors. La position insulaire de New-York est un facteur important, elle a contribué à resserrer la population. Philadelphie est dans une situation plus heureuse, comme j'aurai l'occasion de le montrer tout à l'heure.

A New-York a population augmente rapidement (de 1860 à 1880, 50 p. 100); chaque année elle croît de 30 à 40,000 âmes; il y a là affluence du dehors. L'émigration européenne laisse un contingent considérable dans la ville. En même temps, l'activité des constructions ne semble pas excessive, 1,000 à 1,500 maisons à plusieurs locataires dans les dernières années (1).

Les habitants de New-York ont commencé par s'établir à l'extrémité méridionale de l'île, autour de ce qu'on appelle la Batterie, dans le terrain compris dans le premier et le quatrième arrondissement. La plupart des maisons vers 1840 étaient en brique, à trois étages; beaucoup d'entre elles sont devenues des bureaux ou des magasins, quelques-unes sont encore habitées. La première maison de location (*tenement house*) a été construite en 1838 (Gotham Court) dans Charry street; plus tard la chapelle baptiste dans Mulberry street fut vendue et transformée en maison de rapport. Comme le revenu de ce genre d'immeubles était considérable, que la population croissait rapidement, la spéculation se tourna vers cette espèce de placement, et bientôt tout le long de Mul-

(1) De 1869 à 1879, on a construit 6.441 *tenement houses*, qui ont coûté 410 millions de francs.

berry street, d'Elisabeth street, de Baxter street,
on transforma d'anciennes habitations pour une
ou deux familles en maisons à locataires multiples.

Je n'ai pas besoin de dire tous les inconvénients d'une semblable transformation, lorsque
l'installation intérieure, celle des water closets par
exemple, a été calculée pour quelques personnes
et qu'elle doit servir à un grand nombre. On édifia
en même temps des maisons avec de nombreux
logements, mais on le fit sans égard pour la salubrité et le comfort; on chercha à entasser le
plus d'habitants possible dans un espace limité,
on ne s'inquiéta pas de faire pénétrer l'air et la
lumière dans les appartements, d'éclairer les escaliers, de séparer les maisons par des cours; on
les adossa les unes aux autres, de manière à couvrir le lot de terrain, ordinairement 10 mètres
sur 33. Il est vrai que pendant longtemps,
la propreté des rues, la canalisation des égouts
demeura dans l'état le plus primitif. New-York
n'a été doté d'un *Board of health* qu'en 1866, et
ce n'est guère que depuis 1879 qu'on fait exécuter
rigoureusement les règlements concernant la construction de nouvelles maisons. On peut se figurer
sans peine la condition du logement, l'encombrement inouï, lorsque la population grandit dans
des proportions énormes et qu'il y a une absence
complète de législation.

Les ouvriers et la population indigente sont restés en possession du sud et du sud-est de New-York. Les maisons où ils logent sont pour la plupart des édifices en brique, de quatre à six étages sur la rue, souvent un magasin au rez-de-chaussée et trop souvent un débit de boissons. Le nombre des débits autorisés est de 6,100, celui des débits clandestins est de 2,000 environ. Le nombre des *tenement houses* est de 27,000. Le débit a une porte latérale pour l'usage des habitants de la maison et pour la vente aux heures interdites le dimanche. Quatre familles occupent d'ordinaire un étage, et chaque appartement se compose d'une pièce où l'on fait la cuisine, où l'on se tient le jour, d'un ou plusieurs cabinets obscurs où l'on couche; l'escalier est le plus souvent une sorte de puits sombre au centre de la maison. Parfois il y a encore sur le derrière une seconde maison de trois étages, dont chacun est occupé par deux familles. Ainsi une seule maison peut abriter 20 ou 30 familles avec 40 ou 50 enfants, sans parler des cas fréquents où l'on prend des locataires à la nuit moyennant 50 centimes. Cette habitude se retrouve aussi à Berlin, où la densité de la population pauvre est très considérable (1). Celle de New-York dépasse ce que nous—

(1) Voir sur cette question, « Les populations urbaines en France comparées à celles de l'étranger », par M. E Levasseur. Paris avait 302 habitants par hectare de terrain bâti, Vienne 637, Berlin 657, Gênes 933, en 1881.

connaissons en Angleterre : Londres n'a que 170,000 habitants par mille carré, New-York 290,000. A Londres, il y a sept habitants en moyenne par maison, six à Philadelphie, huit à Boston, seize à New-York, et dans cette dernière ville la moyenne est souvent transformée en vingt-cinq. A Londres sur un acre on trouve 45 personnes, à New-York, dans certaines parties, de 300 à 750. Dans le 11° arrondissement, un îlot de 52 maisons avec 2,360 habitants, nous donne 45 par maison. En 1879, il y avait 21,163 *tenement houses*, renfermant en moyenne 7 à 8 familles de 4 à 5 personnes chacune, cela fait environ 160,000 familles ou 720,000 personnes. En 1885 dans 26,859 *tenement houses* vivent plus de la moitié, peut-être les deux tiers d'une population approchant de 1,300,000 à 1,400,000 âmes. On a calculé que dans 18,996 maisons en 1883, il y avait plus de 50 personnes, dans quelques-unes 150 et davantage. Dans une maison 32 pièces n'avaient pas de communication avec l'air extérieur. Je pourrais citer des cas extraordinaires d'entassement dans une seule pièce, et les pièces ne sont pas grandes. Dans ce qu'on appelle New-Italy, le quartier habité par les Italiens, qui sont ici comme chez nous ouvriers terrassiers, fabricants de casseroles, marchands de statuettes, il n'est pas rare de trouver 6, 7, 10 habitants dans une chambre. New-Italy est célèbre par sa saleté et ses mauvaises odeurs, le quartier des israélites dans Baxter street peut seul lui disputer la palme.

Le président du *New-York Board of health* a déclaré en 1878 que 9,846 *tenement houses* sur 18,582 étaient en mauvais état par suite de l'encombrement, d'une ventilation défectueuse, de l'absence de lumière, d'un drainage insuffisant et d'un manque de water closets. D'après l'avis d'observateurs compétents, dix pour cent.des *tenement houses* étaient dans une condition satisfaisante, cinq pour cent au-dessous de toute critique, presque impossible à améliorer. Le reste remplissait l'intervalle du bon au très mauvais par une gradation ininterrompue.

Il existe à New York des logements à bon marché très confortables, beaucoup mieux entendus que les appartements les plus luxueux de Paris. Dans 70th Street, l'Improved Dwelling Company a construit des maisons qui sont parfaites au point de vue de la sécurité, du comfort et de l'économie. Il y a là des appartements de trois pièces, la cuisine au milieu, de manière à chauffer les deux chambres à coucher, et toutes les trois pièces ont des fenêtres qui laissent largement pénétrer l'air. D'autres appartements ont quatre et cinq pièces. Il y a dans la maison un ascenseur pour monter le charbon, le bois et les gros paquets; chaque appartement a son gazomètre et sa conduite d'eau. En outre, afin d'éviter le transport des cendres par l'escalier, un tuyau descend de chaque cuisine dans un réceptacle à la cave ; on jette par là cendres, poussière, etc. qui sont enlevées tous les deux ou trois jours. Quelques-uns de ces appartements ont un récipient fixe pour faire la lessive, les autres ont des lavoirs communs, chauffés à la vapeur, dans le bas de l'immeuble ou au sixième étage. Le linge sèche sur le toit. Mais ces maisons sont l'exception. Il y a un règlement intérieur assez sévère, et comme l'on exige la propreté et l'ordre chez le locataire, elles ne sont recherchées que par une élite. En général les immeubles construits depuis 1879 sont de beaucoup supérieurs aux maisons plus anciennes.

On me permettra d'ouvrir ici une parenthèse. Avant de renseigner le lecteur sur la législation en vigueur, sur les efforts qui ont amené une amélioration, je voudrais toucher quelques mots des loyers et des salaires.

Les salaires sont en général plus élevés aux États-Unis qu'en Europe. D'après M. Mulhall, dont il ne faut accepter les données qu'avec une certaine réserve,

Par semaine :

	en Angleterre	en France	à New-York
un imprimeur gagne	40 fr.	25 fr.	70 fr.
un plombier	41.25	28.75	77.50
un tailleur	41.25	26.25	72.50
un cordonnier	38.75	25	77
un maçon	43.75	23	68

D'après le bureau de statistique du Massachusetts, une famille de cinq personnes (deux adultes, trois enfants) gagne 4,015 fr. par an dans cet État, 2,583 fr. en Angleterre, le chef de famille figurant pour 2,790 en Amérique, 1,543 en Angleterre. Je donne ces chiffres simplement à titre de renseignement. La même autorité américaine estimait qu'en 1883 la nourriture et le logement étaient en moyenne 39 p. 100 plus dispendieux dans le Massachusetts que dans la Grande-Bretagne. Elle a compilé un tableau comparé des loyers, d'après lequel la moyenne du loyer dans le Massachusetts était de 740 francs l'an (19 p. 100 du budget ouvrier), en Angleterre de 340 fr. (13 1/2 p. 100). Le niveau du comfort, *standard of living*, est supérieur de l'autre côté de l'océan Atlantique. On a vu plus haut quels étaient les salaires indiqués par M. Mulhall. Le loyer dans les maisons modèles de l'Improved Dwellings Company de New-York ou dans celles de M. White à Brooklyn est 10 p. 100 plus bas que dans les maisons ordinaires; il varie par mois de 36 à 77 fr. 50 suivant l'étage et le nombre de pièces à New-York, de 30 à 50 fr. à Brooklyn. En général le loyer va de 40 à 60 ou 80 fr. même davantage. Un appartement de quatre petites pièces coûtera 60 à 70 fr. par mois, 720 à 840 fr. par an, tandis qu'à Paris on peut avoir l'équivalent pour 350 ou 400 francs. Dans les garnis de New-York, fréquentés par les ouvriers sans occupation régulière, les déclassés, la partie dangereuse de la population, le prix est de 50, 75 cen-

times par nuit; à la semaine un lit peut coûter 4 à
5 fr. Certains dortoirs de bas étage se contentent
de 25 centimes. Les garnis sont vides l'été, ils
regorgent l'hiver; le nombre réglementaire de
lits est alors dépassé d'ordinaire. Certains garnis
qui sont presque des hôtels, se font payer 2 fr. 50
la chambre.

Pendant très longtemps on abandonna les choses
à elles-mêmes. Jusqu'en 1866, New-York n'a pos-
sédé aucune autorité locale spécialement chargée
de veiller à la salubrité des rues et des habitations.
Le taux de la mortalité a été naturellement fort
élevé, tant que personne ne s'est occupé d'une
manière suivie et scientifique du drainage, de
l'enlèvement des ordures, tant qu'un minimum
d'air, de lumière, n'a pas été imposé aux constructeurs de nouvelles maisons, tant qu'on a toléré la
négligence des propriétaires, tant qu'on s'est borné
à combattre les épidémies déclarées sans chercher
à faire de l'hygiène préventive. Le climat de New-
York, avec ses chaleurs extrêmes en été, présente
des dangers particuliers, et l'arrivée de nombreux
émigrants d'Europe empirait encore la situation.
L'honneur d'avoir attiré l'attention sur le défaut
de salubrité, sur l'absence de législation, appartient
à l'Association pour améliorer la condition du
pauvre, fondée en 1843, incorporée en 1848(1). Elle

(1) Voir les rapports annuels de ces deux sociétés, où nous
avons puisé de nombreux renseignements.

dispose aujourd'hui d'un capital de 108,000 doll.,
rapportant 7,300 doll. ; elle a recueilli, en 1884,
22,000 doll. Elle a fait énormément de bien dans
les quarante-trois années de son existence. Plus tard
on a fondé la State Charities Aid Association (association auxiliaire des établissements d'assistance
publique), qui fonctionne depuis quatorze ans. Ces
deux associations, nées de l'initiative privée, ayant
leur origine dans un sentiment de philanthropie
intelligente, ne veulent à aucun prix étouffer chez
le pauvre la notion du respect et de l'aide de soi.
Au contraire elles cherchent à développer ce
double sentiment, qui est le facteur le plus puissant de l'élévation physique et morale. Voici le
programme de la plus ancienne association : diminuer le vagabondage et le paupérisme, en constater la véritable cause, empêcher l'abus de la
charité faite sans réflexion, protéger la collectivité
contre la fraude et l'imposture, faire du travail la
base du secours, veiller à ce que les cas de véritable
détresse soient secourus aussitôt, relever le *home
life*, la santé et les habitudes du pauvre, introduire
et encourager l'épargne et l'économie, faciliter
l'application des lois relatives à la salubrité et
à la propreté de la ville, assurer de meilleures
conditions d'existence à la population des logements ouvriers. La seconde association poursuit
un objet identique ; elle veut de plus coopérer
avec l'assistance publique de l'État et organiser

l'entente entre les diverses sociétés charitables.

Ces associations se sont constituées les patrons, les avocats du pauvre et de l'ouvrier, qui ignorent la loi ou qui sont incapables d'en demander l'exécution, sous peine de s'attirer l'inimitié du land-lord, qui expulsera sans merci tout locataire incommode ou qui augmentera le loyer. Elles se chargent de leurs intérêts, elles font inspecter les logements dénoncés comme insalubres, elles insistent pour que la loi municipale soit mise en branle là où le cas d'urgence a été dûm. ent prouvé. Elles ont obtenu la correction d'une foule d'infractions, elles ont été mises en contact avec ceux qui souffrent en silence, elles ont accumulé un nombre considérable de faits, dont la publication a plus d'une fois ému l'opinion publique et permis de triompher de résistances intéressées. L'Association pour améliorer la condition du pauvre est purement volontaire ; elle n'est revêtue d'aucun pouvoir officiel, elle n'a pour elle que l'influence morale. Un rôle analogue, en ce qui concerne le logement des ouvriers, l'application de la loi et des règlements, est joué en Angleterre par le Comité de Mansion house, formé en 1884, et qui a publié deux intéressants rapports annuels.

Comme je le disais plus haut, c'est l'Association pour améliorer la condition du pauvre qui a commencé la croisade. Au bout de quelques années d'activité, elle s'aperçut que tous les efforts en faveur des classes dépendantes d'un salaire journalier, n'aboutiraient à rien, si l'on ne parvenait à assainir dans une certaine mesure les logements, à diminuer les foyers de maladie et d'immoralité. Ce fut sous l'empire de cette idée qu'elle entama une campagne, qu'elle prit en main la question des logements insalubres : en 1853-1854, elle se livra à une enquête qui révéla une situation effroyable. Sous la pression des faits relevés par elle, une commission parlementaire fut chargée d'examiner la question et de faire un rapport. Quelque dix ans devaient s'écouler avant que New-York fût pourvu d'un bureau de salubrité et d'une législation sur les logements. En 1865, un comité de citoyens, sous la contrainte de la nécessité, sous le stimulant de l'Association et des articles de la presse, s'empara de la matière, et aidé par un mouvement d'opinion, il obtint la création du *Board of health* et le vote d'une loi sur les logements.

Au moment de la création du Board (mars 1866) les rues étaient mal nettoyées; il y avait des abattoirs dispersés dans toute la ville jusque dans les maisons d'habitation les plus encombrées; les industries insalubres n'étaient pas réglementées; les fosses d'aisances, les drainages, la ventilation, ne faisaient l'objet d'aucune réglementation; tout au plus se préoccupait-on de la solidité des matériaux employés dans la construction. Le

Board of health fut doté d'attributions lui permettant d'intervenir, si un immeuble était infecté
par une maladie contagieuse ou s'il se trouvait
dans un état dangereux pour la sûreté et la santé
des habitants; il reçut des pouvoirs spéciaux
pour surveiller les habitations des classes ouvrières. En 1867, on fit une loi sur les logements, complétée et amendée à diverses reprises,
notamment par ce qu'on appelle le Code sanitaire
de New-York. On arriva à une réglementation
sanitaire assez complète en ce qui concerne la
ventilation, l'entretien des fosses d'aisances, l'encombrement. Mais pendant des années le *Board
of health* eut à lutter contre de grandes difficultés;
les inspecteurs envoyés pour constater les nuisances étaient mal reçus par les habitants des logements examinés, hostiles à ce qui leur semblait une immixtion de l'autorité dans leur
intérieur. Ce fut une éducation à faire. Aujour-
d'hui les inspecteurs sont bien accueillis, et leurs
visites depuis vingt ans ont contribué à instruire,
à répandre des notions élémentaires d'hygiène.
On se heurta aussi à la résistance des propriétaires, qui firent la sourde oreille; ils forment à
New-York une corporation puissante (les immeubles de New-York représentent une valeur de
1,000,000,000 de francs environ), leur influence
politique est considérable, et ils sont fort bien
défendus dans le conseil municipal et dans les

chambres, qui les ont traités avec ménagement.
A la longue les propriétaires ont compris que
leur intérêt bien entendu était d'améliorer leurs
immeubles; quelques-uns cependant, qui ne sont
pas riches, s'excusent sur leur pauvreté qui les
empêche d'assainir leurs logements. En outre
l'opinion publique au début ne soutenait guère les
efforts du Board. Le plus grand obstacle, c'est
qu'il était sans la moindre autorité en ce qui touche la construction de nouvelles maisons; le département chargé d'accorder les permis de bâtir
ne coopérait pas avec lui et ne se souciait pas
de la salubrité; il se bornait à contrôler la solidité des matériaux employés. On accusait le *Board
of health* de négligence et de mollesse. En 1878
il y eut de nouveau une croisade menée par
l'Association pour l'amélioration de la condition
du pauvre, par la State charities aid Association,
soutenue par la presse et par le clergé; cette croisade eut des résultats sérieux dans plusieurs directions. Le plus important fut de créer un
courant irrésistible de l'opinion publique. Le
maire de New-York (1) chargea un comité de neuf
personnes (le président du *Board of health*, ceux
des deux associations, M. Vanderbilt) d'élaborer un

_____

(1) Pour la législation sanitaire à New-York, consulter
les publications du Dʳ. A. J. Martin, notamment « Études sur
l'administration sanitaire civile », 1 volume, — et la « Revue
d'hygiène et de police sanitaire » (tomes VII et VIII).

projet de loi amendant l'Act de 1867, de façon à
en rendre l'application plus facile et d'empêcher
toute nouvelle construction sans approbation
préalable du *Board of health* réorganisé. Cette loi
fut rapidement votée. Elle a augmenté les moyens
d'action du Board, son état-major qui se compose aujourd'hui de 15 inspecteurs principaux (des
médecins touchant 8,000 francs par an ayant chacun un rayon déterminé), de 30 agents de police,
détachés au service de la salubrité. La loi de
1879 exige que les plans détaillés de la nouvelle
construction soient soumis au Board, qui refuse le
permis de bâtir, si les conditions prescrites par le
Code sanitaire ne sont pas remplies. Afin d'assurer la bonne aération, chaque pièce doit être
pourvue d'une fenêtre ouvrant sur l'extérieur;
de plus il est interdit de couvrir tout le lot de
terrain, comme par le passé, lorsque les maisons
étaient adossées ou séparées par des cours minus-
cules. L'immeuble ne doit pas absorber plus de
65 p. 100 du terrain (dans des cas exceptionnels
78 p. 100). En 1881, une nouvelle loi, fort appréciée par les personnes compétentes, s'est occupée des travaux de plomberie et de canalisation;
elle soumet les travaux à l'approbation préalable
du Board et elle crée pour les ouvriers plombiers
une réglementation spéciale (enregistrement de
leur adresse). Armé de ces nouveaux pouvoirs,
stimulé par l'opinion publique, le Board déploie

une plus grande activité que par le passé (1). Il reçoit par an environ 6,000 plaintes, et lorsque les
inspecteurs trouvent qu'elles sont justifiées, on
force les propriétaires dans la majorité des cas à
faire le nécessaire. Il y a cependant des nuisances qui demeurent inconnues, ou bien l'on se
heurte à une résistance passive du propriétaire.
Dans les cas d'urgence extrême, le Board a des
pouvoirs exceptionnels. Si un logement est en-
combré au delà de toute mesure, il peut faire
évacuer une partie des habitants, qui vont coucher
dans les garnis ou augmenter l'encombrement sur
d'autres points. Il use de ce pouvoir avec discré-
tion; quant aux habitations souterraines, il en a
considérablement réduit le nombre. On est d'accord pour trouver que la législation est suffisamment complète aujourd'hui, et que tout ce qu'il
faut, c'est de l'appliquer. Une difficulté, c'est la
répugnance des habitants des quartiers pauvres à
se plaindre, pour ne pas être expulsés par le propriétaire furieux. Comme je l'ai dit plus haut,
l'Association pour améliorer la condition du pau-

(1) De 1879 à 1884, 3,110 tenements ont été inspectés,
2,398 améliorés au moins un partie. La grande masse des
violations du code *sanitary* sont corrigées dans un temps
relativement court, surtout s'il s'agit de plomberie ou de
drainage. Dans ces 2,398 la dépense moyenne a été 175 francs,
soit en tout 449,650 francs, au grand avantage direct de
19,184 familles, composées de 95,920 personnes.

vre s'est faite l'avocat d'office ; elle recueille les
dénonciations, gardant secret le nom du plaignant, ou bien ses agents dans la distribution des
secours, constatent des cas d'insalubrité, et comme
depuis 1878, elle possède un inspecteur spécial,
celui-ci va vérifier sur place et voir ce qu'il y a à
faire. S'il y a lieu, on prévient l'autorité compétente, et après qu'elle a répondu à la lettre d'avis,
on retourne voir ce qui a été fait, revenant à la
charge, si cela est nécessaire. En 1884, l'Association s'est occupée de 951 plaintes, dont on a
écarté 317 comme non justifiées ; 547 ont été transmises à l'autorité, 57 ont été satisfaites directement
sans appel au Board, beaucoup de propriétaires
préférant porter remède de suite, sans s'exposer
à une représentation du Board ; dans 310 cas, les
ordres de celui-ci ont été exécutés, dans 88, ils
sont restés en souffrance. Dans la majorité des
cas, il s'agissait de water closets, de fosses d'aisances, de toit endommagé, de tuyaux défectueux.
En 1883, on avait inspecté 991 maisons ; dans 825,
la défectuosité fut réparée. Elles étaient habitées
par 6,600 familles ; la dépense moyenne fut de 157
francs, ce qui donne un total de 140,000 francs.
L'Association a dépensé 2 fr. 50 par inspection.
Dans 13 p. 100 seulement des cas signalés, l'Association n'a pas obtenu satisfaction en 1883. On
a remarqué qu'une assez faible dépense suffit dans
la majorité des cas pour améliorer la salubrité

extérieure objective; il est difficile d'agir efficacement sur les habitudes des locataires, sur la salubrité subjective. Percez des fenêtres, rendez les prises d'air, les ventilateurs obligatoires, comment aurez-vous un état-major de fonctionnaires pour voir si les gens ouvrent les fenêtres, s'ils balayent, s'ils se lavent? C'est dans ces habitudes héréditaires et dans la pauvreté des gens, que se trouve la partie la plus difficile du problème de l'habitation, la partie sur laquelle la législation est impuissante, et dans laquelle l'éducation, l'esprit d'épargne, de *self help* et de *self respect* sont seuls efficaces. Dans une certaine mesure, des logements plus salubres et plus propres encouragent l'hygiène subjective, mais pas toujours.

On ne saurait nier que depuis six ans, il y a une amélioration sensible dans la ville de New-York. Tout d'abord les nouvelles maisons sont édifiées selon le programme du *Board of health*. On a porté remède à bien des défectuosités dans les édifices de date plus ancienne, mais il ne faut pas se bercer de l'illusion que tout soit pour le mieux. Loin de là, il y a encore bien des logements mal tenus, mal aérés, sentant mauvais, où

(1) Le taux de mortalité a été longtemps de 28, pour tomber à 26 et même 24 et demi.

Dans les quartiers insalubres, il est deux fois plus élevé que dans les quartiers aisés 72 p. 100 des morts dans les tenement houses.

la population vit entassée dans une déplorable
promiscuité. En 1885, une commission parlementaire s'est occupée de la question, elle a visité des
bouges affreux ; de même la Commission d'enquête
du Sénat fédéral sur les relations du capital et du
travail a recueilli des dépositions mélancoliques
sur l'état des logements. Le chef du bureau de
statistique de l'État de New-York, dans son rapport
pour l'année 1885, fait d'abominables descriptions
sur l'état d'insalubrité et d'encombrement des
habitations ouvrières. « Si je n'avais inspecté personnellement ces quartiers, dit-il, je n'aurais jamais
cru qu'une pareille négligence des précautions
sanitaires fût tolérée par le *Board of health*. » Au
fur et à mesure qu'on améliore certains quartiers,
certaines maisons, il se reforme ailleurs des foyers
d'insalubrité. C'est une lutte perpétuelle, et les
règlements d'hygiène sont impuissants à triompher du mal. La population augmente, les ressources ne grandissent pas assez vite pour permettre de se loger dans de meilleures conditions parce
que cela coûte trop cher. Les maisons neuves,
plus confortables, sont recherchées par l'élite
des ouvriers, qui en apprécient les avantages et
qui peuvent payer davantage, surtout payer régulièrement.

CHAPITRE II

Il me reste à parler des tentatives qui ont été faites par l'initiative privée pour construire des logements salubres à bon marché et pour améliorer les mauvaises habitations. Les habitants de New-York ont marché sur les traces de sir S. Waterlow et de miss Octavia Hill, ils avaient sous les yeux les bons résultats obtenus à Brooklyn par un Américain, M. White. En Angleterre la démonstration a été faite, qu'on peut construire des logements à bon marché, salubres, qui sont un bon placement d'argent. L'Improved Industrial Dwellings Company, qui existe depuis vingt-six ans, loge 25,000 personnes et a dépensé près de 24 millions de francs avec de bons résultats. Miss Octavie Hill poursuit, depuis 1864, une œuvre méritoire, qui montre l'influence du contact personnel d'un landlord sachant sympathiser avec ses locataires, l'influence d'une règle stricte, en même temps qu'on réclame de l'entreprise un revenu financier.

Dans l'État de New-York, M. White a été le premier sur la brèche. Il a cherché la solution du problème des logements salubres, qui forment un bon placement, et il l'a trouvée. M. White, qui est un négociant de Brooklyn (cité séparée de New-York par un bras de la rivière de l'Est, large de 1 à 2 kilomètres), a commencé par construire une série de cottages en briques, de six pièces, loués 90 francs par mois et ayant coûté 5,500 francs chacun, sans compter le terrain. Les premiers ont été construits en 1877. Avec quelques amis, il a donné de l'extension à son entreprise, transformée plus tard en société anonyme. A côté de ces cottages, on a construit de grandes maisons de location, avec tous les perfectionnements de nature à contribuer au confort et à la salubrité. Les immeubles valent aujourd'hui 1,250,000 fr.; la Société, au capital de 1,250,000 francs, a un fonds de réserve de 100,000 francs, plus 40,000 francs mis de côté pour les réparations. Dès le début, on a distribué 6 p. 100 de dividende. Les recettes brutes s'élèvent en moyenne à 14 p. 100 du capital dépensé en terrain et construction. Les taxes s'élèvent à 22,190 francs, les redevances pour l'eau à 4,800 francs. M. White a introduit une innovation, afin de stimuler ses loca-

taires à l'épargne, — il bonifie 10 p. 100 sur leur
loyer aux locataires qui payent quatre semaines de
loyer à l'avance, cela équivaut un à rabais de
5 p. 100 sur l'année. Un cinquième des locataires
en profite toujours, deux cinquièmes parfois, le
reste jamais. En outre, si un locataire a demeuré
toute l'année, s'il a payé régulièrement et s'il n'y a
pas eu de plainte contre lui, il reçoit, au bout-de
l'année, un dividende de 25 francs ou de 50 francs
suivant le nombre des pièces. En 1885, 141 locataires sur 216 ont participé à ce dividende qui a
absorbé 6,275 francs. L'Improved Dwellings Company de Brooklyn dispose de 269 locaux, dont
18 sont des boutiques. La population totale s'élève
à 1,059 têtes dont 863 sont des adultes et des enfants
au-dessus de cinq ans. Le loyer pour 2 pièces varie
de 40 à 32 francs par mois, pour 3 pièces de 52
à 44, pour 4 pièces de 48 à 59 francs (escompte et
dividende déduits).

A New-York même, l'Improved Dwellings Association a été créée en 1879 avec un capital de
1,250,000 francs porté en 1882 à 1 million et demi
en actions de 500 francs. Elle est l'un des fruits de la
campagne si vigoureusement entamée en 1878. Les
terrains et les bâtiments ont coûté 1,400,000 francs.
Le plan a la forme d'un carré ouvert à l'ouest,
avec 218 appartements, 12 boutiques, caves, lavoirs, salles de bain et une salle de lecture. Les
cours sont asphaltées, les lavoirs chauffés à la va-

pour, de l'eau à chaque étage, des ascenseurs pour le charbon et les articles pesants, des tuyaux de descente pour les cendres et les épluchures. Ces appartements sont de 2 à 4 pièces, avec lavoir 5 pièces. Chacune des 635 pièces a une ou plusieurs fenêtres ouvrant sur l'air extérieur. Il y loge 1,200 personnes. Les loyers varient de 38 à 75 francs par mois. La discipline est suffisante pour combiner le sentiment de la liberté individuelle avec le respect de ce qui est dû au bien-être de la communauté. Le contraste est frappant avec les autres casernes de location. Les loyers se payent d'avance. Les actionnaires ont touché 6 p. 100 de dividende.

Les maisons modèles sont au-dessus de la portée des classes tout à fait inférieures. Pour arriver jusqu'à elles, le système de miss Octavia Hill est plus efficace. A New-York, miss Collins a été la première à l'œuvre. Elle a loué et acheté divers immeubles dans le plus triste état et, grâce à ses efforts personnels, le niveau des habitants s'est élevé également. Elle a touché en trois ans près de 40,000 francs de loyers, les non-valeurs ont été de 1 1/2 p. 100. Les trois premières années, le revenu a été de 4 p. 100; depuis 1883, il est de 6 p. 100. Elle n'est pas la seule qui fasse de la charité pratique ainsi entendue à New-York.

A New-York, dit M. White, les ouvriers n'apprécieraient que difficilement les avantages d'une

législation semblable à celle du Massachusetts ou
de la Pennsylvanie sur les associations de prêt et
de construction. Il faut leur montrer d'abord la
possibilité et le confort de petites maisons séparées. Dans toutes les entreprises qui nécessitent
des capitaux considérables les petits capitalistes
n'ont du courage qu'en voyant le succès obtenu
par les gros. Établissez que de petites maisons
sont une bonne affaire, et il sera moins difficile
de persuader des gens, dont les ressources sont
petites, de s'associer ensemble *for cooperative
building purposes*. On peut faire valoir bien des
considérations majeures pour encourager la création d'ouvriers propriétaires, considérations morales, sociales, économiques. J'en indiquerai une
en passant, c'est qu'au point de vue de l'administration locale, de la bonne gestion des finances
municipales, il importe que les habitants s'y intéressent le plus possible. Tant qu'ils sont locataires, ils payent leur part de taxation par suite de
la répercussion naturelle, et si les impôts augmentent sur la propriété foncière, le loyer renchérit;
mais cela ne se voit pas du premier coup, et
d'ailleurs si le loyer est trop lourd, ils déména-
gent. Le propriétaire d'une maison si petite qu'elle
soit est directement intéressé à ce que l'autorité
locale ne fasse pas de prodigalités inutiles.

CHAPITRE III

LES ASSOCIATIONS DE CONSTRUCTION A PHILADELPHIE ET DANS
LES VILLES DU MASSA·IIUSETTS (1).

Au moment où la question du logement des
ouvriers préoccupe l'opinion publique en France,
en Allemagne, en Belgique, il est intéressant de
constater ce qui a été fait de l'autre côté de l'Atlantique, d'examiner le système d'association de petits
capitaux qui a si admirablement réussi depuis
1840 à Philadelphie, la ville des *homes* par excellence, et qui, depuis 1877, a été acclimaté à Boston
et dans d'autres villes du Massachusetts. Le contraste entre Philadelphie et New-York est considérable. Tout d'abord le taux de mortalité est de
25 p. 100 moindre à Philadelphie, de plus la densité de la population est loin d'atteindre le degré
auquel elle est arrivée à New-York.

D'après les chiffres du recensement de 1881,
nous voyons : à New-York, 73,684 maisons à 16,37
personnes, 243,157 familles de 4,96 personnes

(1) Voir plus loin le chapitre sur les *building societies* en
Angleterre.

pour une population de 1,200,000 habitants dont 727,000 indigènes. — A Philadelphie, 146,000 maisons à 5,79 personnes ; 165,000 familles de 5,13 pour 847,000 habitants dont 642,000 indigènes. — A Brooklyn, 62,233 maisons à 9,11 personnes ; 115,000 familles de 4,96 personnes pour 566,000 habitants. — A Boston, 43,944 maisons à 8,26 personnes ; 72,000 familles de 4,99 personnes pour 362,000 habitants, dont 248,000 indigènes.

D'après des données plus récentes, il y aurait aujourd'hui, à Philadelphie, 170,000 maisons pour une population de 900,000 âmes, dont 185,000 sont des ouvriers. Le nombre des propriétaires est très restreint à New-York, il est très considérable à Philadelphie, qui compte jusqu'à 40 ou 50,000 ouvriers propriétaires. La différence est vraiment prodigieuse. Il est vrai que Philadelphie n'est pas resserré comme New-York, qui est comprimé dans l'île Manhattan. Le terrain sur lequel Philadelphie a été bâti permet une extension illimitée. Aussi, chaque année, la cité s'entoure d'un nouvel anneau de petites maisons coquettes en briques rouges à deux ou trois étages, bâties dans les faubourgs. Ces maisons sont la demeure d'une seule famille, d'un ouvrier, d'un artisan, d'un commis, de gens en un mot qui dépendent de leur salaire journalier ou mensuel.

Rien de plus surprenant que ce contraste entre les énormes casernes de New-York bondées de la cave au grenier, renfermant souvent plus de 20 familles et les lignes de maisons proprettes de Philadelphie renfermant chacune le *home* d'une seule famille. Philadelphie a longtemps tiré gloire de la circonstance que, chez elle, tout homme industrieux peut, s'il en fait l'effort, devenir propriétaire de sa propre maison ou tout au moins le locataire d'une maison séparée. De fait, nous avons vu qu'à Philadelphie la santé publique est meilleure qu'à New-York. Au point de vue des dépenses de l'assistance publique, la comparaison est également favorable, puisque avec ses 900,000 habitants Philadelphie ne dépense guère plus que Boston, qui en compte 360,000.

Les habitudes de la population ouvrière sont différentes à Philadelphie; elle ne craint pas d'aller se loger dans les faubourgs et de faire deux fois par jour un trajet d'une heure ou de trois quarts d'heure en chemin de fer. Le système des *street railways* n'est nulle part aussi développé qu'à Philadelphie; grâce à lui, toutes les parties de la ville sont en relation rapide et commode; le faubourg le plus éloigné est accessible. En 1875, quinze compagnies ont transporté 68,700,000 voyageurs et encaissé près de 25,000,000 de francs. Depuis lors, le trafic a fait d'énormes progrès.

C'est à l'aide de l'association des petits capitaux que la capitale de la Pennsylvanie a obtenu un résultat aussi avantageux que celui qui dérive de la possession ou tout au moins de l'habitation

d'une maison par chaque famille. Les associations
coopératives pour l'acquisition de maisons prennent diverses formes. A Londres des sociétés se
sont créées pour acheter le terrain, le morceler en
lots, construire les maisons et les vendre sur la
base de versements mensuels qui représentent
l'intérêt et l'amortissement. D'autres compagnies
sont organisées comme des caisses d'épargne et
accordent à chaque déposant la faculté d'emprunter sur hypothèque. Le meilleur exemple de ces
associations est à Philadelphie, où il en existe plusieurs centaines, 500 ou 600 (en 1875, elles avaient
des capitaux atteignant près de 125 millions). Grâce
à elles, la cité a vu sa population industrielle,
jusqu'aux classes les plus pauvres, pourvue d'un
foyer lui appartenant en propre.

Parmi les circonstances qui ont favorisé Philadelphie comparativement à d'autres villes, il faut
citer le système de *ground rents* (rentes du sol) qui
est un legs du temps de W. Penn. Voici de quelle
manière fonctionne ce système.

Lorsqu'un ouvrier gagnant un salaire journalier modeste a résolu d'avoir sa propre demeure,
il va dans les faubourgs les plus éloignés du centre
et achète un lot de 6 mètres de façade sur 30 de
profondeur pour 1,000 francs; il ne paye rien comptant, mais il prend l'engagement de payer une
rente annuelle de 60 francs ou 6 p. 100. Aussi
longtemps qu'il s'acquitte régulièrement, le *ground*

landlord ne peut lui demander le capital. Après cela, l'ouvrier s'affilie à une *Building association* et prend, par exemple, cinq actions. Il verse sur chaque action 5 francs par mois, et comme il y a, par exemple, 1,000 actions, la *Building association* recueille, chaque mois, 5,000 francs. Cet argent est mis aux enchères parmi les membres, les offres allant de 25 centimes à 1 franc de prime. C'est-à-dire que l'enchérisseur qui a obtenu l'argent a ensuite à payer, outre ses 5 francs par actions, 25 francs sur les cinq actions, 300 francs par an — 25 francs chaque mois pour l'intérêt sur l'avance de 5,000 francs, et enfin la prime, c'est-à-dire 360 francs par an. Avec ses 5,000 francs, il fait un contrat avec un constructeur qui lui bâtit une maison de 4 mètres 1/2 de façade sur 11 de profondeur, avec un puits, une pompe, un jardin. Au rez-de-chaussée, un parloir, une salle à manger, une cuisine. Le résultat financier s'établit comme il suit :

Ground rent par an 6 0/0 sur 1,000 francs. Fr.	60
Versement sur les actions, 25 par mois.	300
Intérêt et prime sur l'avance.	360
	720
Il faut y ajouter la taxe de 2 0/0 sur 4,000 francs, valeur estimée de la maison.	80
	800

Ainsi pour 66 francs par mois, impôt compris, il a sa maison pour lui seul, dans laquelle la santé morale et physique des siens est à l'abri de la contagion des casernes. L'achat du terrain a eu lieu sur la base d'une hypothèque qui n'échoit jamais, tant que les intérêts sont payés exactement. Ce mode de transfert de la propriété est devenu si familier à Philadelphie que le prix des terrains vacants est basé sur la rente annuelle.

La *Building association* est un des facteurs les plus importants dans la transaction. Voici la relation entre elle et l'ouvrier qui aspire à devenir propriétaire : celui-ci emprunte 5,000 francs argent comptant et il s'engage à en rembourser 6,000 avec l'intérêt. Il est débité de 6,000 francs. En payant 300 francs par an, il lui faudrait vingt ans. A la fin de ses vingt ans, les actions valant 6,000 francs, il cesse de payer et sa maison lui appartient. Mais en fait il a part dans les profits ; la prime et l'intérêt qu'il paye servent au remboursement. Il suffit dans la pratique de dix à douze ans pour le mettre en possession intégrale. Ainsi, il est à la fois le capitaliste qui prête l'argent et encaisse les profits faits sur le prêt ; d'autre part, il est l'emprunteur qui paye pour l'usage de l'argent.

Les associations avancent l'argent seulement sur une garantie suffisante ; elles sont administrées économiquement et honnêtement.

A côté des maisons construites par les propriétaires, il y a des îlots entiers bâtis par des entrepreneurs et revendus par eux en détail, à des acheteurs qui se procurent l'argent dans les *Building associations*.

A la réunion de 1878 de l'*American social science association*, un rapport a été fait sur les centaines de *Building associations* de Philadelphie. On y constate qu'elles ont moins éprouvé la pression du temps que la plupart des entreprises ; elles étaient libres même de la perspective d'une crise. Elles sont remarquablement saines et prospères. Dans les moments de stagnation générale des affaires, elles font seulement moins de bénéfices, la demande d'emprunter étant moindre. Cela a pour résultat de prolonger le moment où les actions sont libérées (1).

Je ne sais si j'ai été suffisamment clair. Le sujet me semble assez intéressant pour que je revienne sur le mode de procéder ; un certain nombre de personnes forment une corporation en se conformant aux prescriptions légales et émettent des actions d'une valeur finale de 1,000 francs, par exemple, sur lesquelles le détenteur fait un versement mensuel de 5 francs par action. La somme reçue en versements mensuels, plus les amendes de retard et les intérêts sur les avances, est vendue aux enchères au plus fort enchérisseur. Les offres expriment la prime que les emprunteurs veulent bonifier, en dehors des 6 p. 100 d'intérêt, pour

_____

(1) Ce jugement favorable m'est confirmé de divers côtés.

avoir l'usage de l'argent. L'emprunteur donne ses actions en gage pour le prêt et une hypothèque sur la propriété qu'il désire acheter. L'intérêt se paye par mois ainsi que les versements de libération sur les actions, sans diminution, jusqu'à libération complète. Le montant de celles-ci une fois libérées égale celui de l'avance, et par suite l'hypothèque est annulée. L'emprunteur paye un intérêt élevé, mais les bénéfices, au delà des frais généraux modiques de l'association, lui reviennent comme actionnaire, et il a le grand avantage de s'acquitter par mois en petites sommes. Les actionnaires qui n'empruntent pas reçoivent un intérêt de 6 p. 100 l'an, plus le bénéfice résultant des primes.

Cette description s'applique aux associations d'avances et de construction du Massachusetts où elles ont été légalisées par une loi votée en 1877 sur l'initiative de l'honorable Quincey. Il en existait 26 en 1884 (1), portant le nom de *Cooperative banks*, ayant un capital versé de près de 10 millions de francs, répartis sur 68,133 actions possédées par 10,294 actionnaires, dont 2,018 étaient des emprunteurs. En 1884, le capital s'est accru de 2 1/2 millions de francs.

La *Cooperative bank*, de Waltham, ville célèbre comme centre d'horlogerie, a été fondée en 1880. Elle a un capital de 870,000 francs, réparti sur 5,791

_____

(1) Il en a été créé sept en 1885.

actions, 932 membres, 148 emprunteurs ; elle a avancé sur propriété immobilière en 120 prêts, 835,000 francs, sur engagement d'actions en 21 prêts, 24,500 francs. Le prêt le plus considérable a été de 16,750 francs, le plus petit de 250 francs. Les versements sur les actions dans l'année ont été de 316,000 francs, il est resté en arrière 5,400 francs. On a crédité 47,000 francs aux actionnaires. Il a été remboursé 130,000 francs d'avances faites. La prime la plus élevée a été de 3 1/2 p. 100, la moindre de 1/3 p. 100 qu'il faut ajouter à l'intérêt annuel de 6 p. 100. Il y a 1,370 actions de la première série, sur lesquelles il a été versé 280 francs, 558 de la seconde, libérées de 240 francs et ainsi de suite jusqu'à la neuvième libérée de 5 francs seulement, c'est-à-dire à peine émise.

La *Working men's cooperative bank* de Boston avait en 1884, 485 membres propriétaires de 3,411 actions. Le maximum autorisé pour une personne est de 25 actions, cette précaution est prise afin d'écarter la spéculation. Il en a été créé 1,699 dans l'année. Les versements ont atteint près de 200,000 francs auxquels on a crédité 20,000 francs dans l'année. Il a été contracté 59 emprunts sur immeubles, pour 370,000 francs ; 21 sur actions, pour 12,000 francs. L'emprunt le plus élevé a été de 20,000 francs. Le plus bas de 250 francs. La prime a varié entre 1/3 et 4,80 p. 100 en plus des 6 p. 100.

Il y a neuf séries d'actions, la première valant 300 francs. Les actions ont une valeur de 285,000 francs. Les frais généraux ont absorbé 3,180 francs.

La *Pioneer cooperative bank* de Boston avait été fondée en 1877. En 1884, elle avait 720 membres, dont 138 emprunteurs. Les avances se sont élevées à 700,000 francs, dont 97 sur immeubles pour 665,000 francs., 41 sur actions pour 37,500 francs. Les actions valent 680,000 francs. On leur a crédité 45,000 francs dans l'année. Il y a 13 séries d'actions : sur la première on a libéré 560 francs., sur la douzième 35 fr. 60. La prime a varié de 1/3 à 3 p. 100. Il a été remboursé depuis le commencement 79 avances pour 220,000 francs.

On voit l'importance des transactions par ces trois exemples choisis au hasard.

Les banques coopératives du Massachusetts sont contrôlées par les *Saving banks commissioners* de l'État, qui, dans leur rapport de 1882 disaient que la condition de ces banques indiquait un degré marqué de prospérité.

J'ai sous les yeux le prospectus de la *Suffolk cooperative bank* de Boston. La couverture porte en tête : *Dont pay when you can own your house, the Suffolk cooperative bank will help you.* Deux petits dessins accolés montrent un cottage entouré d'un jardin; l'occupant de cette maison paye pour elle, par l'entremise de la banque; de l'autre côté une caserne de location, sordide, avec un cabaret au rez-de-chaussée : le locataire n'a pas encore entendu parler de la banque.

Voici le plan d'opérations : 1° le placement. Toute personne désirant acheter des actions comme placement peut le faire, en ne dépassant pas 25 actions dans la même Société. Le prix d'une action est de 5 francs par mois. Si l'on prend 5 actions, cela fait 25 francs par mois. Les placements continuent jusqu'à ce que chaque action ait une valeur de 1,000 francs. On dit alors qu'elles sont mûres (*matured*), elles ont atteint leur valeur extrême. Avant l'issue d'une nouvelle série, les comptes sont faits et les bénéfices crédités à chaque action. Ces crédits aident à mûrir les actions. A maturité, chaque actionnaire a le droit de recevoir 1,000 francs en argent comptant pour chaque action qu'il possède. Il est évident que si aucun profit n'était ajouté, il faudrait 200 mois, 16 2/3 années pour libérer une action ; mais d'ordinaire, les profits réduisent la durée à 10 ans, ce qui fait un excellent placement (80 dollars de boni, 40 p. 100 accumulé). Si l'actionnaire néglige de payer son dollar par mois sur chaque action, il est passible d'une amende de 10 centimes par action. S'il a 5 actions, cela fait 50 centimes qu'il a à payer en plus à la prochaine échéance.

2° L'emprunt. Tout actionnaire peut emprunter 1,000 francs sur chaque action, s'il est en état de fournir la garantie requise par la loi. La sûreté peut être première hypothèque sur propriété immobilière ou sur les actions, jusqu'à concurrence du montant libéré. Si l'on emprunte sur hypothèque, on transfère les actions à la corporation comme gage additionnel. Les statuts fixent le montant qu'on peut emprunter sur les actions. Lorsque le président, dans la réunion mensuelle, annonce qu'il y a une certaine somme disponible et à vendre et qu'il demande des offres, l'emprunteur offre une prime de... qu'il s'engage à payer par mois pour le privilège d'obtenir l'argent. La prime est un *boni* et va au fonds commun. L'emprunteur reçoit sa part proportionnée du boni. Les offres se font par somme divisible par 5, 25, 50, 75, etc. centimes par action et par mois. Les primes sont en plus du taux de 6 p. 100 l'an, pour l'usage de l'argent. Si quelqu'un offre 1 fr. 25 par action, cela fait 1 1/2 p. 100 l'an, c'est-à-dire qu'il faut emprunter à 7 1/2 p. 100. Si la somme est adjugée à 1 fr. 25 de prime (il s'agit de 5,000 francs et de 5 actions), l'emprunteur paye 25 francs comme versement mensuel sur les 5 actions, 25 francs d'intérêt et 6 fr. 25 comme prime, c'est-à-dire 56 fr. 25 sur un emprunt de 5,000 francs par mois ou de 675 francs l'an. Le payement continue jusqu'à maturité complète, l'hypothèque est alors annulée.

Les dépôts se font mensuellement et varient de 5 à 125 francs suivant le nombre des actions.

Les profits sont ordinairement plus considérables que dans les caisses d'épargne ordinaires. Cela tient en partie à ce que le payement de l'intérêt de la prime et le remboursement du 1/200 de l'avance se font par mois et que cette somme rentrée est aussitôt revendue.

Le prospectus fait ressortir les avantages de ce système : *of the people, by the people, for the people.* Les opérations sont également avantageuses au déposant et à l'emprunteur; elles bonifient un taux d'intérêt plus considérable que les *savings banks* et permettent d'acquérir sa maison. La gestion est économique et le placement très solide (1).

Ce système peut nous sembler en Europe relativement hardi et compliqué. Il exige un certain degré d'éducation pratique et la conscience qu'il faut attendre davantage de l'aide de soi que de l'assistance de la collectivité. Il n'en est pas moins digne d'être connu, car il indique une bonne voie à suivre, je veux dire qu'il nous montre comment on peut faire fructifier les dépôts dans les caisses d'épargne sans les jeter dans le gouffre des dettes flottantes, sans en faire un sujet de préoccupation pour le ministre des finances.

(1) L'épargne est populaire dans le Massachusetts. En 1884, il y avait dans les Savings Banks, 1,310,000,000 de francs, plus de 625 francs par tête. Ces banques ont distribué 4,15 0/0, en moyenne de dividende. Elles avaient 816,000 comptes ouverts.

CHAPITRE IV

COMMENT LES COMPAGNIES D'ASSURANCES SUR LA VIE POURRAIENT
AIDER LES OUVRIERS. — SUGGESTION FAITE PAR M. WRIGHT.

Je trouve dans cet ordre d'idées, dans la volumineuse enquête faite par une commission du Sénat des États-Unis sur les relations du capital et du travail (1883-1885) une déposition de M. Wright, de Medford près Boston, un « consulting actuary » qui est le conseil de compagnies d'assurances sur la vie. (M. Wright a été de 1833 à 1839 secrétaire de l'American Anti-slavery society). Cette déposition mérite d'être signalée. M. Wright y donne des détails sur les *loan fund associations* dans l'État de Massachusetts. En 1858, il en existait cinquante, dont l'objet était de réunir les épargnes des ouvriers et de faire des avances à ceux qui désiraient construire leur propre maison, en un mot de favoriser l'acquisition du foyer par l'ouvrier. C'était là une institution d'origine écossaise, comme l'on sait. Ces cinquante associations dont parle M. Wright ont permis à un millier de membres de devenir propriétaires de maisons ayant coûté de 5,000 à 15,000 francs. Le taux d'intérêt auquel les avances ont été faites est élevé, 14 p. 100, mais inférieur à ce que les ouvriers payaient pour loyer sans acquérir la propriété de leur maison (20 p. 100 environ).

Les compagnies d'assurances sur la vie aux États-Unis ont 2 milliards de francs en main, sur lesquels elles doivent faire 4 p. 100 d'intérêt. Ne serait-il pas possible, demande M. Wright, que ces compagnies fissent des avances aux ouvriers pour leur faciliter de devenir propriétaires? Les ouvriers qui désirent acquérir leur propre foyer, peuvent parfaitement payer 6 p. 100 pour l'usage de l'argent, à condition que ces avances soient réglées de façon à ce que les intérêts cessent sur les sommes remboursées, au fur et à mesure du repaiement. Lorsqu'un ouvrier a déposé dans une savings bank ou conclu avec une compagnie d'assurance sur la vie une police suffisante pour donner une marge raisonnable à une avance, il n'y a pas de placement plus sûr que de lui prêter de l'argent et de prendre hypothèque sur l'immeuble qu'il occupe. Si la maison est à son nom, il aura grand soin de la tenir en bon état; il ne la dégradera pas, il ne la ruinera pas comme le fait trop souvent l'ouvrier locataire. Il est bon d'encourager la tendance à l'épargne chez les ouvriers en faisant des avances de capitaux, de façon à les mettre en possession de leur maison aussitôt que possible, aussitôt qu'ils ont accumulé une marge suffisante pour servir de garantie. Les compagnies américaines ont des dispositions, jusqu'à un certain degré, de placer quelques capitaux de cette sorte. Voici comment il faudrait procéder d'après M. Wright : l'ouvrier devra accumuler des épargnes dans une banque jusqu'à ce que la somme épargnée représente une garantie pour l'emprunt qu'il veut contracter. Il retirera alors son dépôt de la banque, en même temps il contractera une police avec la compagnie d'assurance, à laquelle il versera l'argent et fera un emprunt à la même compagnie. De cette façon, s'il devait mourir le lendemain, il se trouverait que par la police d'assurance la dette serait couverte. Supposez qu'une maison coûte 5,000 francs et que l'ouvrier veuille contracter un emprunt égal ; il prendra une police de 5,000 francs payable à lui-même s'il survit 15 ou 20 ans. Il paiera l'intérêt sur l'emprunt et la prime sur la police. De cette manière, la compagnie consentirait à lui avancer la somme nécessaire. La police sera la sécurité additionnelle. Il n'aura d'ailleurs pas besoin d'emprunter toute la somme puisqu'il aura déjà accumulé 1,250 francs par exemple dans la caisse d'épargne, il se contentera d'une avance de 3,750 francs. On pourrait autoriser les compagnies d'assurances sur la vie à prendre elles-mêmes des dépôts; ce serait une modification à introduire dans les statuts. En un mot l'ouvrier devra commencer par épargner une somme déterminée, pour mériter qu'on lui accorde l'avance. Il faut qu'il donne une garantie pécuniaire et morale. Autrement ce serait l'engager à la spéculation, à se charger d'un fardeau trop lourd, si l'avance est faite trop aisément par cette combinaison. On pourrait faciliter la construction de maisons à bon marché dans les faubourgs des grandes villes ou dans les campagnes. On ne pourrait à cause de la cherté du terrain, de la main d'œuvre et des matériaux, en élever dans le centre.

LA QUESTION DES LOGEMENTS
EN ANGLETERRE

CHAPITRE PREMIER

LA MISÈRE A LONDRES. — LA QUESTION DU LOGEMENT DU PAUVRE
ET LA LÉGISLATION ANGLAISE (1).

Londres a la réputation de renfermer la plus
épouvantable misère qu'on puisse rêver. Elle

(1) Voir les rapports de la commission d'enquête parlementaire et les dépositions des témoins. Select committee on Artisans' and Labourers' Dwellings, 1881-1882. — *Nineteenth century*, août 1882, juin, novembre, décembre 1883, janvier 1884, contenant des articles de sir Richard Cross, lord Shaftesbury, miss Octavia Hill et d'un simple ouvrier, M. Glaizier. — *National Review*, novembre 1883. Lord Salisbury Artizans' and Labourers' Dwellings. — *Fornightly Review*, octobre 1883. *Radical Programme : housing of the poor in towns* (anonyme), décembre 1883. Labourers and Artizans' Dwellings, par Chamberlain M. P. — *Contemporary Review*, décembre 1883, deux articles. — *Bitter cry of outcast London*, brochure publiée d'abord sans nom d'auteur, du rév. Mearnes. — *How the poor live*, par G. Sims, avec 60 dessins, etc. Il faut ajouter à cette liste la *Quarterly Review* du 14 janvier 1884.

Parmi les publications de date plus récente, citons Re-

mérite cette réputation. Une misère inouïe se
cache dans des ruelles, dans des culs-de-sac où
l'on ne pénètre pas d'ordinaire. On passe à côté
d'elle dans les excursions officieuses qu'on fait
sous l'escorte d'un inspecteur des garnis dans les
quartiers de l'Est. Les gens de bonne foi qui ont
cherché l'horrible à Commercial Road, à Saint-
George in the East, qui ont été entraînés par l'amour
du pittoresque dans une de ces tournées, avouent
franchement qu'ils ont été déçus. Les salles de
bals clandestines, les cabarets, les garnis à six sous
la nuit, le bouge du fumeur d'opium, les maisons
mal famées, le pont des suicides, ne font pas une
impression très forte. Vous n'en éprouvez une bien
saisissante que dans le *Casual Ward* de Saint-
George in the East, — asile de nuit où l'on est
reçu une fois en un mois, à condition d'un travail
à accomplir le lendemain. Là vous avez la sensation
de la misère dans toute son horreur. La maison
est propre et bien tenue, mais la collection de
haillons, les souliers et les chapeaux des malheureux dormant dans les dortoirs, forment une
série de documents dont on garde le souvenir pen-

ports of her Majesty's Commissioners for inquiring into the
housing of the working classes-1885 (plusieurs volumes)
— le livre de M. Picot. Un devoir social et les logements
d'ouvriers 1885 — l'excellente étude de M. Aschrott dans
le 1er volume de l'enquête sur la question du logement
faite par le *Verein fur Socialpolitik* 1886.

dant longtemps. Rien de plus hideux, de plus
sale, de plus grotesque que les loques pendues au
mur et qu'on va exposer à la vapeur du soufre
pour les désinfecter. Vous avez là le résumé, la
quintescence des horreurs de Londres, dont la vue
vous échappe habituellement. Vous entrevoyez
des misères sans nom que votre guide ne vous a
pas montrées. Vous aurez rencontré dans la rue
des mendiants haves, déguenillés, des vendeuses
de fleurs ou d'allumettes, enveloppés dans un
châle frangé par l'usure; dans le milieu triste où
ils vous apparaissent, sous un ciel gris, dans une
atmosphère épaisse, chargée de fumée, sur un pavé
noir, glissant, l'image vous aura frappé. Ce ne sont
cependant que des impressions isolées; vous n'avez
pas regardé en face, dans son cadre à elle, la misère
qui se cache à deux pas de rues commerçantes et
prospères ou qui occupe des quartiers tout entiers.
Cette misère est connue par ouï-dire, par tradition;
excepté les gens qui sont obligés d'être en contact
avec elle et les personnes charitables, on ne s'aventure pas volontiers au milieu d'elle. Tous les quarts
de siècle, l'attention est violemment tournée de ce
côté, tantôt par un écrivain célèbre comme Charles
Dickens décrivant les abominations du *Workhouse*
de Whitechapel, tantôt par une agitation politique
ou sociale en faveur des classes indigentes, négligées d'habitude. On se rappelle alors tout d'un
coup que Londres abrite à la fois des richesses

infinies et des pauvretés insondables. Les problèmes du paupérisme sont mis à l'ordre du jour. La presse quotidienne, les revues, s'en emparent, — la question du logement est discutée sous toutes ses faces. Les partis politiques ne laissent pas échapper une matière qu'on peut exploiter habilement et qui peut servir d'amorce pour gagner les sympathies populaires.

C'est ce qui arrive en ce moment en Angleterre une fois de plus (1). Philanthropie et politique réunies ont provoqué un mouvement d'opinion comme nos voisins savent en faire. Un ensemble de circonstances a préparé le terrain. Les questions sociales ont acquis une importance toute nouvelle et tout inattendue depuis l'avènement du cabinet actuel : les radicaux qui en font partie sont décidés à profiter de leur situation pour lancer le pays dans la voie des réformes ou plutôt même des transformations. M. Chamberlain entend porter des coups à l'organisation de la propriété foncière aussi bien qu'à la Chambre des lords, s'il le peut. Ce qu'on a fait en Irlande, la révolution agraire qu'y a déterminée M. Gladstone, pourquoi ne pas la répéter de l'autre côté du canal de Saint-Georges ? En tête du programme figure l'extension du suffrage, c'est vrai, mais c'est un moyen, une arme de guerre. Une fois le nombre des élec-

(1) 1884, sous le gouvernement libéral.

tours appartenant aux classes moins aisées augmenté, on pourra marcher de l'avant. Il s'agit de s'assurer d'avance la clientèle des classes pauvres, et c'est pour cela que la question du logement, de l'école gratuite, etc., occupe une place proéminente sur le catalogue des mesures politiques. Les conservateurs qui veulent revenir au pouvoir et qui éprouvent le besoin de défendre leur position contre les assauts de la démocratie ne sont pas d'humeur à laisser aux radicaux le bénéfice de cette attitude humanitaire ; ils prétendent résoudre aussi bien qu'eux les questions qui intéressent la grande masse. Leur programme politique comporte la rubrique « logement du pauvre » tout comme celui de leurs adversaires.

Au-dessous des partis politiques, l'Angleterre est agitée par les théories socialistes qui y gagnent rapidement du terrain. L'accueil fait à M. George, l'auteur de *Progress and Poverty* en est une preuve : il y a d'autres symptômes encore.

On comprend que, dans ces conditions, il ait fallu peu de chose pour animer un débat sur la question du logement du pauvre, et que ce débat ait appelé l'intervention de M. Chamberlain et de lord Salisbury (1) comme coryphées politiques, —

----

(1) Lord Salisbury, représentant les intérêts des grands propriétaires terriens, demande tout d'abord une enquête nouvelle sur la situation des logements d'ouvriers. Demander une enquête, c'est toujours la première chose qui

de lord Shaftesbury, de miss Octavia Hill, comme philanthropes, — d'ouvriers eux-mêmes, sans se fait en pareil cas. Ensuite, comme l'existence de logements insalubres est un accident, qu'elle a été amenée par une série de circonstances qui justifient l'intervention de l'État dans une certaine mesure, il veut qu'on développe le système des subventions aux frais du Trésor et qu'on charge les curateurs du legs Peabody d'attributions plus étendues. Enfin, il propose qu'à l'exemple de certains grands industriels, les principales administrations de l'État construisent des logements à bon marché pour leurs employés.

Les conservateurs anglais, comme on le voit, sont engagés sur la pente du socialisme d'État. La proposition de lord Salisbury, relative au logement des employés de l'État, a été démolie par M. Chamberlain, qui est descendu dans l'arène après lui.

M. Chamberlain est, comme on sait, l'adversaire déterminé du régime de la propriété territoriale, telle qu'elle existe en Angleterre. Il se place donc à ce point de vue particulier dans la question du logement des pauvres. Si leur logement est si abominable, la faute en est au propriétaire. C'est sur celui-ci et non sur le contribuable que doivent retomber les frais qu'entraînera la mise en meilleur état. M. Chamberlain propose une série de mesures draconiennes, afin d'atteindre le propriétaire. Il oublie seulement qu'en Angleterre la propriété est chose fort compliquée; le propriétaire du terrain l'a loué pour un long terme à quelqu'un qui l'a sous-loué, et c'est le troisième ou quatrième intermédiaire qui est propriétaire de la maison en mauvais état. Avec ses mesures si sévères, M. Chamberlain arrivera à faire renchérir le prix des loyers. Qu'importe? pourvu que le propriétaire du sol pâtisse aussi !

compter sir Richard Cross et d'autres administra-
teurs éminents. Il y a quatre mois que la question
est agitée d'une manière continue en Angleterre.
Tout le mécanisme extra-parlementaire a été mis
en mouvement : articles de journaux, de revues, meetings, comité central formé à Mansion
House, etc...

La condition misérable des logements occupés
par les ouvriers et les pauvres, l'encombrement
qui y règne avec son cortège de maladies physiques et morales, avec son accompagnement de
crimes et de vices, les dangers permanents qui en
résultent, qui menacent la santé et l'ordre publics,
ont été de nouveau mis en pleine lumière par cette
discussion. Deux brochures à sensation, l'une de
M. Sims, *Comment les pauvres vivent*, l'autre
du rév. Mearnes, *Bitter cry of outcast London*,
ont soulevé l'opinion publique. Elles dévoilaient
les horreurs de Londres dans toute leur profondeur. Les maux sur lesquels M. Sims et le rév.
Mearnes ont attiré l'attention sont anciens; on les
a décrits à mainte reprise; depuis quarante ans
on s'est efforcé d'y porter remède à l'aide de mesures législatives, de règlements de salubrité et
avec le secours de la charité, — des progrès ont
été accomplis, mais il n'a pas été possible de transformer les logements des ouvriers et des pauvres
en chambres propres et confortables, surtout il n'a
pas été possible d'augmenter les ressources, les

salaires des malheureux dans une proportion suffisante ni par des moyens artificiels.

Le nœud de la difficulté, c'est la pauvreté même de ceux qui vivent entassés dans des bouges infects, ignorants ou peu soucieux des exigences de l'hygiène, de la pudeur et de la décence. Cette pauvreté peut être le fait des circonstances, ou provenir de mauvaises habitudes, de l'intempérance, de la paresse. Cela n'y fait rien.

Revenons à la misère dépeinte par MM. Sims et Mearnes. On la retrouve à Paris aussi navrante, aussi abjecte, aussi malsaine; les études du docteur du Mesnil et de M. d'Haussonville nous ont montré des tableaux exactement pareils à ceux qu'on découvre à Londres. Dans les deux capitales, il existe des lots de maison dans un état de saleté et d'insalubrité qui défie toute description. Londres l'emporte peut-être en horreur, le climat y est plus triste, les mœurs plus brutales.

Des ruelles, des cours, des impasses étroites où les maisons se touchent presque d'un côté de la rue à l'autre; — l'air n'y pénètre pas en quelque sorte. Les maisons sont petites, assez basses ; il s'en dégage une atmosphère méphitique, une odeur de moisi et d'humidité, qui saisit à la gorge. Les ordures sont entassées devant les maisons, sur les escaliers à moitié pourris; qu'il fasse sec ou qu'il pleuve, le sol est toujours boueux. Les chambres sont peu élevées, la saleté des générations successives s'étend en couches épaisses du plafond au parquet, elle suinte le long des murs, — jamais un coup de balai n'a été donné. Ce qu'on décore du nom de fenêtre est bouché avec des haillons ou couvert de planches, pour empêcher le vent et la pluie d'entrer. L'ameublement est en rapport avec le reste, — des débris de chaises, une table à trois pieds, les restes branlants d'un lit, — plus souvent de vieux paniers ou des caisses retournées, — des loques et de la saleté.

Chaque chambre abrite une famille, souvent même deux. Dans une cave, un inspecteur de salubrité a trouvé le père, la mère, quatre enfants et trois porcs. Dans une autre pièce, un prêtre voit un homme malade de la petite vérole, sa femme qui vient d'accoucher pour la huitième fois, les enfants courant à demi nus. Ici, sept personnes vivent dans une cuisine souterraine, le cadavre d'un petit enfant au milieu d'elles. Ailleurs, une veuve et trois enfants; le cadavre d'un quatrième gît là depuis treize jours. Voici une pauvre veuve qui occupe le seul lit de la chambre et qui loue le plancher à un couple moyennant 3 francs.

Inutile d'insister ni de citer d'autres exemples. Pêle-mêle dans ces bouges, vivent des voleurs, des assassins, des filles et d'honnêtes ouvriers avec leurs familles. La moralité et la décence sont inconnues, — peu de gens sont mariés; personne ne s'en soucie; l'union libre triomphe, — le relâchement des mœurs est si grand, que rien n'est respecté; l'inceste et pire encore y sont péché mignon. Dans une rue de 35 maisons, 32 sont des lupanars, — dans une autre 43 maisons sont habitées par 428 filles perdues, dont beaucoup n'ont pas plus de douze ans. C'est une population de souteneurs et de vagabonds, comme celle qui infeste certains districts de Paris.

La misère et le crime sont activés par la quantité de cabarets; dans le quartier d'Euston Road, il y a un débit de boisson sur 100 personnes, hommes, femmes et enfants. Autour d'Orange street, on compte 100 gin-palaces. Quelques-uns occupent le bas de la maison ou l'entrée de l'impasse, si bien qu'il faut à tout prix les traverser.

La pauvreté de ceux qui essayent de gagner leur vie honnêtement dépasse toute mesure. Un enfant de sept ans peut facilement apprendre à voler pour 10 shillings par semaine, — mais que gagne-t-il à fabriquer des boîtes d'allumettes, qu'on lui paye 2 1/2 pence la grosse? Avant de gagner autant qu'un petit voleur, il doit faire 56 grosses d'allumettes par semaine, ou 1,296 par jour, — ce qui est impossible. Des femmes qui cousent des pantalons reçoivent 2 1/2 pence par paire et doivent fournir le fil : à quoi peuvent-elles arriver? au maximum, à 1 shilling par jour, et la journée sera de 17 heures. Des couseuses de chemises reçoivent 3 pence par douzaine, etc.

Ceux qui sont friands de détails navrants peuvent se régaler dans le livre de M. Sims. Il y a de quoi en être écœuré bien vite.

Ces descriptions ont toutes pour objet de rendre plus pressante la solution du problème : « Comment améliorer les logements des ouvriers et des pauvres? » Il est admis que la condition actuelle en est déplorable au point de vue de la santé, non seulement de ceux qui les habitent, mais de la ville entière, parce que ces logements insalubres sont des foyers d'épidémies; la misère qu'on y endure fait des ouvriers et des pauvres une proie facile pour les propagateurs d'idées subversives; c'est le danger social, à côté du danger physique.

La question du logement du pauvre est l'une des plus compliquées et l'une des plus difficiles à résoudre. Elle forme une branche de la question sociale tout entière, à l'égal de la nourriture et du vêtement. Les mêmes règles et les mêmes principes s'appliquent à cet ensemble de problèmes.

Le rôle de l'État est clairement indiqué : il a le devoir d'empêcher la vente d'aliments insalubres et de faire la guerre aux logements malsains; sa mission est, avant tout, une mission d'hygiène et de police. On ne saurait lui demander de fournir soit des logements, soit des aliments gratuitement ou au-dessous du prix courant aux gens valides en état de gagner leur vie, sous peine de commettre une injustice vis-à-vis de ceux qui ne participent pas à ces faveurs et sous peine de démoraliser les classes indigentes. Ces aliments ou ces habitations à meilleur marché entraînent une perte pour l'État, qui est obligé de recourir à l'impôt pour y faire face. Cette augmentation d'impôt retombe sur toute la nation; elle pèse le plus lourdement sur les pauvres.

Les subventions de l'État ont, en outre, un inconvénient; elles découragent l'initiative privée, l'industrie des particuliers. Si l'État construit ou fait construire des maisons dont le loyer est plus bas que ne le comportent les circonstances, il entrave la construction des maisons et obtient un résultat opposé à celui qu'il espérait.

L'insalubrité provient de l'entassement prodigieux d'êtres humains dans des pièces qui ne sont pas faites pour contenir un si grand nombre de personnes, de la négligence absolue des règles sanitaires, de la saleté accumulée. Des maisons et des quartiers entiers sont devenus des foyers permanents de contagion. Les causes de cet entassement sont la pauvreté extrême des habitants, qui ne leur permet pas de chercher des logements plus salubres, plus vastes et plus chers, et qui empêche un grand nombre de s'éloigner de l'endroit où ils gagnent leur existence; — l'augmentation de population due aux naissances d'abord, puis à l'immigration constante d'ouvriers attirés des campagnes ou des villes de province vers la capitale, et enfin à la démolition de quartiers habités par les ouvriers, et qui ont disparu pour faire place à des rues nouvelles, à des gares, à des entrepôts, ou qui ont été déblayés par raison de salubrité.

Contre la pauvreté extrême, il n'y a pas de remède ; le paupérisme est inguérissable. Contre les mauvaises habitudes des habitants sous le rapport de la propreté, il faut s'armer de patience ; l'usage de l'eau et du balai finira peut-être par devenir plus commun et plus fréquent. C'est une éducation à faire.

A l'aide d'une surveillance active et énergique, on peut s'opposer à l'existence de logements insalubres, forcer les propriétaires à tenir leurs immeubles dans le meilleur état possible.

Des résultats satisfaisants ont été obtenus dans une certaine mesure par la construction de maisons modèles, de cités ouvrières. La portion la plus aisée des ouvriers, celle qui a des salaires réguliers, a pu s'y loger en partie, et par conséquent c'est autant de personnes de moins pour faire concurrence aux autres.

L'exécution des règlements de salubrité, entraînant au besoin la démolition de maisons isolées ou d'îlots entiers, est la première partie du problème. La seconde, c'est de savoir comment et où loger les ouvriers, de quelle manière leur donner des logements plus vastes. Il y a divers systèmes en présence : les cités ouvrières en ville, où l'on gagne de la place en hauteur, en construisant à cinq ou six étages, — les maisons dans les faubourgs pour une ou plusieurs familles, à condition qu'il y ait des moyens de communication économiques. C'est l'affaire de l'industrie privée, des entreprises philanthropiques, de l'association des ouvriers eux-mêmes, de fournir de meilleurs logements. Si les immeubles affectés à l'habitation des classes pauvres rapportent un bon revenu, on est sûr d'en voir le nombre s'accroître.

Voici près de quarante ans que le Parlement anglais s'occupe de la question du logement. Une série de lois, souvent modifiées et amendées, prouve que les hommes d'État en ont reconnu toute la difficulté. On peut distinguer et diviser ces lois en plusieurs groupes : les unes ont pour objet d'introduire des règlements de salubrité, permettant aux autorités locales de combattre la *nuisance* des logements malsains, d'autres ont servi à exproprier des maisons ou des îlots entiers, qui compromettaient la santé publique et qui étaient vraiment inhabitables, d'autres enfin sont venues en aide à des entreprises charitables, qui avaient pour objet la construction de logements d'ouvriers, en leur procurant des capitaux à un taux avantageux; ces institutions ont dû accepter certaines

conditions de construction et de surveillance. Le
Parlement a rendu l'application des lois qu'il a
faites difficile, parce qu'il s'est inspiré des considérations humanitaires. Il a imposé l'obligation à la
municipalité de Londres par exemple (Metropolitan
Board of Works) de consacrer le terrain déblayé à
l'édification de logements d'ouvriers, pour un nombre égal à celui qui avait été déplacé par la démolition. Cette obligation a entraîné une perte
considérable pour les contribuables, il a fallu
acheter cher des maisons insalubres, qui rappor-
taient gros à leurs propriétaires, et quand il s'est
agi de revendre, la nécessité de construire des logements exclusivement d'ouvriers a déprécié le
terrain. Le métropolitan Board of Works a subi
à cause de cela une perte de 1,200,000 liv. sterl.,
ou 30 millions de francs : il a déblayé 41 ares
environ, déplacé 23,000 personnes demeurant
dans 8,988 chambres. Il a été reconstruit des logements pour 12,008 personnes, d'autres sont en
train, — on pourrait bâtir pour encore 14,300 personnes. Le terrain est revenu à 240 liv. ster.
(6,000 francs) par famille de cinq. Sir Richard
Cross, ministre de l'intérieur dans le cabinet
Disraeli Beaconsfield, était l'auteur de cette législation, qui a permis de faire disparaître de
gros pâtés de maisons inhabitables, — la clause
relative à la réédification de logements d'ouvriers a été reconnue trop coûteuse, et depuis 1882

elle a été modifiée d'une manière sensible (1).

On n'est plus obligé de réinstaller toute la population déplacée, — un quart ou une moitié suffit. Grâce à cela, on peut tirer profit d'une partie du terrain. On est même autorisé à s'en défaire entièrement, à condition qu'on en abandonne un autre équivalent dans le voisinage. Les villes de province moins vastes que Londres ont depuis un certain temps appliqué la loi avec cet accommodement; elles ont pu déplacer les habitants des taudis et les transférer dans des districts moins coûteux. Cela a été l'obstacle le plus sérieux, à Londres, à une guerre en grand contre les logements insalubres.

Le Parlement avait voulu éviter les trop brusques déplacements d'un nombre considérable de pauvres, qui auraient afflué vers les quartiers où demeurent leurs égaux; l'entassement y serait devenu plus énorme encore. Cela a toujours été le cas, à la suite des grands travaux d'embellissement ou d'assainissement; les démolitions sur une vaste échelle ont partout cet effet. Si le Parlement avait espéré, en exigeant la reconstruction de

_____

(1) On a surtout posé des règles fixes afin de réduire à un minimum l'indemnité aux propriétaires d'immeubles condamnés à disparaître; notamment une maison trop mauvaise pour être réparée doit être estimée comme représentant un terrain nu avec tant de briques et de matériaux de construction.

logements d'ouvriers au même endroit, que les anciens habitants y reviendraient, il s'est trompé ; les anciens, chassés du nid, se sont dispersés aux quatre coins de la ville ; c'est bien rare si un ou deux retournent. Dans le même ordre d'idées, on ne pouvait attaquer plus de quinze maisons à la fois, à moins d'avoir préparé ailleurs des logements pour les habitants. C'était là une cause de lenteur, quand il importe de marcher vite. A Glasgow, la municipalité, afin de venir en aide aux ouvriers chassés de chez eux, a établi des garnis provisoires. — Sir Richard Cross conseille de faire la même chose à Londres.

Nous serions entraînés trop loin, si nous voulions exposer en détail la législation anglaise sur cette question. Elle est considérable, avons-nous dit, et si les autorités locales n'avaient pas été arrêtées par des difficultés financières, par une certaine mollesse, une certaine inertie, on aurait obtenu des résultats bien autrement importants que ceux auxquels on est arrivé. On a accusé les *vestries* de Londres de complicité dans le maintien des abus, c'est ce que prétendent les adversaires du régime actuel d'administration métropolitaine. Quoi qu'il en soit, les pouvoirs des municipalités étaient fort étendus, bien qu'entravés dans l'exécution par un certain nombre de formalités (1). Sous

(1) Le soin de signaler les logements insalubres est dévolu aux *inspecteurs de nuisances*, agissant sous la direction des

la pression du mouvement d'opinion, le président
du Local government Board, sir Charles Dilke,
s'est décidé à user de ses droits de contrôle ; il a
adressé diverses circulaires fort énergiques aux
autorités locales, leur rappelant leurs devoirs et
les mettant en mesure de les exécuter.

1° Les *Acts for the removal of nuisances* (1855,
1866, 1874) imposent aux autorités locales le soin
de faire soit elles-mêmes, soit par leurs fonctionnaires, des inspections de leur district, afin de
s'assurer quelles nuisances doivent disparaître. Le
terme « nuisance » comprend tout immeuble dans
un état dangereux à la santé, tout cabinet d'aisances, tuyau   tc., tellement mal entretenu qu'il met
en péril la salubrité commune, toute maison ou
partie de maison si encombrées, qu'il en résulte des

officiers de salubrité. Or, le nombre de ces inspecteurs est
hors de proportion avec la besogne multiple dont le Parlement les a chargés. Prenez, par exemple, *Withechapel* :
il y a là 5,000 maisons, occupées chacune par plusieurs
locataires de la classe ouvrière et indigente, qu'il serait
nécessaire de visiter souvent. Les deux inspecteurs du district sont insuffisants. En s'y consacrant exclusivement,
c'est à peine s'ils pourraient visiter chaque maison une
fois tous les trois mois. Les lois sont excellentes en théorie ; dans l'application, comme elles ne s'exécutent pas
toutes seules, l'état-major de fonctionnaires n'est pas
assez nombreux pour forcer les intéressés à se conformer
aux règlements ; il faudrait une trentaine d'inspecteurs :
cela coûterait plus cher aux contribuables.

dangers pour les habitants. Si, après avis, aucune mesure n'a été prise par les personnes qui en sont responsables, il est du devoir des autorités de commencer un procès devant des *justices* (juges de paix). Ceux-ci ont le pouvoir de requérir les susdites personnes de faire le nécessaire, afin de supprimer la *nuisance*. S'ils pensent qu'elle se répétera, ils peuvent donner des instructions pour l'empêcher et, le cas échéant, ordonner la fermeture de la maison. A défaut d'obéissance, l'autorité locale a même le droit de faire les réparations aux frais des personnes responsables. Dans le cas où la maison déclarée insalubre est habitée par plus d'une famille et qu'il y ait encombrement, celui qui a permis l'encombrement est exposé à une amende de 2 liv. sterl., et court le risque de voir fermer la maison. En vertu du Sanitary Act de 1866, les *tenement-houses*, maisons louées à plus d'une famille, sont placées sous une législation très stricte. Les autorités locales sont appelées à formuler un règlement qui leur est applicable. Les maisons doivent être enregistrées, le nombre des habitants fixé par l'autorité sanitaire, les pièces, couloirs, etc., tenus en bon état. La contravention est punie de 2 liv. sterl. d'amende. C'est l'extension de la législation sur les garnis aux maisons particulières ; on s'y était décidé afin de mieux protéger les pauvres. La loi n'a malheureusement jamais été appliquée avec rigueur ni exactitude.

2° Les *Artizans dwellings Acts*, 1868 à 1882, connus sous le nom de *Torrens' Acts*, ont pour objet primordial la réparation ou la démolition de maisons insalubres ; ils permettent aussi de supprimer des bâtiments *obstructeurs*, c'est-à-dire ceux qui enlèvent l'air et le jour à d'autres maisons, empêchent la ventilation. Les autorités municipales agissent sur l'avis de leur officier de salubrité et de leur architecte ; elles enjoignent au propriétaire de faire les travaux nécessaires, à défaut de quoi, elles les font exécuter d'office à ses frais. Le propriétaire de tout logement condamné peut toutefois obliger les autorités à acheter le logement en question ; en cas de désaccord, il y a arbitrage ; une fois maîtresses du terrain, les autorités locales peuvent en disposer pour y construire des logements d'ouvriers ; dans la métropole, elles peuvent s'en servir en vue de l'élargissement des rues et ruelles. Les dépenses doivent être couvertes par des taxes locales.

3° Les *Artizans' and labourers' dwellings improvement Acts*, 1875 à 1882. Les lois de sir Richard Cross, dont nous avons parlé plus haut, visent d'autres habitations que celles dont s'occupent les lois Torrens. Celles-ci s'attaquent à des maisons isolées, tandis que les autres ont en vue de larges surfaces couvertes de maisons si encombrées, qu'il en résulte un danger moral et physique. Comme la propriété de ces endroits est divisée entre un certain nombre de propriétaires, aucun d'eux n'a le pouvoir de faire les changements nécessaires. La loi de 1875 a fait un devoir aux autorités locales de démolir ces îlots insalubres et de pourvoir, en même temps, au logement des populations ouvrières déplacées. Les projets doivent recevoir l'approbation du *Gouvernment local* et être confirmés par un ordre du Parlement. Le projet doit comprendre la reconstruction de logements pour un nombre d'ouvriers égal à celui qui est délogé. Les travaux sont conduits par les autorités locales avec pouvoir d'expropriation. Si dans les cinq ans, l'autorité locale n'a pu réussir, l'autorité supérieure peut prendre la direction du projet et l'achever. Quand l'autorité locale a construit les maisons, elle doit les vendre dans l'espace de dix ans. Les dépenses sont supportées par les taxes locales. Des emprunts pour l'exécution des travaux peuvent être faits aux *commissaires des prêts pour travaux publics* à 3 1/2 p. 100 pour trente ans, 3 3/4 pour quarante ans. La loi concerne toutes les villes de plus de 25,000 habitants. Elle n'a produit que des effets fort lents, comme nous l'avons expliqué déjà.

4° Les *labouring classes lodging houses Acts*, 1851, 1866, 1867 (1). Cette série de lois, dont la pre-

---

(1) M. Hoare propose à des personnes charitables de construire des garnis et de les faire exploiter par des gens de confiance. Chaque lit s'y louerait environ 2 fr. 50 par semaine. Financièrement ce serait une bonne affaire.

mière est due à lord Shaftesbury et n'a été d'ailleurs appliquée qu'une fois, a pour objet d'encourager les municipalités et les paroisses dans les villes de plus de 10,000 âmes à construire des garnis et à les meubler avec des fonds avancés par les commissaires des prêts pour travaux publics. Le remboursement de l'emprunt devait être fait au moyen des ressources de la commune ou de la paroisse et au besoin par un impôt. Cette loi est restée lettre morte (1).

Nous avons à nous occuper des entreprises particulières, qui ont été faites en vue d'améliorer le logement de l'ouvrier par la construction de maisons modèles, ordinairement sous forme de

(1) A la suite de l'enquête de 1884, la législation anglaise a été modifiée une fois de plus. Le Parlement a voté une loi, qui porte le nom « *Housing of the Working Classes Act 1885* ». Cette loi augmente les pouvoirs de l'autorité locale en ce qui concerne la réglementation des « *tenement houses* » et facilite l'imposition d'amendes. Les lois Torrens sont modifiées, en ce que le propriétaire d'une maison dont l'autorité locale a ordonné la réparation ou le démolition, ne peut plus exiger qu'elle lui soit achetée ; on étend la sphère des lois de Sir R. Cross. Afin de faciliter la construction de logements pour les ouvriers, on autorise les propriétaires de fidéi-commis à vendre des terrains à des prix raisonnables dans ce dessein ; de plus le gouvernement doit céder le terrain de 3 prisons (Milbank, Pentonville, Coldbathfield) *at fair market price*. Enfin les Publics Work Loans Commissioners sont autorisés à avancer de l'argent à 3 1/8 p. 100.

cités ouvrières. Le Parlement leur est venu en
aide à diverses reprises, notamment en 1851, en
1855, en 1866. Il a autorisé les avances pour quarante ans, par les commissaires, de prêts pour
travaux publics, jusqu'à concurrence de la moitié
de la valeur des maisons. De nombreuses sociétés
ont profité de cette loi pour construire des sortes
de cités ouvrières, mais le total des prêts n'a pas
dépassé le chiffre de 11,000,000 de francs depuis
vingt ans.

Jusqu'à l'introduction de l'*Artizans and labourers' dwellings Act* de 1875, beaucoup avait été
tenté par des efforts particuliers, en vue d'améliorer les logements des classes pauvres. Vingt-
huit associations au moins s'étaient formées à
Londres dans ce dessein, et elles avaient fourni
des habitations meilleures à 32,435 personnes,
en dépensant trente millions de francs. Le
loyer était de 2,50 à 3,50 pour une chambre
par semaine, de 3,75 à 4,25 pour deux chambres,
de 5,50 à 8 francs pour trois. Le revenu réalisé
sur le capital dépensé a varié de 2 à 6 1/4 p. 100
l'an.

Les treize blocs de bâtiments érigés par la *Métropolitan Association*(1) ont coûté en moyenne 1,025 fr.

_____

(1) En 1885, elle logeait dans 15 immeubles 1,433 familles,
soit 7,165 personnes. Son capital est de 186,325 liv. sterl.
Elle a emprunté 78,000. Ses immeubles valent 273,000 liv.
sterl. Depuis dix ans elle paye 5 p. 100 de dividende.

par habitant, prix d'achat du terrain compris. Cette entreprise, dont M. Charles Gatliff est le directeur, est la plus ancienne. Elle remonte à 1841. Elle donne à loger en 4,244 chambres à 5,651 personnes ; elle a dépensé 217,212 liv. sterl. Une autre est celle du « Strand Buildings Company », fondée en vertu d'un acte spécial du Parlement en 1855. Le capital en est de 5,000 liv. sterl., dont 1,000 ont été souscrits par lady Burdett-Coutts. Le dividende distribué aux actionnaires est de 5 p. 100. La propriété, située Eagle Court Strand, loge 200 personnes, principalement des ouvriers d'imprimerie.

La cité de Londres a dépensé 105,000 liv. sterl. à ériger des logements pour 1,591 personnes dans Farringdon Road et près de Holborn Viaduct.

L'une des plus intéressantes à étudier est celle de sir Sidney Waterlow, — *the improved industrial dwellings Company*, autorisée par un acte du Parlement en 1863. Le capital versé s'élève à 500,000 liv. sterl. Les prêts reçus des *public works loan Commissioners* s'élèvent à 327,000 liv. sterl. Elle paye 5 p. 100 de dividende à ses actionnaires, possède une réserve considérable. La mortalité dans les immeubles de la Compagnie est de 15,37 par 1,000 ; — dans le reste de Londres, elle est de 21,4 par 1,000. Elle possède 39 immeubles contenant 5,348 familles, administre, en outre, un certain nombre de maisons appartenant à des particuliers, — elle a en tout 26,000 personnes sous son contrôle.

En 1887, l'Improved Industrial Dwellings Company a inauguré la dernière série de ses constructions, Stalbridge buildings, construits sur des terrains appartenant au duc de Westminster entre Grosvenor Square et Oxford Street. Elle a acheté son terrain pour une période de 99 ans moyennant une redevance qui varie de 15 fr. 65 à 2 fr. 20 le mètre. Après achèvement des Stalbridge buildings les immeubles de la compagnie valent 1,028,000 L. La société fondée par Sir S. Waterlow est arrivée à la limite du capital fixé par les statuts : elle a été un grand succès à tous les points de vue.

L'entreprise la plus considérable dans ce genre à Londres résulte des dons et legs de 500,000 liv. sterl. (12,000,000 1/2 de francs) faits par le philanthrope américain Peabody (1). Les curateurs

(1) Les curateurs du *Peabody Donation fund*, sont lord Derby, le ministre des États-Unis, sir Stafford Northcote, sir Curtis M. Lampson M. J.-S Morgan.
En 1883, le revenu net en loyers et intérêt a été de 25,252 liv. st. Les sommes données par M. Peabody ont été 150,000 liv. st. en 1862. 100,000 en 1866, 100,000 en 1868, et 150,000 en 1873. Total, 500,000 liv. st. auxquelles il faut ajouter 307,319 liv. st. (rent and interest), ce qui porte le fond à 807,319 liv. st. Il a été en outre emprunté 300,000 liv. st. aux Public Works Loan Commissioners, auxquels il est dû 361,333 liv. st. Le capital total est donc 1,237,000.
En 1883, les curateurs ont dépensé en terrains et cons-

de cette fondation charitable, créée sous les auspices du Parlement et dans des conditions spéciales, ont dépensé jusqu'ici en terrains et constructions plus de 25,000,000 de francs.

Citons encore la *Victoria dwellings Association*,
sous le patronnage de la reine. Elle a édifié trois
blocs à quatre étages à Battersea, d'autres à Kings'
Cross, et contrôle 3,400 personnes. Le résultat financier laisse à désirer.

Comme nous l'avons dit, les logements dans
les cités ouvrières, créées par les associations du
genre de celles-là, sont occupés par l'élite des ouvriers, par de petits employés de commerce.
Bien qu'on les ait construits d'une manière plus
salubre, avec des conforts inconnus, cette catégorie
d'habitations a été longtemps peu populaire parmi
la masse. Il s'était établi de véritables préjugés
contre elles; on prétendait que la liberté individuelle y était gênée par certains règlements. On

tructions 110,382 l. s., ce qui met le total des dépenses à
1,080,883. Ils ont ouvert 33 blocs de constructions, à
Withecross street, avec 1,878 chambres, toutes occupées à
présent.

Ils ont fourni en 1884 aux ouvriers 4,551 logements séparés formant un ensemble de 10,144 chambres occupées
par 18,453 personnes, sans compter les chambres de bains,
blanchisseries. Le gain moyen du chef de famille était
par semaine 23 shillings ; le loyer moyen par chambre
2 s. 1 1/4 d. Parmi les locataires, 463 sont portefaix,
277 couturières, 267 *police-constables*, 201 voituriers.

leur reprochait leur aspect de caserne. Cependant
elles sont toujours pleines.

Signalons une œuvre spéciale dans le même
ordre d'idées, c'est celle de miss Octavia Hill, qui,
depuis vingt ans, travaille à améliorer les logements des ouvriers. Miss Octavia Hill ne procède
pas par de grandes démolitions et de grandes reconstructions. Son champ d'activité est plus modeste, les résultats qu'elle obtient sont excellents,
en ce qu'elle agit directement sur la classe la plus
pauvre, la plus difficile à atteindre. Miss Octavia
Hill achète des maisons dans les plus mauvais
quartiers, les répare de son mieux, ne rebâtissant
qu'à la dernière extrémité. Elle introduit des
améliorations hygiéniques. Comme elle est en
communication personnelle avec ses locataires,
peu à peu elle fait leur éducation. A force d'économie et de bonne administration, elle arrive à
faire rendre plus de 4 p. 100 au capital engagé.

A côté de miss Octavia Hill, il y a d'autres personnes qui travaillent dans la même direction

Nous avons indiqué ce qui s'est fait à l'intérieur de la ville. N'a-t-on rien tenté pour amener
l'ouvrier à se loger dans les faubourgs, hors de
la métropole? Les philanthropes n'ont pas encore
essayé quelque chose de considérable de ce côté.
Ils ont abandonné le terrain aux entrepreneurs qui
construisent par spéculation, et qui, se trouvant
hors de la juridiction du Metropolitan Board of

Works, construisent le meilleur marché possible, avec de mauvais matériaux, sans se soucier de l'hygiène. Les cottages suburbains sont aussi insalubres que les logements en ville. L'entassement n'y est pas moindre (1).

(1) Il s'est fondé en Angleterre une société connue sous le nom d'*Artizans' Labourers' and general dwellings company*, qui s'est efforcée de résoudre ce problème. Elle est née d'une façon assez modeste : quelques ouvriers s'étaient associés pour construire des maisons destinées à la classe ouvrière. En 1867, la Société fut fondée au capital de 6,250,000 francs partagés en 25,000 actions. Les constructions et le placement des actions marchèrent de pair. En 1874 le capital fut porté à 25,000,000, en 1879 une série d'actions dites de préférence avec revenu privilégié de 4 et demi p. 100 fut émise jusqu'à concurrence de 6,250,000 francs, ce qui porte le capital à 31,250,000 francs. En 1884, il a été autorisé une nouvelle émission d'actions privilégiées jusqu'à concurrence de 12,000,000 et demi. Elles sont placées au fur et à mesure des besoins. La Compagnie paie un dividende de 5 p. 100. Elle possède aujourd'hui de vastes superficies couvertes par 6,000 maisons salubres.

La Compagnie a eu pour objet de donner à très bas prix une maison à chaque famille. Elle a voulu réagir contre le système des casernes. Ne pouvant construire à Londres même, on est allé chercher à la campagne de vastes terrains. Sur ces terrains on a tracé des rues, construit des égouts, fait en un mot les préparatifs nécessaires. Jusqu'en 1881, on s'est efforcé d'encourager les ouvriers à devenir propriétaires. Quiconque désirait construire une maison obtenait une avance d'argent remboursable par semaine, par mois ou par année. Les maisons pouvaient

Malgré les facilités qui leur sont accordées de par la loi sur certaines lignes de chemins de fer, les ouvriers de Londres n'aiment pas à aller s'installer hors de la ville. Sur le Great Eastern Railway, ils ont droit à des trains spéciaux matin et soir à un prix extrêmement réduit : 10 centimes

différer de grandeur et de caractère, mais les règlements en ce qui touche le drainage, la ventilation étaient imposés à tout le monde. C'est ainsi qu'on a créé, près de Clapham Juncton, Shaftesbury Park avec 1,200 maisons (1874), Queen's Park au nord-ouest de Londres avec 2,200 maisons (1876-1883), Noel Park avec 2,600 maisons. A Salford, la société a acheté assez de terrain pour y édifier 76 maisons, à Birmingham on a acquis 3 propriétés qui serviront à 600 maisons. Il faut lire dans le livre de M. Picot la description si attachante qu'il fait de ces colonies de maisons à bon marché. Au début, comme je l'ai dit, on a vendu 250 maisons à Shaftesbury Park, 170 à Queen's Park, mais malheureusement il en résulta des abus : beaucoup de propriétaires primitifs vendirent, leurs maisons tombèrent entre les mains de gens moins respectables ou bien d'intermédiaires qui élevèrent les loyers. La compagnie rachète aujourd'hui ces maisons. Un danger permanent contre lequel elle a peine à se défendre, c'est l'encombrement. Elle a difficulté à lutter contre la sous-location. C'est la reproduction de ce qui se passe à Mulhouse dans la cité ouvrière. Une autre difficulté de la Compagnie générale, c'est la cherté du transport pour la classe ouvrière. L'exemple de l'Artizans Dwellings company a stimulé la spéculation privée, qui depuis 1875 a construit à Tottenham et aux environs 18,000 maisons d'ouvriers se louant 400 à 500 francs.

pour 15 kilomètres aller et retour; eh bien, c'est
à peine si sept à huit mille ouvriers en profitent.

Le métier spécial de beaucoup d'entre eux, les
heures de travail, l'emploi des enfants, le salaire
supplémentaire gagné par la femme, le maintien
du foyer domestique, l'économie de vivre en famille, le bon marché de la nourriture grâce au
voisinage des grands marchés du soir, les retiennent en ville. Les portefaix des docks sont obligés
de vivre tout près; c'est entre quatre et cinq
heures du matin que l'embauchage se fait pour
la journée; il est donc impossible d'habiter loin
et de profiter des trains à prix réduits. Les tailleurs qui gagnent leur pain à travailler pour
les grandes maisons du West End ne peuvent
s'éloigner non plus, leur genre d'occupation les
force à aller et venir plusieurs fois par jour; les
femmes qui cousent des sacs ou font d'autres
travaux grossiers doivent vivre près de ceux qui
leur donnent de la besogne. Voici une considération sentimentale si vous voulez : l'ouvrier qui
quitte sa chambre à quatre heures et demie du
matin pour prendre le train et aller à Londres, à
son chantier ou à son atelier, revient tard le soir,
il retourne fatigué; il ne voit jamais sa famille,
excepté le dimanche. Les occasions de dépenses le
long de la route, lorsqu'il attend son train, la
nécessité de prendre ses repas chez le traiteur font
une brèche dans son budget insignifiant. Bien des

ouvriers ont essayé de vivre hors de leur rayon habituel et, après quelques mois, ils ont préféré rentrer dans leurs tanières.

Cette solution, qui consiste à transporter les classes indigentes à la circonférence, afin de déblayer le centre, est applicable en province; elle est d'une exécution bien plus pénible à Londres. En théorie, le terrain à bon marché, le grand air, paraissent des arguments irrésistibles si on les accompagne de billets de chemin de fer à prix réduits. En pratique, il en est un peu autrement. Nous avons indiqué les objections des ouvriers à émigrer, les compagnies de chemins de fer en ont d'autres: à un penny, il y a de la perte. Les ouvriers sont bruyants, sales; il faut non seulement des trains spéciaux, mais encore des wagons spéciaux, on leur réserve les plus délabrés. Lorsqu'une colonie d'entre eux s'établit dans un endroit, c'est fini, la classe moyenne aisée fuit devant eux.

On se propose d'étendre la juridiction du *Metropolitan Board of Works* sur les constructions suburbaines, de façon à empêcher les constructions insalubres et l'encombrement. En outre le ministre des finances et le Parlement veulent pousser les compagnies de chemins de fer dans la voie des trains à prix réduits, en leur accordant à cette condition une réduction sur l'impôt des voyageurs.

Dans cette question des logements d'ouvriers on se heurte à chaque instant contre des difficultés.

Nous avons indiqué quelques-unes d'entre elles — celles qui proviennent des conditions spéciales à la distribution du travail ou qui sont la conséquence de l'inertie des autorités locales. Il en est d'autres enfin qui sont le fait du caractère même des classes indigentes. Ces malheureux sont le produit des générations antérieures, qui ont végété dans la pauvreté, dans la promiscuité, dans la saleté la plus horrible. Donnez-leur des logements propres et salubres, — au bout de quelques semaines, vous ne reconnaîtrez plus le logement. L'usage de l'eau et du balai est lent à s'apprendre, d'autant plus que la quantité d'eau mise à la disposition des habitants dans ces parages est peu considérable. La qualité de l'eau qui croupit dans des tonneaux infects n'est pas encourageante. L'habitant de ces taudis a le génie inné de la destruction; pour le seul plaisir de mal faire, il brise et casse ce qu'il peut.

Les règlements de police, les mesures législatives n'ont pas de prise sur des gens qui n'ont pas la moindre notion d'hygiène, qui ont à peine l'idée de pudeur et de décence. Il s'agit donc de faire lentement leur éducation, de transformer leurs habitudes. L'influence de l'instruction obligatoire se fait déjà sentir dans une certaine mesure; les générations qui grandissent en ce moment auront passé par l'école et elles seront plus maniables, plus souples que leurs parents.

L'exemple de maisons-modèles comme celles du legs Peabody, l'action de personnes philanthropiques, comme miss Octavia Hill ou l'honorable miss Maud Stanley, ne peuvent manquer de produire des effets bienfaisants.

Il faut surtout encourager ceux d'entre les ouvriers qui peuvent mettre quelque chose de côté à le faire, à profiter de l'institution excellente des *building societies*, caisses d'épargne avec une destination particulière, celle de procurer des maisons à leurs membres. Les building societies prospèrent d'ailleurs, elles comptent plus de 800,000 adhérents dans le Royaume-Uni.

De cet ensemble d'efforts persévérants, il sortira forcément du bien, à condition que chacun reste dans la sphère où il peut être utile et qu'on ne demande pas à l'État de résoudre la question sociale. Son intervention, venant mal à propos, démoralise et paupérise.

CHAPITRE II

NOMINATION D'UNE COMMISSION D'ENQUÊTE EN 1884. GÉOGRAPHIE
DES QUARTIERS INSALUBRES ET PAUVRES. LEUR ASPECT.

Au mois de février 1884, Lord Salisbury fit une
proposition à la Chambre des Lords demandant la
nomination d'une commission royale (c'est-à-dire
extraparlementaire dont les membres seraient
désignés par le gouvernement) chargée d'étudier la
question du logement des classes ouvrières. Le
prince de Galles prit la parole en faveur de la
motion qui fut adoptée à l'unanimité. Un arrêté
royal en date du 4 mars 1884 institua la commission d'enquête; parmi les membres, on rencontrait
le prince de Galles, le cardinal Manning, Lord
Salisbury, Sir Richard Cross, Lord Brownlow,
M. Goschen, Sam. Morley. Elle fut présidée par
Sir Charles Dilke, en sa qualité de président du
local government board. La commission a siégé
du 11 mars au 18 août 1884 deux fois par semaine.
Nous verrons plus loin les résultats de cette
enquête et les modifications apportées à la législation.

Réduit à sa plus simple expression, dépouillé de toute couleur locale pittoresque, le problème du logement du pauvre peut se formuler brièvement comme suit : les artisans et les ouvriers de Londres et des autres grandes villes ne sont pas en état d'obtenir des logements faits pour des êtres humains à des prix qu'ils peuvent payer. La conséquence c'est que leurs habitations sont insalubres par elles-mêmes et que l'encombrement les rend pires encore.

L'enquête promettait d'être fort intéressante ; elle n'apprendrait pas grand'chose de nouveau sur Londres et les villes importantes comme Glascow, Edimbourg, Liverpool, Manchester. Si on l'étendait aux campagnes, on aurait des renseignements précis sur la situation déplorable des ouvriers agricoles. Elle demanda quelques mois pour être achevée, et si les commissaires s'entendaient pour proposer quelques mesures législatives, celles-ci ne pourraient être soumises au Parlement qu'à la fin de la session. En tout cas, aucun acte du Parlement ne donnera de bons logements aux misérables pas plus qu'il ne fera disparaître l'ivrognerie, la saleté, l'immoralité.

Je voudrais demander aujourd'hui à mes lecteurs de m'accompagner dans une excursion au pays de la misère. Quelques traits recueillis sur place suffiront pour leur montrer quelle tâche énorme il faut accomplir, si l'on veut assainir moralement et physiquement les tanières où grouille une population entassée.

J'ai sous les yeux une carte de Londres, sur laquelle l'un des secrétaires du Metropolitan Board of Works a eu l'obligeance de m'indiquer par des points noirs l'emplacement des quartiers où les habitations ont été déclarées malsaines à cause de l'encombrement et d'autres circonstances. Il y en a dans presque tous les quartiers intérieurs de la ville, si ce n'est celui du West End, le quartier aristocratique. Les faubourgs en sont pour la plupart exempts.

D'énormes progrès ont été accomplis à Londres, depuis quarante ans, et, si hideux que soient les tableaux de la misère actuelle, ils semblent bien pâles à côté de ce qu'on a connu en 1840. Il suffit de parcourir les dépositions des témoins dans l'enquête sur la salubrité des villes en 1840 pour juger de la différence. En 1840, les parties basses de Londres n'avaient pas un système d'égouts satisfaisant. Le sol et les fondements des maisons étaient imprégnés d'eaux sales, de matières que la canalisation emporte aujourd'hui au loin : c'étaient des marécages fétides, qui empoisonnaient l'air. La fièvre enlevait chaque année 30,000 à 40,000 personnes.

La dégradation, le vice, la pénurie étaient inouïs. Si malsaine et si misérable que soit la condition de certains quartiers de Londres en 1884, ce n'est rien en comparaison d'un passé encore récent.

Les résultats obtenus sont d'autant plus remarquables qu'ils sont dus à des efforts isolés. Les grands travaux qui ont doté Londres d'un système d'égouts sont de date récente; plus récents encore sont les règlements concernant la salubrité publique; les lois sur les logements d'ouvriers sont plus nouvelles encore, et c'est à peine si la philanthropie commence à s'attaquer au mal sur une vaste échelle. Sur 4 millions d'habitants on a construit des logements meilleurs pour 60,000, en comprenant les maisons modèles du legs Peabody et les autres institutions analogues. Celles-ci n'abritent que l'élite de la classe ouvrière, ceux qui ont un salaire régulier, dépassant 30 francs par semaine, qui n'exercent pas de métier bruyant à domicile. Pendant longtemps, elles n'ont pas été populaires ; leur aspect froid de casernes, la rigidité des règlements qui empiétaient sur la liberté individuelle, éloignaient beaucoup d'ouvriers.

Sur la carte dont je parlais plus haut, les points noirs commencent à l'extrémité du district Ouest, à Edgware Road, et s'étendent à travers la ville entière. Il y en a à deux pas de Bond street, la rue de la Paix de Londres, de Haymarket, de Leicester square, du Strand, d'Oxford street. Ces îlots dangereux deviennent plus considérables et plus rapprochés à mesure que vous vous éloignez du West End. Ils suivent la Tamise sur ses deux rives.

En passant dans une rue commerçante, d'un aspect plus ou moins respectable, vous apercevez des espèces d'impasses qui viennent y aboutir. Au premier abord, il n'y a rien qui vous frappe particulièrement. Pendant la journée, si le temps est relativement beau, l'impasse semble un lieu paisible. Les maisons sont basses, l'espace entre elles est assez large. Mais, pénétrez dans une de ces maisons, et vous serez saisi de la façon la plus pénible : une odeur de moisi, d'humidité, vous prend à la gorge ; l'escalier est à moitié pourri, les planches sont branlantes ; les marches de l'escalier, les couloirs, le plancher des pièces, les murs, le plafond sont couverts de couches accumulées de poussière ; jamais le balai ni le torchon n'ont fait leur office chez des gens habitués de génération en génération à vivre dans la saleté. Les fenêtres sont bouchées avec des planches, les carreaux brisés sont remplacés par des chiffons, l'eau passe par le toit. Par terre des débris de toute sorte, de vieux légumes, du poisson en décomposition ; tout ce qui a pu être brisé, portes de placards, bouts de bois, a été arraché et brûlé. Les misérables qui habitent ces chambres transformées en tanière ont le génie de la destruction. Tout est loué : la cuisine dans le sous-sol abrite une famille de plusieurs personnes qui élève avec

ses enfants des poules où des porcs. Si le locataire
est un marchand des quatre saisons possédant une
petite voiture et un âne, il y a des chances pour
que le baudet couche dans la même chambre que
son maître.

Le prix de ces logements est fort élevé, — au
minimum 3 francs par semaine pour une chambre et, si elle est meublée (et quel ameublement!),
c'est le double. La pauvreté de ceux qui les habitent est inimaginable. Souvent ils sous-louent la
moitié de leur chambre, et l'entassement prend
des proportions inouïes. La promiscuité, l'absence
de toute notion de pudeur, amènent une immoralité révoltante. Le cabaret est la seule conso-
lation qui reste à ces malheureux, et ils ne s'en
privent pas.

De l'autre côté de la Tamise, une population
misérable s'est concentrée à Southwark, après
avoir été chassée peu à peu par les démolitions et
le renchérissement des loyers. Ceux qui travaillent
font les besognes les plus humbles dans la Cité;
ils sont trop pauvres pour prendre les trains d'ouvriers. C'est un asile pour les voleurs et les filles
de la plus basse espèce. Au delà de Land Street,
par exemple, il y a une allée de 3 pieds de large
qui mène à un antre de voleurs. Qu'il fasse beau
ou qu'il pleuve, le sol est couvert d'une boue humide, qui a jailli sur les murs des deux côtés. Les
maisons dans ce cul-de-sac, qu'on nomme Vine

Yard, sont basses; elles n'ont qu'un étage. Pour deux chambrettes, soi-disant meublées, le prix y est de 14 francs par semaine. Pas le moindre arrangement sanitaire, la fièvre règne en permanence. L'endroit est si mal famé que ni clergyman ni inspecteur de salubrité ne s'y aventure. C'est tard dans la journée que les habitants se lèvent; leurs métiers inavouables s'exercent la nuit. Paris renferme certainement des misères aussi poignantes, mais l'aspect en est moins hideux peut-être.

Depuis que la question du logement du pauvre est devenue une question du jour, les bas-fonds de Londres ont été visités par d'illustres personnages : sir Charles Dilke, en sa qualité de président du Local Government Board, le prince de Galles et M. Clémenceau.

On emporte une impression de profonde mélancolie, de dégoût et de découragement, en sortant des quartiers misérables. On a conscience de l'impuissance où l'on est de remédier aux maux dont souffrent tant d'individus. La charité, l'intérêt privé, l'éducation dans leurs sphères séparées, peuvent diminuer les souffrances; rien ne supprimera malheureusement le paupérisme.

CHAPITRE III

La question du logement du pauvre a vivement
préoccupé l'opinion dans la Grande Bretagne, en
dernier lieu, pendant l'automne et l'hiver de 1883.
Une série de publications illustrées, décrivant les
horreurs des misérables habitations où les ouvriers
vivent entassés, ont provoqué comme un réveil de
la conscience publique. Les journaux et les revues se sont emparés d'un sujet aussi intéressant;
les philanthropes n'ont pas laissé échapper l'occasion d'attirer l'attention sur leurs efforts, et les
politiciens ont compris tout l'avantage qu'ils auraient à faire preuve de zèle, afin de mériter les
sympathies populaires. Conservateurs et radicaux
ont fait assaut de sollicitude. Toute cette agitation
a abouti à une enquête. Sur la proposition de
lord Salisbury, le gouvernement a donné mission
à quinze commissaires royaux d'étudier la condition du logement des classes ouvrières, et de
rechercher les moyens de l'améliorer. La prési-

dence de la Commission a été confiée à sir Charles Dilke, président du Local Government Board. Le prince de Galles, le cardinal Manning, le marquis de Salisbury, sir Richard Cross, ministre de l'intérieur sous lord Beaconsfield et auteur de diverses lois sur la matière, en ont été nommés membres, avec M. Goschen, M. Torrens, M. Jesse Collings, M. Broadhurst, M. Samuel Morley et quelques autres personnes. Par l'adjonction du lord prévôt d'Edimbourg et d'un député irlandais, M. Gray, le nombre des membres a été porté à dix-sept.

La Commission d'enquête a commencé par récapituler la législation existante, elle a étudié ensuite la condition des logements à Londres, principalement sous le rapport de l'encombrement. En dehors de la capitale, l'enquête a porté sur quelques grandes villes de province comme Bristol, Newcastle, Birmingham, Leeds, Liverpool; comme types de villes secondaires, on a choisi Exeter et Doncaster; comme types de petites villes, Camborne et Alnwick; enfin on s'est occupé des campagnes. L'Irlande et l'Écosse ont formé l'objet d'enquêtes séparées, dont le résultat a été publié plus tard. La commission a publié son premier rapport, relatif à l'Angleterre. C'est un document de 92 pages in-quarto, qui témoigne de travaux considérables.

Les commissaires ont constaté que les tableaux fort tristes de l'habitation du pauvre n'avaient rien d'exagéré, et ils sont arrivés une fois de plus à la conclusion qu'il n'y avait pas de remède prompt ni radical, pas de solution unique ; ils ont reconnu la difficulté de proposer autre chose que des palliatifs dont l'action sera lente. Ils se sont trouvés en présence d'une foule de lois et de règlements greffés les uns sur les autres, formant un véritable chaos, où les spécialistes eux-mêmes finissaient par ne plus voir clair, et que les autorités locales n'appliquaient pas, par ignorance, par intérêt ou par négligence. La Commission a été d'accord tant qu'il s'est agi d'exposer l'origine et les formes diverses du mal ; les dissentiments ont éclaté lorsqu'il a été question de formuler des remèdes, de suggérer des modifications à la législation. Le rapport est bien signé de tous les commissaires, mais presque tous ont annexé des notes exprimant leurs réserves, leurs objections sur tel ou tel point.

Le premier témoin entendu, lord Shaftesbury, apportait le fruit d'une expérience de soixante années. Suivant lui, la condition du pauvre s'est singulièrement améliorée sous bien des rapports, mais l'encombrement dans les logements est devenu plus sérieux que jamais. Cette opinion a été confirmée par d'autres dépositions. Le système de la pièce unique par famille semble malheureusement établi pour la majorité, sinon pour la presque totalité des cas : dans le centre de Londres, la moyenne est de six chambres pour cinq familles. Dans Clerkenwell, une maison contenant six chambres est habitée par six familles, huit personnes vivant dans une seule chambre. Une petite maison d'Allen street abrite trente-huit personnes, dont sept occupent une seule chambre; dans Northampton street, neuf personnes dans une pièce; dans New Court, onze personnes et des poules dans deux chambres; dans Cromer street, une cuisine souterraine (4 mètres de large sur 3 de long et 2 1/2 de haut) renferme sept personnes. D'autres parties de la capitale ne sont pas mieux partagées. A Spitalfieds, dans Hambury street, une maison de neuf chambres, servant à sept personnes par pièce, et dans aucune il n'y avait plus d'un lit. La condition des villes de province est, somme toute, moins défavorable; cependant on rencontre de l'encombrement à Bristol, à Newcastle, à Camborne. Lorsque les affaires marchent bien, notamment dans les districts miniers et industriels, la population afflue et s'entasse. Ce qui rend l'encombrement plus dangereux, ce sont les défauts dans la construction des habitations et leurs vices au point de vue de l'hygiène. Une grande partie des maisons qu'habitent maintenant les ouvriers ont été construites pour une seule famille; mais dans l'intervalle, elles ont été abandonnées par les classes aisées, qui ont émigré vers d'autres quartiers et elles sont louées aujourd'hui chambre par chambre, sans qu'aucune modification ait été faite dans l'arrangement; il n'y a qu'un seul service d'eau et presque toujours un seul *water-closet*. Extérieurement les maisons ont un air respectable, qu'elles doivent à leur ancienne destination; mais à l'intérieur, elles sont dans le plus mauvais état possible. Les propriétaires n'y résident point d'ordinaire. La porte sur la rue est rarement fermée, si bien que la nuit les escaliers et les couloirs sont encombrés de malheureux qui viennent y chercher un abri.

Cependant, au point de vue de la salubrité générale, de grands progrès ont été accomplis. Le drainage de Londres, par la construction des égouts, a été l'objet d'une incontestable amélioration; le système des fosses et des puisards a presque disparu. Cela n'empêche pas qu'il y ait encore beaucoup à faire. Le drainage, dans beaucoup de maisons, est défectueux et c'est une source de maladies. L'enlèvement des cendres et des détritus laisse infiniment à désirer. Le service de l'eau est mieux fait; il ne satisfait point toutefois aux exigences de l'hygiène la plus élémentaire, surtout dans les anciennes habitations qui sont affectées à plusieurs familles. La suppression de l'eau par les Compagnies, faute du payement de l'abonnement, produit de graves inconvénients.

L'état des habitations à l'intérieur est déplorable : elles sont rongées par l'humidité, envahies par la saleté. L'air manque. Malgré tous les efforts, les caves sont encore employées comme logements, pourvu qu'elles remplissent certaines conditions d'élévation.

L'encombrement est pour ainsi dire le nœud autour duquel viennent se grouper les autres maux. On peut se faire aisément l'idée des inconvénients qui en résultent au point de vue de la santé physique et morale. La décence, la pudeur la plus élémentaire deviennent impossibles, lorsqu'un lit unique est occupé par le père, la mère et les enfants. Tout le bénéfice de la journée passée à l'école est perdu lorsque ceux-ci rentrent au logis. Cet état de choses mène à l'immoralité, à la débauche précoce. La mortalité infantile est énorme. L'ophthalmie fait de grands ravages, surtout parmi les enfants, et il est inutile d'insister sur le fait que ces habitations malsaines deviennent des foyers de maladies contagieuses. En moyenne, l'ouvrier ou l'ouvrière perd vingt jours par an par suite de maladie, résultant, la plupart du temps, de simple épuisement.

La saleté et l'ivrognerie sont-elles la cause ou la conséquence de l'état misérable des habitations du pauvre ? Lord Shaftesbury croit que le milieu exerce une grande influence sur les ouvriers ; un jeune homme de la campagne, sobre et robuste, arrive à Londres pour chercher de l'ouvrage; il doit loger près de son atelier; il n'a pas le choix et il est obligé de s'installer dans un de ces taudis

malsains; il renonce vite à essayer de le tenir propre, il devient indifférent et tombe victime de la
maladie, s'adonne à l'intempérance. On reproche
aux pauvres d'être malpropres, ce n'est souvent pas
de leur faute, ils trouvent devant eux la saleté des
locataires précédents, transmise de génération en
génération, sans que jamais personne ait songé à
balayer. De plus, l'état des maisons est tel qu'on
ne saurait y toucher : les planches sont pourries,
les papiers moisis, et il est impossible de les tenir
propres. L'ignorance en matière d'hygiène est déplorable, elle explique les objections des ouvriers
à une bonne ventilation, elle fait comprendre l'é-
trange coutume de garder pendant des journées
dans leur unique chambre le corps de parents ou
d'enfants décédés. Il ne faut pas oublier, d'ailleurs,
que les malheureux sont souvent destructeurs par
goût et par instinct. Transportés sans transition
dans une maison neuve et propre, ils la réduisent
vite à n'être plus qu'un bouge puant.

Quant aux causes de cet encombrement, de cette
condition lamentable des habitations, la première
est sans contredit la pauvreté des habitants. Le
rapport envisage le salaire habituel des classes ouvrières, et il fait ressortir avec raison combien les
gains de beaucoup sont précaires et incertains.
Une classe considérable, dont les gains sont les
moins élevés, ce sont les colporteurs, les marchands ambulants; ils se font en moyenne 10 à

12 sh. (12 fr. 50 à 15 fr.) par semaine. Cette
somme représente un labeur continu, le revenu
est très précaire, mais il n'y a pas de saisons de
chômage. Le revenu dépend de l'état du marché.
Viennent ensuite les portefaix des docks, qui sont
soumis à des incertitudes perpétuelles ; leur revenu
est évalué entre 8 et 9 sh., au maximum entre 12
et 18 par semaine : 5 pence l'heure est le prix ordinaire, mais il y a une offre surabondante de travail purement physique, et beaucoup de portefaix
ne travaillent que deux jours par semaine. Les
journaliers, dans Clerkenwell, se font 16 sh. environ. La confection des sacs et les travaux de tailleur se font dans les *homes* du pauvre à des salaires
de famine (*starvation wages*). Les ouvriers (artisans) gagnent davantage : 25 sh. est le taux ordinaire pour la moyenne.

D'après M. Marchant Williams, inspecteur du
London School Board, 88 p. 100 de la population
pauvre consacrent plus d'un cinquième de leur revenu au loyer; 46 p. 100, d'un quart à la moitié;
12 p. 100 seulement moins d'un cinquième. Ces
chiffres sont le résultat d'une enquête qui a porté
sur un millier de logements. 3 sh. 10 p. (4 fr. 75)
sont la rente moyenne d'une chambre, 6 sh. (7 fr. 50)
de deux chambres louées ensemble. Le loyer, dans
les parties congestionnées de Londres, a une tendance à s'élever, tandis que les salaires n'augmentent pas; il est à craindre que la disproportion

entre le loyer et les salaires s'accroisse encore.
On a tout lieu de croire que les données de
M. Williams pèchent plutôt par un excès de modé-
ration.

En province les loyers sont bien meilleur marché
qu'à Londres. Cette cherté dans la métropole provient évidemment de la concurrence que les ouvriers se font pour obtenir des habitations et du
nombre restreint de celles-ci en proportion de la
population. On pourrait se demander comment il
se fait que les quartiers encombrés ne soient pas
dégagés par la distribution d'une partie de leurs
habitants sur d'autres districts, et cela, lorsqu'il y
a tant de maisons inoccupées dans quelques quartiers de Londres. La réponse, c'est qu'une masse
énorme des malheureux entassés dans les quartiers
encombrés sont obligés de vivre dans le voisinage
de leur ouvrage, quel que soit le prix du loyer ou
l'état de l'habitation. Si les quartiers pauvres du
centre de Londres sont tellement peuplés, cela tient
à ce qu'une classe considérable de journaliers doit
vivre autant que possible au milieu de la ville,
parce qu'ainsi ils dominent le marché du travail de
la métropole tout entière. Ainsi, les portefaix des
docks, qui attendent à la queue leur tour d'être
embauchés, aux portes des docks, logent tous autour de la Monnaie dans Southwark. De même les
marchands ambulants sont forcés de vivre à proximité de leurs marchés. Les horlogers de Clerkenwell

vivent serrés les uns sur les autres, parce que l'outillage complet est trop coûteux pour un seul ouvrier, et qu'ils se prêtent leurs outils plusieurs fois
par jour. Les tailleurs ne peuvent s'éloigner de
leurs patrons. On a remarqué que des ouvriers
sont obligés de revenir dans leur ancien quartier,
après avoir essayé de s'établir plus loin dans une
position plus salubre. Le travail des femmes et des
enfants est encore une considération qui force les
familles à fixer leur demeure dans tel ou tel quartier. Il ne faut pas non plus négliger la question
du crédit chez les boutiquiers, le voisinage des
marchés : dans les faubourgs la nourriture est plus
chère. Enfin le pauvre a une répugnance naturelle
à abandonner ses anciens voisins et à former de
nouvelles relations.

Cela n'exclut pas les habitudes de migration ; la
moitié de la population pauvre de certains quartiers est sans cesse en mouvement, à la recherche
de travail. Ce mouvement a lieu surtout dans le
centre de la ville ; ces migrations, si on pouvait les
diriger, serviraient à dégager les localités trop peu-
plées ; elles ont des conséquences toutes contraires.
Ajoutez à cela les incidents extraordinaires, l'arrivée de juifs persécutés qui viennent grossir le
contingent israélite de White-Chapel et de Spital-
fields. Puis, l'idée prévaut à la campagne qu'à
Londres on est sûr de trouver de l'ouvrage. Enfin
certains entrepreneurs font appel aux travailleurs

de province, alors qu'il y a un excès d'offre de travail à leurs portes, dans la capitale; ils se justifient en disant que l'homme de province est plus capable de faire de gros travaux exigeant de la vigueur, que l'ouvrier des villes, affaibli par les conditions défavorables au milieu desquelles il vit.

Si fâcheux que puissent être les effets de l'immigration, ils ne sont rien en comparaison de ceux des démolitions. On a vu la nécessité où se trouve le pauvre de vivre à proximité de son ouvrage; aussi lorsqu'on démolit des maisons occupées par la classe ouvrière, l'encombrement augmente immédiatement dans le voisinage et il se crée de nouveaux bouges. Il y a toute une série de démolitions pour des motifs divers : embellissements, constructions d'écoles, de gares, etc. Toutes ont contribué à empirer la condition du pauvre, même celles qui avaient été entreprises dans son intérêt afin d'assainir l quartier et de bâtir des logements modèles. Par exem le district de Saint-Luke n'a jamais repris son aspect antérieur à la construction des maisons Peabody : l'encombrement hors de celles-ci est plus intense qu'avant. Dans Great Wild street, les travaux de reconstruction ont amen une hausse des loyers dans les maisons restées debout.

Il reste deux causes à énumérer, parmi celles qui sont responsables de la situation : la première, c'est la relation entre les propriétaires du terrain sur lequel s'élève la maison et les tenanciers (locataires principaux); la seconde, c'est la manière défectueuse dont les autorités locales usent de leurs pouvoirs légaux.

Le régime particulier de la propriété urbaine en Angleterre, les longs baux emphytéotiques et la concentration du sol dans les mains d'un petit nombre, ne pouvaient manquer de donner une physionomie particulière à la question du logement, en même temps qu'ils augmentaient les souffrances de la classe ouvrière. Le propriétaire foncier est désarmé en quelque sorte; il ne peut intervenir pour forcer le locataire principal à satisfaire aux exigences sanitaires; les termes du bail sont sévères, mais ils ne tardent pas à tomber en désuétude. Il est très difficile de déterminer la personne qui est directement responsable du mauvais état de la propriété. Il s'est formé en Angleterre toute une classe d'exploiteurs, d'intermédiaires, d'accapareurs, qui interviennent entre le *freeholder* et les habitants des maisons, qui fixent et perçoivent les loyers. Le propriétaire du sol et son homme d'affaires ont une préférence bien explicable pour cet intermédiaire, qui leur offre de précieuses garanties au point de vue pécuniaire. L'intermédiaire fait des bénéfices énormes en louant une à une les chambres d'une maison à des familles d'ouvriers. Le loyer primitif de la maison est de 500 francs; les sous-locataires payeront

ensemble 2,500 francs. En moyenne, le bénéfice
est de 150 p. 100 par an, sans compter les dépenses pour les réparations — et quelles réparations! — qui se font toutes les trois ou quatre
années.

Nous n'insisterons pas sur le rôle des autorités
locales : elles sont demeurées presque toutes absolument passives, malgré l'abondance de pouvoirs
que le Parlement leur a conférés. Les *vestries* de
Londres sont élus par les habitants qui payent la
taxe des pauvres, mais personne ne s'intéresse à
ces élections; on cite des cas où les membres d'un
vestry ont été élus par deux électeurs, et cela dans
un quartier très peuplé. Deux autorités locales,
sur les trente-huit qui composent l'administration
de Londres, ont fait exception à cette négligence
criminelle des devoirs et des responsabilités les plus
élémentaires : Chelsea qui était représenté par sir C.
Dilke au Parlement, et Hackney, qui avait pour
député M. Fawcett. Ces deux districts sont soumis
à une administration locale énergique, qui a amélioré considérablement l'état sanitaire, qui a fait
la guerre à l'encombrement, si bien que leur situation est relativement brillante. Il est permis de se
demander si cette amélioration de Chelsea et de
Hackney ne s'est pas faite aux dépens des districts
limitrophes. Il est facile de déplacer le mal, bien
plus facile que de le guérir.

L'état-major des inspecteurs chargés de vérifier

l'application de la loi est insuffisant; à Islington il y a un inspecteur des *nuisances* par 56,000 habitants; à Greenwich, un par 65,000; à Bermondsey, par 86,000; à Mile End, par 105,000; à Saint-James's, Westminster, il y a un inspecteur par 9,000 habitants.

Ce qui rend les autorités locales aussi molles, c'est qu'elles sont dominées par des intérêts particuliers en conflit avec l'intérêt général. D'ordinaire, les membres des *vestries* sont des boutiquiers, des cabaretiers, des propriétaires de maisons habitées par les ouvriers, et il se fait une alliance entre eux pour entraver la mise en vigueur des règlements et des lois. S'il n'y a pas d'opposition ouverte, on pratique l'obstruction par inertie.

Les conditions d'existence en province sont différentes de celles qu'on remarque à Londres. On pourrait dire que chaque centre de population subit des influences particulières. En province, la disproportion entre le salaire et le loyer n'est pas aussi considérable; la pauvreté n'en reste pas moins un facteur important de la condition misérable des logements. A Bristol, la grande masse ne saurait payer plus de 1 sh. 3 p. par semaine (1 fr. 55). Suivant les localités, l'encombrement accompagne la dépression ou la prospérité industrielle. En province, l'ouvrier n'est pas forcé de vivre autant à proximité du lieu où il travaille : les distances y sont moindres. Cependant, dans le Cornouailles, des mineurs ne peuvent trouver d'habitations plus rapprochées qu'à 12 kilomètres.

Quant aux districts ruraux, la plus grande diversité existe ; on ne saurait dire qu'un comté soit mieux partagé qu'un autre sous le rapport du logement. Il y a, dans tous, des cas d'extrême misère et de bien-être relatif. Les cottages des ouvriers agricoles laissent beaucoup à désirer ; l'encombrement et la saleté n'y sont pas moindres que dans les villes ; cependant, le système de la chambre unique y est moins fréquent. D'ordinaire, dans les villages, il y a une chambre où l'on couche et une où l'on fait la cuisine ; mais quelles chambres ! L'escalier est remplacé par une échelle, le toit de chaume laisse passer la pluie. Les dépositions les plus navrantes sont celles des délégués des Unions d'ouvriers agricoles ; le tableau tracé par les agents des propriétaires est moins sombre. On peut citer le progrès accompli par lord Tollemache dans ses domaines du Cheshire ; il a construit 300 nouveaux cottages, dont chacun a trois chambres à coucher ; il a doté chacun de trois acres de terre à pâturage. Les maisonnettes sur les terres de lord Shaftesbury sont dans un excellent état. Le salaire des ouvriers à la campagne est toujours très bas ; mais il n'y a pas le manque de proportion entre le salaire et le loyer, dont nous avons parlé pour Londres et les grandes villes. Dans le Wiltshire, le loyer est de 1 sh. (1 fr. 25, par semaine, le salaire de 9 à 13 sh.

(11 fr. 25 à 16 fr. 25). Un berger se fait 20 francs et a en outre un cottage avec jardinet. Il est très difficile d'arriver à un chiffre moyen, applicable à toute l'Angleterre. A la campagne, l'occupation d'un cottage fait partie souvent du salaire; il est impossible dans ce cas d'établir un rapport entre le loyer et le salaire. Les ouvriers agricoles ont un grief spécial, c'est que les cottages sont loués avec la ferme et sous-loués par les fermiers. Cela les expose à être expulsés de leur logis, avec huit jours de préavis. L'incertitude de tenure pèse sur eux plus même que l'état misérable de l'habitation. Il semble, à en juger par le gros des dépositions, que les salaires ruraux ont augmenté, et qu'il y a un progrès sensible depuis cinquante ans. Cependant, le revenu des ouvriers agricoles serait insuffisant à leur procurer des logements convenables, si ceux-ci devaient leur être fournis par un entrepreneur à un taux rémunérateur.

Le Parlement anglais s'occupe depuis quarante ans de la question du logement. Une série de lois souvent modifiées et amendées prouve que les hommes d'État en ont reconnu toute la difficulté. On peut distinguer et diviser ces lois en plusieurs groupes : les unes ont pour objet d'introduire des règlements de salubrité permettant aux autorités locales de combattre la nuisance des logements malsains; d'autres ont servi à exproprier des maisons ou des îlots entiers qui compromet-

taient la santé publique et qui étaient vraiment
inhabitables; d'autres enfin sont venues en aide à
des entreprises philanthropiques qui avaient pour
objet la construction de logements d'ouvriers, en
leur procurant des capitaux à un taux avantageux.
On peut dire qu'une grande partie de cette activité
législatrice n'a abouti à aucun résultat sérieux,
que les lois faites sont restées à l'état de lettre
morte. Les autorités locales ont été au-dessous de
la tâche qui leur était dévolue, et comme l'application des lois votées par le Parlement était facultative dans la plupart des cas, il n'a pas été fait
usage des pouvoirs conférés. De plus, l'assainissement de certains quartiers ne pouvant se faire que
par voie de démolition et d'expropriation, les
indemnités allouées aux propriétaires d'immeubles
insalubres entraînaient une charge considérable
pour le budget local, l'obligation de réserver une
partie du terrain déblayé à des habitations d'ouvriers condamnait d'avance l'opération à se solder
en perte.

L'inertie des autorités locales dûment constatée,
la Commission d'enquête demande une loi venant
déclarer qu'il est du devoir de l'autorité locale de
mettre en vigueur les pouvoirs dont elle a été
munie, de manière à obtenir qu'un immeuble ne
puisse plus être laissé dans une condition d'insalubrité. On veut par là enlever le caractère facultatif des lois sur la santé publique. Comment

assurera-t-on l'exactitude et la fidélité des administrations? Le chaos dans lequel l'administration
locale est tombée à Londres et dans les districts
ruraux est un obstacle sérieux à toute amélioration; c'est pour cela que la commission d'enquête
fait ressortir la nécessité de procéder à la réforme
de l'organisation municipale de Londres et à celle
des comtés. Toute la partie du rapport consacrée
à la capitale est un véritable réquisitoire contre
l'état de choses actuel; c'est certainement l'argument le plus puissant que les partisans de la réforme
municipale de Londres puissent faire valoir :
incapacité, gaspillage, prédominance des intérêts
privés, désordre, manque d'unité, conflits de compétence entre les *vestries* et le *Metropolitan Boards
of works;* si bien que rien ne se fait et que l'un
rejette sur l'autre le soin d'agir : ce sont là des
inconvénients reconnus; ils subsisteront aussi
longtemps que Londres sera livré à une foule
d'autorités inférieures, soustraites à l'influence de
l'opinion publique et privées d'esprit public.

Afin d'obvier à une situation aussi déplorable et
qui est la conséquence de défaillances dans l'administration, non pas d'un défaut de législation
(celle-ci a été excessive), la Commission propose
d'investir le *Local Government Board* de pouvoirs
plus étendus, d'une initiative et d'une surveillance
plus considérable; en cas de conflit entre les *vestries* et le *Metropolitan Board of works,* le départe-

ment du gouvernement local servira d'arbitre. Ce qui manque, c'est un pouvoir moteur pour mettre en mouvement les ressorts de l'organisation. L'opinion publique est certainement capable d'exercer une pression suffisante; malheureusement elle s'est détournée de ces questions. Afin de ramener l'attention de ce côté, de fixer les regards sur l'état sanitaire des différents quartiers, la Commission voudrait que le ministre de l'intérieur fît procéder à une enquête sur les mesures indispensables, que cette enquête fût confiée à des personnes nommées par le gouvernement et assistées de délégués des autorités locales. M. Goschen a fait une objection à cette recommandation de ses collègues, et il est difficile de ne pas en sentir la force. Il conseille d'ajourner le relevé du plan du Londres insalubre jusqu'à la constitution du nouveau régime municipal : autrement, on risquerait de se trouver en face d'un projet monstre de reconstruction, dont les auteurs ne seraient responsables devant aucun contribuable. Qui est-ce qui payera d'ailleurs le coût très considérable de cette enquête? Comme nous aurons occasion de le montrer, ce n'est pas le seul rappel à la modération que M. Goschen ait adressé à la Commission. Celle-ci n'a pas résisté suffisamment à la tendance habituelle, elle a formulé des propositions dans un langage assez vague, de nature à satisfaire le plus de gens possible, et elle a adopté des idées dont la réalisation serait passablement dangereuse.

Après avoir demandé qu'on obligeât les autorités locales au respect et à la mise en vigueur des lois existantes, ou plutôt à l'usage de leurs pouvoirs, la Commission réclame qu'on simplifie, qu'on coordonne en un code unique et intelligible toutes les prescriptions sanitaires applicables à la capitale. Ces prescriptions, contenues dans une suite de lois votées depuis trente ans, sont difficiles à comprendre et forment un amas de documents au milieu desquels on se perd. On pourrait profiter de la circonstance pour introduire quelques amendements, notamment pourvoir à l'établissement de *mortuaires* où l'on déposerait les corps des personnes décédées en temps d'épidémie, parce que, faute de ce transport au mortuaire, le corps devrait rester dans une pièce habitée par d'autres personnes. Les pauvres de Londres ont l'habitude de conserver pendant très longtemps, dix jours et plus, leurs morts chez eux, ce qui est une source d'inconvénients et de dangers. De même, on pourrait modifier la législation sur les habitations souterraines dans les nouvelles maisons, exiger une plus grande élévation au-dessus du niveau de la rue et des fenêtres plus dégagées. La Commission suggère la nécessité de règlements plus rigoureux relativement aux constructions nouvelles, de manière à garantir une ventilation indispensable, plus d'air et de lumière; elle insiste pour qu'on force les autorités locales à adopter dans leur circonscription les règlements mentionnés dans la loi de 1866, et qui ont rapport aux maisons habitées par plusieurs familles. Les *vestries* ont le droit de déterminer le nombre des locataires, de faire inscrire sur un registre les maisons de location, d'inspecter ces maisons, de tenir la main à ce que le drainage, les water-closets soient en bon état; de faire blanchir à la chaux, etc. Mais, en même temps, la Commission fait remarquer que les choses ont toutes les chances de demeurer sans changement, tant que les habitants ne prendront pas un intérêt plus actif dans l'administration des affaires locales. D'autre part, en province, afin de ménager certaines susceptibilités que le spectre de la centralisation effarouche, il conviendrait d'étendre les attributions des municipalités et de leur permettre d'agir sans l'intervention du *Local Government Board*.

Beaucoup de dépositions recueillies dans l'enquête ont placé un système d'inspection des logements ouvriers au nombre des remèdes efficaces. Miss Octavia Hill, dont on ne saurait contester l'autorité sur ce terrain, s'est plutôt prononcée contre un développement de l'inspection, excepté peut-être en ce qui concerne l'encombrement; elle demande, en outre, que l'inspection soit dans les mains d'une autorité municipale. Obtenir un état-major de surveillants probes, intègres, connaissant les éléments de l'architecture et de l'hygiène, et fonctionnant sur une étendue aussi vaste que celle de Londres, n'est pas chose facile; aujourd'hui, l'inspection échoit souvent à des ignorants, à des gens conduits par des intérêts privés. A l'exception de quelques districts privilégiés, elle est insuffisante sous le rapport du nombre et de la compétence. De même, les fonctionnaires médicaux (*medical officers of health*) ne consacrent pas tout leur temps à leur fonction et résident souvent hors de leur district. La Commission demande qu'à l'avenir il en soit autrement et qu'on les oblige à s'adonner entièrement à leurs onéreuses fonctions.

Nous arrivons à un autre ordre d'idées, qui laisserait, le cas échéant, une grande place à l'intervention bénévole de l'État, avec tous ses inconvénients et toutes ses conséquences fâcheuses. Comme nous l'avons dit, toutes les nuances d'opinions étaient représentées au sein de la Commission, et l'accord entre elles n'est qu'apparent.

Dans les quartiers de Londres où l'encombrement est le plus considérable, où les ouvriers sont forcés de résider et où le terrain à bâtir fait défaut, se trouvent de grands espaces couverts par les prisons, telles que Pentonville, Millbank, etc. Ces prisons occupent quarante-cinq acres environ. La Commission d'enquête suggère l'idée de trans-

porter les maisons de détention hors de la capitale,
et de céder le terrain au *Metropolitan Board of
works* en fidéicommis pour le plus grand avantage
des quartiers populeux. On aurait là de vastes
emplacements pour bâtir des logements ouvriers
et ouvrir des squares. En fixant le prix, on aurait
à tenir compte de la destination, c'est-à-dire de ne
pas le fixer de manière à rendre la construction
des habitations pour les ouvriers trop coûteuse.

On a organisé en Angleterre un système
d'avances que l'État fait à des Compagnies privées
et même à des particuliers, sur hypothèque de
propriétés foncières, de contributions locales,
lorsqu'il s'agit de certains objets d'utilité générale.
L'État prête à un taux suffisant pour se garantir
de toute perte. On a demandé à la Commission de
recommander un abaissement de l'intérêt annuel
lorsqu'il s'agit de construction des logements d'ouvriers. M. Torrens et M. Gray ont proposé d'employer à cet usage les dépôts des caisses d'épargne
postales qui sont le fruit des économies des classes
pauvres. Il leur paraît logique de consacrer cet
argent à encourager les efforts qui doivent améliorer la situation matérielle des ouvriers, plutôt
que de s'en servir pour réduire la dette publique
ou pour opérer des dégrèvements. La seule excuse,
suivant eux, de la concurrence que l'État fait aux
particuliers, c'est de faire profiter les classes parmi
lesquelles se recrutent les déposants de tout béné-

fice résultant de ces opérations de banque et d'assurance. M. Broadhurst et M. Collings ont protesté contre la proposition d'utiliser les fonds des caisses d'épargne à la construction de logements d'ouvriers. Ils soutiennent que si l'on veut faciliter celle-ci au moyen de ressources publiques, la charge en incombe à toutes les classes, et qu'on ne saurait se servir de dépôts qui sont le produit des économies de l'élite des ouvriers. Il serait plus juste d'augmenter le taux d'intérêt bonifié aux déposants. Les fonctionnaires du gouvernement ont défendu les intérêts de la Trésorerie, qui réalise, il est vrai, un bénéfice de 94,000 livres sterling sur les caisses d'épargne postales, joint à peine les deux bouts sur les caisses d'épargne ordinaires et perd 48,000 livres sterling sur les *Friendly Societies.* Nous ne saurions, faute d'espace, reproduire les arguments employés par eux. La Commission a repoussé l'idée d'affecter à un objet spécial les fonds des caisses d'épargne postales, et elle conseille de réduire, dans la mesure du possible, le taux d'intérêt sur les avances, ainsi que de prolonger les échéances de remboursement.

Il s'est glissé dans le rapport bien des propositions extraordinaires. Ainsi, celle de taxer les terrains non bâtis non plus d'après la valeur actuelle, d'après le revenu présent, mais d'après leur valeur vénale. Ce serait là, aux yeux de quelques personnes, un moyen de forcer la main au propriétaire, de l'obliger à vendre le terrain qu'il garde improductif. Il est inutile de faire remarquer que M. Goschen et sir R. Cross sont opposés à cette innovation, qui introduirait le principe de taxer le capital au lieu du revenu annuel. Ils disent que si l'on commence par les terrains vides, on finira par les logements inoccupés, ce qui découragera de construire, alors qu'on voudrait arriver, par la première mesure, à pousser à la construction.

Les frais légaux sont démesurés en Angleterre, lors de la transmission de la propriété foncière. Il est nécessaire de faire des recherches fort compliquées sur la validité du titre. Il arrive souvent que la note de l'homme de loi s'élève à 25 ou 30 p. 100 du prix d'achat; c'est là un obstacle sérieux pour l'acquisition de maisons par les ouvriers. Ceux-ci le ressentent très vivement. Sans pouvoir faire de suggestions précises, la Commission attire l'attention du Parlement sur ce point et conseille une enquête spéciale. Elle recommande de même de modifier la législation sur les indemnités en cas d'expropriation : celles-ci sont trop souvent excessives.

Les Compagnies de chemins de fer ont contribué, par les démolitions nécessitées par l'établissement de leurs lignes et de leurs gares, à diminuer le nombre d'habitations disponibles pour les ouvriers et à augmenter l'encombrement dans certains quartiers. Le Parlement a bien imposé aux Compagnies l'obligation de réinstaller les habitants pauvres ainsi délogés; mais elles ont su se soustraire à l'obligation, éluder les textes de lois les plus précis. De même elles n'ont pas tenu ce qu'on attendait d'elles sous le rapport des trains à prix réduits, qui devaient permettre aux ouvriers de loger dans les faubourgs. Ces trains d'ouvriers sont peu populaires parmi les Compagnies : ils rapportent peu et sont une cause de dérangement dans le trafic. La Commission demande au Parlement de prendre des mesures pour ramener les Compagnies à l'obéissance.

Nous ne saurions suivre pas à pas le rapport, cela nous entraînerait trop loin. Les logements modèles, les maisons Peabody, sont naturellement mentionnés avec éloge : on rend ample justice au bien qu'ils font, tout en constatant les critiques auxquelles ils ont donné lieu. Les mesures proposées par la Commission auraient pour résultat de faciliter les opérations des Sociétés de logements ouvriers.

M. Goschen est d'avis que le rapport commun n'a pas fait une place assez importante au travail des Compagnies privées qui ont été formées pour loger les ouvriers, comme celle de sir Sydney Waterlow, et qui ont pourvu un grand nombre de familles d'habitations convenables. On a entendu des dépositions tendant à prouver que les dividendes étaient considérables : c'est là le point sur lequel on a insisté; on a paru trouver les bénéfices trop grands, au lieu de s'occuper du nombre de familles qui, grâce à cela, sont mieux logées, et sans s'occuper des progrès de ce mouvement. « On ne doit pas oublier, dit M. Goschen, « que l'objet même de sir S. Waterlow était de prouver par expérience qu'on peut en toute sécurité engager des capitaux dans la construction de maisons modèles, et cela sur des principes commerciaux. Il y a tout lieu de croire que le succès de l'expérience encouragera plus de capitaux à se placer de la même manière et à augmenter ainsi la quantité de logements meilleurs. »

On ne peut s'empêcher, en effet, de trouver que le Rapport est bien incomplet sous ce point de vue et qu'il insiste trop peu sur le rôle prépondérant que l'initiative privée, l'association des capitaux et la coopération des bonnes volontés peuvent jouer. M. Goschen, en sa qualité d'économiste clairvoyant, a relevé cette lacune en quelques lignes, comme on vient de le voir. Il aurait fallu constater le bien dont on est redevable à d'autres facteurs que l'intervention de l'État. Heureusement pour le public français, M. Georges Picot a eu l'excellente idée de combler cette lacune. M. Georges Picot a publié à la librairie Calmann Lévy un volume intitulé *Un devoir social et les logements d'ouvriers*. C'est un éloquent appel aux hommes de bonne volonté, désireux d'améliorer les conditions d'existence des milliers d'ouvriers qui les entourent, désireux d'amener un rapprochement entre les diverses classes de la société, qui deviennent de plus en plus étrangères l'une à l'autre et de plus en plus hostiles. Avec une rare vigueur, il les exhorte à secouer leur découragement factice, leur torpeur, et à se jeter résolument dans la mêlée pour remplir leur devoir. Ce n'est pas en invoquant l'intervention de l'État, ni en se croisant les bras qu'on diminuera la somme des misères humaines : l'intervention de l'État, le socialisme sous toutes ses formes, ne feront que les aggraver. Il n'y a pas de panacée pour les guérir tout d'un coup, mais on peut espérer rendre la vie plus aisée, plus confortable, plus morale pour un nombre considérable d'ouvriers, pour l'élite d'abord, pour les couches inférieures ensuite. Le logement, comme nous l'avons fait voir, est au centre même de la question sociale, il exerce une influence prépondérante sur la santé morale et physique. On ne peut demander à l'État ou à la commune de fournir des logements à bon marché, à meilleur marché que le prix ordinaire, sous peine de décourager les entreprises privées et de démoraliser ceux mêmes qui seraient l'objet d'une semblable faveur. La charité, l'aumône, n'est jamais qu'un secours passager; pour être appréciée, l'habitation doit être payée, gagnée à la sueur du travail. Du moment que l'on veut faire de la philan-

thropie rationnelle, il faut la faire sur des bases
économiques et commerciales. Offrir aux ouvriers
des logements salubres à un prix raisonnable et
rémunérer en même temps les capitaux engagés
dans l'entreprise, c'est la solution du problème,
dans la mesure du possible. M. Picot, adversaire
déterminé du socialisme, est un ami ardent et
dévoué des classes laborieuses; il pense avec raison
que nous avons des devoirs envers elles, devoirs
que nous ne saurions négliger sous peine de com-
promettre l'ordre social. Il est convaincu qu'on
peut construire des logements convenables, qu'on
louerait à des prix raisonnables, et qu'en même
temps on réaliserait des bénéfices. A l'exception de
quelques rares tentatives, il n'a été rien fait à Paris.
La Société des maisons ouvrières de Passy-Auteuil,
qui s'est constituée en 1882 à Paris, a pu loger
cinquante familles qui sont en train d'acquérir par
voie d'annuité leur logement. En Angleterre, à
Londres, comme dans la province, le mouvement
a pris une grande extension et de précieux résultats ont été obtenus. M. Picot a étudié de près
toute cette organisation, et il donne dans son
volume les détails les plus précis et les plus con-
cluants. Il faut le remercier d'avoir fait un noble
effort pour éveiller la conscience publique et d'avoir
montré la voie où l'on doit s'engager.

Après des commencements modestes, plus de
100 millions de francs sont engagés à Londres

dans des entreprises qui ont pour but de bâtir des logements salubres pour les ouvriers — maisons modèles à plusieurs étages, sortes de casernes, ou *cottages* détachés. Voici des chiffres fort éloquents, surtout lorsqu'on pense que les actionnaires touchent des dividentes de 5 p. 100 (à l'exception du legs Peabody, toutefois, où il n'y a pas d'actionnaires).

	NOMBRE de GROUPES	LOGEMENTS	POPULATION	CAPITAL
Association métropolitaine...........	14	1.257	6.000	6.050.000
Donation Peabody..	18	4.551	18.453	30.275.000
Compagnies des logements perfectionnés...............	31	4.314	21.500	23.400.000
Artizans Dwellings..	3	4.143	22.000	31.912.000
Société pour l'amélioration de la condion des classes laborieuses..	9	588	2.800	928.000
	25	14.853	70.753	92.595.000

D'après un tableau dressé par M. Gatliff, depuis quarante ans il a été construit à Londres de meilleurs logements pour la classe ouvrière :

1° Par des sociétés de construction 132 groupes de bâtiments pour une valeur de 4,703,726, logeant 19,143 familles avec 94,497 personnes.

2° Par des corporations publiques, 11 groupes d'immeubles valant 373,048 liv, ster. pour 758 familles avec 4,506 personnes.

3° Par des entrepreneurs privés 53 groupes d'immeubles valant 1,192,700 liv. ster. pour 7,177 familles avec 36,224 personnes.

4° L'initiative particulière a enfin contribué à fournir de meilleurs logements pour une somme de 311,767 liv. ster. répartis sur 57 immeubles, logeant 2,566 familles avec 11,582 personnes. (Il s'agit de miss Octavia Hill et de ses émules.)

C'est donc une population totale de 29,643 familles, ou 146,809 personnes qui ont profité d'une amélioration dans leur habitation (1).

(1) Cité par M. Aschrott dans son étude.

CHAPITRE IV

LA LOI DE 1885 (HOUSING OF THE WORKING CLASSES ACT)

L'enquête terminée, le rapport publié, il devenait nécessaire d'agir.

Un bill fut soumis au Parlement. Afin d'arriver à bon port, le projet de loi ne pouvait guère être plus qu'un acompte. On écarta tout ce qui aurait provoqué de longs débats et de la résistance. Une entente eut lieu entre le gouvernement et l'opposition. Lord Salisbury prit charge du bill dans la chambre des Lords et sir Charles Dilke dans la chambre des communes. Cet accord entraîna à des concessions réciproques, qui restreignirent encore la portée de la loi.

La législation devient plus exigeante dans une double direction.

L'exécution des lois relatives à la salubrité est rendue obligatoire pour les autorités locales, qui doivent exercer les pouvoirs dont elles sont investies, afin d'assurer à leur circonscription une condition de salubrité suffisante.

Celles-ci pourront à l'avenir prendre de leur propre initiative les décisions nécessaires pour assurer la salubrité dans les *tenement houses* à l'aide de règlements, sans être obligées de recourir à la sanction préalable de l'autorité centrale.

En même temps les contraventions donneront lieu à une procédure sommaire.

A l'avenir dans tout contrat de location d'une maison ou partie de maison pour habitation par des ouvriers, il sera tacitement entendu que la maison, au moment de l'entrée en jouissance, est dans un état raisonnablement propre à servir d'habitation humaine.

Les lois Torrens sont modifiées : le propriétaire d'un immeuble insalubre, dont la réparation ou la démolition a été ordonnée par l'autorité locale, ne pourra plus exiger qu'on lui rachète son immeuble.

Des conflits surgissaient entre les autorités locales, notamment à Londres, entre le *Metropolitan Board of Works* et les *vestries*, relativement à la question de savoir s'il convenait d'appliquer les lois Torrens ou les lois Cross, c'est-à-dire si c'était l'arrondissement ou la capitale tout entière qui devait participer à l'opération de déblayage des maisons insalubres. Il en résultait un délai considérable. Afin d'y remédier, le conflit sera soumis à l'avenir à l'un des secrétaires d'État, qui nommera un arbitre chargé d'étudier les faits et de faire un rapport, à la suite duquel le ministre décidera.

Les lois Cross (*Artizans and labourers dwellings improvement acts* 1875, 1882) sont étendues à tous les districts sanitaires urbains, quel que soit le nombre de leurs habitants.

On a voulu faciliter l'application des lois Shaftesbury (1851, 1867) sur l'établissement de garnis pour les ouvriers. On en fait un objet d'intérêt commun à toute la capitale. Cette partie de la législation est étendue aux campagnes. Dans la capitale, les frais devront être couverts par le *Dwelling house Improvement fund*, dans les autres villes par le budget général. Les recettes résultant de l'exploitation des garnis seront appliquées au fonds qui aura fait les dépenses.

L'expression *lodging houses* employée par le législateur désigne aussi des cottages ou maisons detachées à un ou plusieurs logements.

En vue de rendre plus facile l'acquisition de terrains destinés à la construction de logements d'ouvriers, on modifie la loi sur les majorats et les propriétés substituées (*settled land act*, 1882). La vente, l'échange ou la location de terrain appartenant à un fidéicommis pourra avoir lieu, lorsqu'il s'agira de construire des logements d'ouvriers, à un prix raisonnable, eu égard à l'objet en vue, même si ce prix est inférieur à celui qu'on aurait obtenu en employant le terrain à d'autres objets.

La même faculté d'imposer des sacrifices à ses héritiers est octroyée à tout corps constitué, qui est propriétaire. De même la construction de logements d'ouvriers est comprise dans une plus grande mesure que par le passé dans les dépenses d'améliorations permises aux détenteurs de majorats.

Le projet de loi primitif contenait une clause analogue, afin de permettre la vente des terrains où se trouvaient les prisons de Pentonville, Milbank Coldbath Fields, et la maison de détention de Clerkenwell à un prix inférieur à leur véritable, au *Metropolitan Board of works*.

La loi portait qu'en cas de transfert des prisonniers ailleurs, l'emplacement pourrait être vendu à un prix, fixé à l'amiable ou par arbitre — prix qui mettrait le Board en mesure d'approprier ces terrains à des maisons d'ouvriers sans trop grand sacrifice. On sait que les opérations du Board sur ce terrain ont coûté cher aux contribuables (1), il y a eu des pertes considérables par suite de l'impossibilité de retrouver le prix d'achat des immeubles et des terrains expropriés. Cette clause souleva de l'opposition, on fit ressortir qu'elle

---

(1). Depuis 1876, le Metropolitan Board of Works a exproprié des quartiers insalubres. A la place des immeubles démolis, on en a élevé d'autres, pour la plupart des maisons modèles, renfermant 21,678 personnes (1er janvier 1886). Lorsque les divers projets en train seront exécutés, le nombre des personnes sera de 38,000.

provoquait une grave objection : n'était-ce pas la même chose que de proposer que l'État ou l'autorité locale vînt en aide par une contribution au loyer des classes ouvrières?

Lord Salisbury se décida à renoncer à cette disposition. Les prisons pourront être vendues, *at a fair market price*, c'est-à-dire seulement à un prix raisonnable du marché, sans sacrifice pour les contribuables.

Enfin les commissaires des emprunts pour travaux publics pourront avancer de l'argent pour construire des logements d'ouvriers à 3 $^1/_8$ p. 100. Cette clause reste en rigueur jusqu'au 31 décembre 1888.

La prison de Coldbath Fields et la maison de détention de Clerkenwell ont été évacuées par l'État. Le *vestry* de Clerkenwell (1) a acheté la prison de

---

(1) L'achat a été fait dans l'intention de consacrer une partie du terrain à des logements d'ouvriers et le reste à un square ou jardin de récréation. Dans le cours de la discussion, par les membres du *vestry*, on a donné lecture de diverses lettres de sociétés ayant construit des logements d'ouvriers et déclarant que l'offre en dépassait la demande à Clerkenwell. 5 p. 100 des habitations appartenant à l'*Industrial Dwellings Company* étaient vides. Dans la *cité*, à Aldgate, les logements construits par la Corporation ne sont occupés qu'à moitié et rapportent 1 à 2 p. 100. Le secrétaire de la *Metropolitan Association for the Improvement of the Dwellings of the poor* constatait que dans le groupe de logements de Farringdon road,

Coldbath Fields, mais jusqu'au printemps de 1887 on n'avait pas encore commencé la démolition.

En dehors de cela, rien n'a été fait pour la mise en vigueur de la nouvelle loi.

Dans l'intervalle, l'initiative privée a continué à marcher de l'avant, non seulement elle construit des logements salubres et à bon marché, mais encore elle entreprend de surveiller l'hygiène dans les maisons pour le compte des propriétaires ou des locataires, et elle va même plus loin, en se constituant le tuteur des ouvriers, en faisant la guerre aux habitations malsaines.

15 à 18 logements étaient inoccupés. Depuis 1841, on a construit pour les ouvriers dans plus de 250 endroits de Londres et dépensé 175 millions de francs.

CHAPITRE V

Nous avons tenté d'esquisser rapidement la condition du pauvre à Londres, surtout au point de vue du logement. Nous voudrions poursuivre cette étude sur *la Misère en Angleterre*, en prenant cette fois pour sujet de nos observations une grande ville de province, Bristol. Nous retrouverons là, dans un cadre plus étroit, tous les contrastes auxquels nous habitue le spectacle de la vie anglaise : la grande richesse non loin de l'extrême indigence, les habitations somptueuses des négociants et des industriels, construites dans des quartiers neufs, la vieille ville de plus en plus transformée en résidence de jour pour les hommes d'affaires et abandonnée aux ouvriers, aux petits employés, aux prolétaires. Ce qui nous a déterminé à choisir Bristol, c'est que nous avons en mains un document très remarquable pour nous servir de guide : nous voulons parler d'un

blue book (1) non officiel, œuvre de l'initiative privée, qui a été publié à la fin de l'année
dernière. C'est le Rapport d'une enquête sur la
condition du pauvre à Bristol; cette enquête a été
conduite sans l'intervention de l'État. On sait qu'il
y a eu en Angleterre un sentiment de malaise
très marqué dans la conscience publique, malaise
provoqué par le tableau effrayant des habitations
des classes ouvrières et indigentes; la politique et
la philanthropie ont amené un mouvement d'opinion qui n'est pas encore assoupi. Dans cet ordre
d'idées, le clergé de Bristol s'est adressé à l'évêque de Bristol et Glocester, en le priant d'organiser une enquête locale. L'évêque s'est rendu à
cet appel, il a présidé une réunion publique à laquelle assistèrent les habitants les plus influents
de la ville, ainsi que les membres du clergé; on
résolut de former une commission de quarante
personnes, au nombre desquelles figurait M. S.
Morley, le représentant de Bristol au Parlement.

Le comité a indiqué clairement l'objet de la
mission toute volontaire qu'il avait acceptée. « Le
« comité que l'évêque de Bristol a prié de coopérer
« avec lui dans l'enquête sur les conditions d'exis-

---

(1) *Report of the Commitee (appointed february 1884) to in-
quire in to the condition of the Bristol poor.* A Bristol, chez
Lewis and Sons; à Londres, chez P. S. King and Sons,
1884. 1 vol.

« tence des pauvres de Bristol fait appel à ses
« concitoyens pour l'aider dans une tâche ardue.
« Il espère que le résultat de l'enquête sera un
« Rapport exposant avec clarté et précision la
« situation actuelle et contenant des recomman-
« dations qui pourraient servir à l'améliorer.....
« Le problème devant nous, c'est de rechercher
« comment on peut le mieux élever et soulager
« sans paupériser, comment augmenter l'indépen-
« dance, le respect de soi-même, les vertus so-
« ciales et domestiques, le bonheur des plus pau-
« vres, et comment leur permettre par là d'atteindre
« un niveau supérieur de moralité et de religion. »

Cette citation est précieuse, parce qu'elle montre
l'esprit qui animait les hommes de bien formant
le comité. Il ne s'agit pas de découvrir des pana-
cées infaillibles, il ne s'agit pas d'arriver à des
conclusions préconçues, telles que l'assistance de
l'État ; bien que le clergé ait eu l'idée première et
qu'il ait fourni son contingent de membres du
comité, il n'y a pas l'ombre de préjugés ni de fa-
natisme. L'Angleterre, aujourd'hui, renferme des
adeptes plus ou moins nombreux du socialisme,
et l'intervention gouvernementale, parlementaire,
est fort à la mode parmi les socialistes anglais de
toute nuance. Dans le rapport de Bristol, ils ne
trouveront guère d'encouragement ; loin de là, ce
document se distingue par la sagesse et la modération. Nous croyons qu'on a abusé, dans les der-

nières années, des enquêtes à grand orchestre et
à grand fracas, enquêtes embrassant la surface
d'un pays tout entier. Les résultats qu'elles ont
produits n'ont pas été de nature à nous satisfaire,
pas plus que la manière dont elles ont été conduites. Si l'on veut qu'une enquête ait une valeur
durable, tangible, il faut qu'elle soit spéciale,
restreinte, qu'elle ne soit pas ambitieuse. C'est
pour cela que l'enquête toute locale de Bristol a si
bien réussi; le terrain et l'objet étaient strictement
limités. Le comité s'est subdivisé en sections composées des personnes les plus compétentes sur des
sujets donnés, il a dressé sur chaque partie un questionnaire assez court et très précis, qu'il a envoyé
à tous ceux qu'il croyait capables et désireux de
répondre en connaissance de cause. Il a eu recours à des interrogations orales qui ont été faites
dans le local du comité ou sur place, dans des
visites de maison à maison. On n'a pas prétendu
épuiser la question de la condition du pauvre,
mais on a pris successivement en main quelques-
unes des circonstances extérieures et quelques-
unes des influences morales qui l'affectent. Voici
les différents objets dont le comité s'est occupé :
1° le logement du pauvre; 2° l'instruction et le
pauvre; 3° l'intempérance; 4° l'immoralité; 5° distractions, clubs, écoles du soir et du dimanche,
musique, bains; 6° visiteurs, maîtres, ceux qui
travaillent parmi les pauvres; 7° aumône, cha-

rité; 8° fondations charitables; 9° *poor law.*

Bristol, dans le comté de Glocester, est une ville fort ancienne, qui compte aujourd'hui 206,000 habitants, contre 182,000 en 1871 et 137,000 en 1851. Elle est située au confluent de l'Avon et du Frome, à 13 kilomètres de l'endroit où l'Avon se jette dans le Severn. Bâtie sur sept collines, la vieille ville est sur la rive droite; c'est là qu'habitent les ouvriers; les rues sont étroites et sombres, les maisons légèrement construites. Le faubourg de Redcliff est sur l'autre rive, tandis que Clifton, où résident les négociants, s'élève sur la hauteur. Bristol est un centre de commerce maritime et fluvial, en même temps que de manufactures. Si par l'importance de sa production elle ne peut prétendre qu'au second rang, elle n'en est pas moins remarquable par la diversité de ses manufactures : fils de laiton, cuirs tannés, chaussures, ateliers de construction de wagons, raffineries de sucres, fabriques de savons, manufactures de tabacs et de cigares, ce sont là les branches principales d'industrie qu'on y rencontre. Le port de Bristol offre le spectacle d'une grande activité; c'est de là qu'en 1497 le navigateur Cabot est parti pour son voyage de découverte, de même que Bristol a été la première à posséder un paquebot faisant le service entre les États-Unis et l'Angleterre (le *Great-Western*), en 1838. Le principal article d'importation est le tabac (30 millions de francs). En 1878, la valeur totale du commerce était estimée à 188 millions de francs ; les droits de douane ont rapporté 17 millions de francs.

Comme population, Bristol est la septième ville d'Angleterre : la densité y est la même qu'à Londres, 49 habitants par acre (à Manchester, 85 ; à Liverpool, 106). Sous le rapport sanitaire, Bristol occupe la première place ; l'état de santé y est très favorable ; la mortalité est de 17,9 par 1,000, tandis qu'à Londres elle est de 20 par 1,000, à Manchester de 27 par 1,000. La mortalité des enfants âgés de moins d'un an ne s'élève qu'à 133 par 1,000, tandis qu'à Londres elle est de 146 et à Manchester de 175. En 1850, la mortalité, à Bristol, était encore de 28 par 1.000, mais depuis lors on a entrepris de grands travaux d'assainissement ; il existe aujourd'hui près de 200 kilomètres d'égouts ; il n'y a plus de fossés découverts, servant de réceptacles et de cloaques. Les règlements d'hygiène sont très sévères et on les exécute. D'autre part, le climat est doux ; la marée se fait sentir jusque dans la ville et emporte le résidu des égouts. Située entre deux rivières, la ville offre des facilités pour le drainage et l'écoulement des eaux.

Bristol n'a pas échappé à la crise industrielle qui atteint plus ou moins les villes d'Angleterre ; il y a des ouvriers qui ont de la peine à se procurer du travail, et les salaires d'un certain nombre d'artisans sont à peine suffisants (1). Cependant, la situation, à Bristol, est meilleure que presque partout ailleurs. Une des raisons qui affectent le *labour market*, c'est la popularité de Bristol comme centre d'immigration. Bristol sert en quelque sorte de réservoir dans lequel se déverse une grande partie du surplus de travail du Somersetshire, du Devonshire, du Cornouailles, du Wiltshire; on croit que 2,000 artisans et 4,000 journaliers arrivent chaque année à Bristol. La grande majorité ne fait que passer; le dixième environ se fixe définitivement; le reste, après un séjour assez court, se répand sur tout le pays, poussant jusqu'à Londres. Cette population flottante trouble un peu les relations du travail. Les ouvriers sont des jeunes gens robustes et intelligents, qui se font vite une bonne position parmi leurs compagnons urbains. Certaines industries se sont déplacées, d'autres ont souffert de faillites; par exemple, depuis la ruine de MM. Finzel, les raffineries de sucre n'emploient plus que le cinquième des ouvriers dont elles se servaient dans le temps. Beaucoup d'ouvriers ont passé dans d'autres branches ou ont quitté la ville; ceux qui n'ont pu s'y décider vivent au jour

---

(1) Le salaire moyen des journaliers est de 14 shellings (17 fr. 50) par semaine.

le jour, grossissant le nombre de ceux qui n'ont pas d'occupation régulière (1).

Les problèmes sociaux sont, au fond, les mêmes, qu'il s'agisse d'une immense capitale, d'une ville de second ordre ou d'une bourgade rurale. Les circonstances extérieures les modifient cependant et en changent quelque peu la nature. Nous retrouverons à Bristol bien des traits que nous avons constatés ailleurs. La question du logement se représente à nous avec son hideux cortège, l'encombrement, l'insalubrité physique et morale. Il y a cependant une différence notable entre Bristol et Londres : à Londres, il y a trop peu d'habitations à la disposition de l'ouvrier; la place manque, il est obligé de s'entasser avec sa famille dans des taudis infects, ou bien d'aller s'installer à une grande distance de son atelier ou de son chantier; il n'obtient qu'avec peine, pour son argent, un logement convenable. Il n'en est pas de même à Bristol, et si l'encombrement persiste, ce n'est pas faute de maisons; celles-ci sont en nombre suffisant pour abriter la population actuelle et même une population plus considérable. On bâtit encore chaque jour, et les

_____

(1) La fabrication des souliers donne de l'ouvrage à 6,000 ou 7,000 ouvriers; dans les dernières années, la fabrication des eaux gazeuses a pris un très grand développement, à la suite des progrès des mouvements de tempérance et des *coffee houses*.

loyers sont assez bas pour être à portée du salaire des ouvriers. En ce moment, un ouvrier, ayant régulièrement de l'ouvrage, peut obtenir un logement approprié à ses besoins pour un prix raisonnable ; ce n'est pas comme à Londres, où il doit payer une somme exorbitante. La difficulté, c'est le logement des individus appartenant à la classe inférieure, de ceux qui travaillent irrégulièrement, le logement de l'ivrogne, du fainéant, du mendiant, de ceux qui forment, en un mot, le plus fort contingent de la vraie misère.

Remarquons, en passant, que le garni (*common lodging house*) tend de plus en plus à devenir le foyer du pauvre. Le pauvre s'accoutume chaque jour davantage à cette vie en commun et il en apprécie l'indépendance. La question du logement semble moins aiguë à Bristol qu'ailleurs. Là où l'on rencontre de l'encombrement, c'est faute de ressources et quelquefois aussi par goût, par ignorance d'un confort supérieur. L'entassement est grand dans les maisons habitées jadis par la classe aisée et qu'elle a abandonnées, en se déplaçant vers les nouveaux quartiers. Construites pour une seule famille, ces maisons se prêtent mal à leur destination, lorsqu'il y a autant de ménages que de pièces. Le loyer est de 1 fr. 25 à 4 fr. 50 pour une chambre par semaine, de 2 fr. 50 à 5 fr. 60 pour deux chambres par semaine ; c'est environ le sixième du salaire moyen. Une particularité de

Bristol, ce sont les cours, sorte de passages étroits; les maisons sont adossées les unes aux autres sans que l'air puisse y circuler. On en compte 600 à Bristol. Les maisons renferment de deux à neuf pièces, habitées, d'ordinaire, par quatre personnes. Le loyer minimum est de 1 fr. 25. Les maisons de cinq ou six chambres se louent de 3 fr. 75 par semaine à 625 francs par an. L'encombrement est intense dans les quartiers de Saint-James, Saint-Jude, Saint-Paul, Saint-Pierre, etc.

Les maisons ouvrières modèles (*model industrial dwellings*) n'ont, pour ainsi dire, pas réussi à Bristol. Quelques-unes, contenant 33 logements, sont fermées; celles de Hotwell Road ont passé dans d'autres mains, et ne sont occupées ni en entier ni d'une manière satisfaisante; celles de Brandon buildings ne donnent pas de revenu rémunérateur et ne sont pas appréciées du pauvre. Elles constituent au point de vue sanitaire un progrès, mais les objections du pauvre sont ici les mêmes que celles que nous avons rencontrées à Londres. Il faut un contrôle, une surveillance qu'il trouve excessifs, il se plaint du bruit dans les couloirs et sur l'escalier. Le loyer varie de 1 fr. 25 par semaine, pour une chambre, jusqu'à 600 francs l'an, pour six pièces. Les classes les plus pauvres ne s'en servent pas d'une façon appréciable. Les logements sont recherchés par les petits commis, les petits rentiers.

On croit qu'il convient mieux à Bristol de reconstruire à peu de frais les anciennes maisons de la classe aisée et de les aménager pour plusieurs familles. Le mouvement philanthropique, inauguré par miss Octavia Hill à Londres et qui a produit de bons résultats sur une échelle restreinte, a des imitateurs à Bristol.

Pour finir, je relèverai la conclusion du comité d'enquête; il ne réclame pas de législation nouvelle. Il suffit qu'on fasse exécuter les lois existantes, mais ce qui est nécessaire avant tout, c'est une opinion publique éclairée, qui puisse exercer une pression bienfaisante sur l'autorité locale. Une commission sanitaire volontaire, dans le genre de celle qui fonctionne à Londres, et qui s'intéresserait à la santé de la classe ouvrière, rendrait d'incontestables services; elle recueillerait des faits, qui pourraient autrement échapper à l'attention, et exprimerait officieusement des avis sur des sujets importants. Les commissions organisées à Londres et dans quelques autres villes agissent de concert et avec la plus entière harmonie avec les *Medical Officers of Health*.

L'enquête de Bristol s'est occupée longuement de l'intempérance et de l'immoralité dans leurs rapports avec la classe pauvre. Ce sont, en effet, deux des grands dangers qui menacent celle-ci et qui sont intimement unis à la misère. Il y a malheureusement corrélation entre de mauvais logements insalubres et sales, la promiscuité des sexes, l'absence de tout confort, et l'immoralité et l'intempérance. L'ouvrier, à la fin d'une journée de travail, trouve au cabaret de la lumière, de la chaleur, la compagnie de ses égaux. Sa nourriture n'est pas bien réconfortante ; un verre ou deux de gin, de bière, lui procurent un bien-être physique. Les tentations abondent autour du pauvre. Bien des routes mènent vers l'ivrognerie, et celle-ci contribue à rendre la misère plus inguérissable. Elle ne détruit pas seulement au physique, elle brise le ressort au moral et rend ses victimes moins capables d'un bon effort. Presque toujours, l'intempérance a eu pour conséquence la pauvreté, l'immoralité et le crime. La plupart des pauvres de profession boivent ; la charité faite sans réflexion y entre pour une part.

Il existe à Bristol un débit de boisson par 170 habitants, à Liverpool par 239 (1). Le nombre des ivrognes arrêtés le dimanche est de 44 en moyenne à Bristol, de 2,256 à Liverpool.

On croit que l'ouvrier, qui boit modérément, dépense entre le sixième et le quart de son salaire au cabaret. C'est une forte partie de ses ressources qui s'en va de la sorte.

Dans le cours de son étude si consciencieuse,

---

(1) Condamnations pour ivresse à Bristol en 1883 : 1,074, dont 202 femmes.

le comité de Bristol a recueilli bien des faits intéressants et entendu bien des suggestions relativement à ce qu'il conviendrait de faire. On a attiré
son attention sur les progrès de l'intempérance
parmi les femmes, et on en a donné des explica-
tions plausibles : il y a augmentation dans quelques branches du travail des femmes, qui épuise
leurs forces et les porte à user de stimulants, de
plus la négligence de faire la cuisine. Du pain, du
fromage et de la bière constituent l'alimentation
la plus commode. C'est une plainte que l'on entend
souvent faire en Angleterre, que la femme de
l'ouvrier anglais n'a pas les talents de ménagère
possédés par la femme du peuple française.

Les avocats de la tempérance à outrance sont
venus en foule apporter leurs remèdes : réduction
du nombre des cabarets, fermeture de bonne heure
dans la semaine, fermeture complète le dimanche,
système de Gothembourg, plus de sévérité dans la
distribution des patentes aux débitants. Nous ne
citons que les plus raisonnables. On a fait observer
au comité que la profession de débitant n'est pas
ou n'est plus aussi lucrative que par le passé ni
autant qu'on se le figure, ce qui aura pour effet
d'en diminuer le nombre. On a insisté, en outre,
sur l'absence d'endroits où le pauvre peut aller,
hors du cabaret, s'il veut se distraire un peu.

Le *blue book*, que nous avons sous les yeux,
est plein de bon sens pratique sur cette terrible

question de l'intempérance. « Nous ne croyons pas
à l'efficacité du moyens violents; au lieu de hâter
une amélioration, des mesures radicales la retar-
deraient. Il y a des indices que, même parmi les
plus pauvre. il y a un progrès dans les habitudes
sociales. Le comité insiste sur ce qu'il faut tenir
compte des droits acquis des débitants, qu'il serait
injuste de leur faire la guerre à tous et sans distinction et qu'en restreignant brusquement le débit
public des boissons, on ne manquera pas d'encourager le commerce illicite, la consommation clan-
destine et d'aggraver le mal. Il serait utile de
prendre en considération, autant que possible, les
besoins de la localité, avant d'accorder de nouvelles patentes, d'exiger plus de sévérité de la part
de la police contre les gens en état d'ivresse, d'interdire la vente de boissons à de jeunes enfants.
Il conviendrait peut-être de demander quelques
mesures législatives, afin de protéger les enfants
abandonnés et négligés par des parents se livrant
à l'ivrognerie habituelle, et imiter ce qui a été fait
dans cette direction aux États-Unis. Ce serait un
moyen de diminuer l'intempérance héréditaire.
Des efforts qui tendraient à accroître le nombre
des locaux, tels que clubs, *coffee houses*, appropriés à la récréation du pauvre, auraient d'excellents résultats et devraient être encouragés par
tous les moyens possibles. Enfin, il est indispensable de poursuivre rigoureusement les falsifications

de boissons et autres articles de consommation (1).

Il y a à Bristol 40,000 personnes, affiliées au mouvement de tempérance sous une forme ou sous une autre, et il n'y a pas lieu de créer de nouvelle organisation.

Ces recommandations nous ont semblé fort sages et fort modérées.

Bristol, comme la plupart des ports maritimes et des villes manufacturières, ne brille pas sous le rapport de la moralité. La prostitution y fait de nombreuses victimes. On trouve à Bristol le même fait qu'à Hambourg, Marseille, Anvers : les maisons de débauche sont massées dans deux ou trois quartiers ; cette localisation est de date fort ancienne, elle remonte au temps où chaque métier était groupé ensemble dans une ou deux rues. A Bristol, 110 à 120 maisons sont habitées exclusivement par des prostituées, qu'elles soient de simples locataires ou qu'elles soient aux gages d'un exploitateur. Ces maisons sont situées dans trois paroisses contiguës ; elles abritent 400 à 450 malheureuses, dont il est difficile de fixer l'âge ; on croit que la moitié n'ont pas vingt ans. Leur clientèle se recrute, pour les maisons de Saint-James et de Saint-Augustin, parmi les matelots et les ouvriers, —

(1) On a proposé, comme remède à l'intempérance, d'interdire le travail des femmes, de ne pas permettre qu'un débit ait deux sorties, etc.

8.

dans Saint-Michel, parmi les gens d'une classe
supérieure, le jeudi notamment, parmi les fermiers
des environs. Un trait commun à Londres et à
Bristol, c'est le progrès de la prostitution juvénile,
qui s'offre dans les rues sous le couvert du colpor-
tage de fleurs, de journaux, d'allumettes ou même
ouvertement. Le relâchement dans les relations
entre enfants de la classe pauvre est très grand et
explique bien des maternités à quatorze ans. Les
filles plus âgées font la guerre aux toutes jeunes,
dont elles redoutent la concurrence. Les parents
sont rarement complices de la première faute ;
mais, plus tard, beaucoup profitent de cet abominable trafic. Jadis les bonnes, dans les maisons
mal famées, étaient des enfants : le *School-Board*
a été pourvu de pouvoirs lui permettant d'intervenir pour l'empêcher, ainsi que pour enlever les
enfants aux mères vivant habituellement de la
prostitution. Les ouvriers se plaignent de l'influence pernicieuse que les maisons mal famées
exercent sur le pauvre. Tout le voisinage en souffre.
Les maisons qui sont dans ces rues dégradées se
louent fort mal, à l'exception des lupanars. Il est
curieux de relever que ceux-ci sont à la même
place depuis des générations ; on en connaît qui
remontent à 1480. Les propriétaires des maisons
sont le plus souvent de petits boutiquiers qui cherchent à faire de gros intérêts avec leur argent. Les
landlords (propriétaires du sol) sont impuissants

et ne peuvent que protester contre la destination donnée à l'immeuble ; ils n'ont pas le droit de rompre le bail. La prostituée de profession se recrute surtout parmi les domestiques, les enfants des classes les plus pauvres, les filles venues de la campagne, les filles de magasin tentées par le loisir de leurs soirées, les *barmaids*, etc. Les restaurants de bas étage (près de la gare, des théâtres) et à la devanture desquels on lit *beds*, servent de lieu de rendez-vous. Bristol renferme aussi des prostituées vivant séparément en ville, d'autres qui combinent ce trafic avec quelque métier. Certains bureaux de placement passent pour très suspects. Il ne semble pas que la pauvreté soit une cause directe d'immoralité avant un certain âge (30 ans), ou excepté dans le cas de femmes ayant appartenu à une classe un peu plus élevée. L'influence de mauvais exemples, le spectacle du luxe, des tentations de toute sorte, les soirées inoccupées, l'intempérance, sont des agents tout aussi actifs, sinon davantage.

Quels remèdes préconiser ? Une fois de plus la réponse sera la même. Il ne faut pas compter sur des mesures radicales et violentes, qui n'aboutiraient à rien. L'immoralité diminuera au fur et à mesure que la condition du pauvre deviendra meilleure, que son habitation sera plus saine et plus confortable, que les notions morales, propagées par l'instruction, par l'aide de soi, prendront plus d'autorité, qu'on offrira davantage de distractions et d'occupations inoffensives le soir aux jeunes filles et aux jeunes femmes. Bristol compte un grand nombre d'institutions philanthropiques qui travaillent dans cette direction, qui s'attachent à prévenir et à relever. La cruauté avec laquelle on traite en général une première faute contribue à l'endurcissement des malheureuses et entrave le retour au bien. La législation anglaise est dans un état peu satisfaisant contre les *brothel-keepers* et au sujet de la protection de l'enfance. Sur ce point, le comité fait quelques recommandations; il réclame que la pénalité encourue soit toujours la prison et jamais l'amende. Mais il fait surtout appel à l'opinion publique, qui ferme les yeux et préfère se détourner de cette plaie sociale.

Faute d'espace, nous passons, sans nous arrêter, sur les tentatives faites à Bristol en vue de procurer des distractions au pauvre, de lui offrir le moyen de compléter son instruction par des cours du soir ou du dimanche. Il y a là un champ de noble et bienfaisante activité pour les classes plus aisées. Malheureusement, le succès ne répond pas toujours aux efforts. Le pauvre qui flâne le soir dans la rue ou entre au cabaret aime des plaisirs un peu épicés; il est friand d'*excitement* et il trouve les clubs, les *coffee-houses* bien fades. Il faut lui offrir de la musique, des concerts pour l'attirer; il est dans son élément lorsqu'il assiste aux services

bruyants de la *Salvation-Army*. Il faut craindre
d'autre part qu'en mettant des amusements à la
portée des classes ouvrières ou indigentes, on ne
les encourage à délaisser le foyer domestique. Et
avec tout cela il est bien difficile d'atteindre les
malheureux placés tout au bas de l'échelle, les *very-
poor*, de modifier leurs habitudes sociales, leurs
idées. Les pauvres s'entr'aident, et le *blue book* sur
Bristol constate que les ouvriers le disputent en
générosité aux personnes plus riches. Le comité
d'enquête signale un moyen de faire du bien sans
paupériser, c'est de contribuer à construire des
lieux de réunion pour les pauvres : clubs, gymna-
ses, lavoirs, ou bien de faire cadeau de sommes
qu'on emploierait à ouvrir des squares plantés
d'arbres, dans les quartiers populeux, afin d'y faire
circuler l'air ou d'offrir des emplacements pour les
jeux des enfants. L'initiative privée a un emploi
de ses capitaux dans cet ordre d'idées (1).

On a fait bien souvent le procès de la charité
privée et de l'assistance publique ; on leur a re-
proché de n'apporter qu'un soulagement temporaire, superficiel, de rendre la misère en fin de
compte plus lourde, plus inguérissable, de ne pas
venir en aide d'une manière efficace et surtout de

_____

(1) On remarque que les ouvriers s'intéressent de plus
en plus aux affaires politiques et les discutent dans les
heures de liberté.

profiter aux moins méritants. Les riches ont péché
pas omission à l'égard de leurs concitoyens malheureux ; ils n'ont pas tourné leur attention vers
des questions comme celles du logement, de l'instruction publique, où il y avait place pour le jeu
spontané de l'initiative privée, de la véritable philanthropie. Mais ils ont commis d'autre part des
fautes positives : lorsqu'ils ont voulu intervenir et
porter secours, ils ont été plus nuisibles par leur
activité mal ordonnée qu'ils ne l'avaient été par
leur négligence même. Je n'ai pas à insister ici
sur les conséquences funestes d'une assistance
publique mal organisée, relâchée dans ses principes et manquant de suite dans l'application, —
sur les conséquences tout aussi déplorables d'une
absence de coopération et d'entente entre les divers éléments charitables. Savoir faire la charité,
c'est un art difficile à apprendre et à pratiquer,
qui s'appuie sur des règles scientifiques rigides.
On ne peut rendre la société responsable de la plus
grande partie des maux, des souffrances, des misères qui affligent ses membres : on ne peut lui
demander de rendre l'existence de chaque individu
heureuse ou confortable ; on ne peut lui demander
de fournir à tous de bons logements, des vêtements chauds et une nourriture suffisante.—Le
jour où elle tenterait, où elle organiserait le travail et le salaire suivant la pharmacopée socialiste,
l'existence deviendrait intolérable, et tous les res-

sorts qui assurent le progrès seraient brisés du même coup. Mais ce qu'on est en droit d'exiger de la société où nous vivons, c'est qu'elle n'augmente pas la somme de misère par l'insouciance, l'inexpérience, l'indolence de son assistance publique et de sa charité privée. Faite sans discernement, sans réflexion, la charité n'est qu'un acte tout instinctif (1).

L'assistance publique en Angleterre est réglée par la loi des pauvres, cette mesure si profondément entachée de socialisme, dont les socialistes anglais se prévalent aujourd'hui de plus en plus comme du meilleur argument en faveur de leurs thèses (2).

La loi des pauvres est la conséquence des fautes graves commises par l'autorité royale, lorsqu'elle a voulu déterminer le taux des salaires et empêcher la libre circulation du travail. Malgré toutes les réformes effectuées, elle a donné au paupérisme anglais une physionomie toute spéciale. On sait que le principe de l'assistance en Angleterre, c'est que la condition du pauvre secouru par la communauté ne doit pas être meilleure que celle du travailleur libre. Il ne faut pas qu'elle soit

(1) « To help distress by a ready gift of money may only « mark a selfish temperament which seeks to put out of « sight and mind a disagreable impression. »

(2) V. *Historical basis of socialism in England*, by Hyndmann.

plus attrayante. C'est pour cela que le workhouse
devrait faire la règle et l'assistance à domicile
l'exception. Le plus ou moins grand nombre de
pauvres assistés à domicile est un signe de pru-
dente administration ou d'application désordonnée
de la loi. Le secours à domicile est plus économique, mais il démoralise et paupérise davantage.
Bristol fait une triste figure dans les statistiques
des pauvres : c'est la ville d'Angleterre où relativement à la population (206,000 habitants), il y a
la plus forte dose d'assistance publique, surtout
d'assistance à domicile (au 1er juin 1884, 2,086 personnes étaient dans le workhouse, 6,192 étaient
assistées à domicile, ensemble 8,278). Un habitant sur vingt-cinq était un *pauper*, c'est un
chiffre plus considérable que celui des quartiers
les plus misérables de Londres, où la proportion
est bien moindre. A Whitechapel et à Saint-
Georges in the East, les autorités n'ont pas fait
de réforme radicale, mais peu à peu ils ont restreint l'assistance au dehors, offrant le workhouse
à ceux qui venaient s'adresser à elles, et elles ont
obtenu d'excellents résultats. Il y a bien des objections à faire contre la manière dont le workhouse
fonctionne à Bristol ; on n'y établit pas de catégories de pauvres et l'on enferme dans les mêmes
salles les mères de famille, les jeunes filles et les
prostituées. Sur les enfants surtout l'atmosphère
du workhouse est mauvaise ; elle est tout imbue

d'un paupérisme héréditaire. A tout wor' house
est attachée une école, mais on préfère avec raison le *boarding out system* pour les enfants, on
les met en pension à la campagne. De cette manière on les soustrait au contact de l'extrême pauvreté et on combat les tendances de l'hérédité.
On recommande l'émigration, le placement au
Canada pour cette jeune catégorie des habitants
du workhouse.

L'assistance publique dépense en moyenne par
an à Bristol 55,000 liv. st. (1,375,000 fr.). Les
fondations charitables disposent de 50,000 liv. st.
(1,250,000 fr.), on obtient par souscription
38,000 liv. st. (950,000 fr.), les dons recueillis
par les sociétés créées en souvenir de Colston,
3,000 liv. st. (75,000 fr.), enfin on évalue les
aumônes à 50,000 liv. st. (1,250,000 fr.). On
arrive à un total de 196,500 liv. st., près de cinq
millions de francs. Une grande partie de cet argent
est bien employée, mais le reste sert à entretenir
des existences dégradées, des mendiants de profession. Cette engeance fleurit à Bristol comme
dans toutes les grandes villes, et elle se distingue
par les mêmes caractères, se recrute dans les
mêmes sphères que sur le continent. Il y a toutefois en Angleterre plus de mendicité héréditaire,
et en outre bien des soldats licenciés après leurs
trois ans de service viennent grossir l'armée des
mendiants. Les mendiants de Bristol vivent d'or-

dinaire en commun dans les garnis, d'où ils sortent le matin pour faire des tournées, prenant le tramway ou le chemin de fer, dès qu'il s'agit d'aller un peu plus loin. Ils fréquentent surtout les faubourgs riches de Clifton, Redland, etc. Il existe des cartes de Bristol et des environs, qui indiquent les maisons auxquelles il fait bon de sonner ; ces cartes se transmettent de l'un à l'autre ; les nouveaux arrivés doivent payer une certaine taxe pour se servir des indications géographiques. Le soir, tout ce monde rentre au logis et fait bombance ; il se passe de véritables orgies, et l'argent gagné en quémandant s'en va en boisson, en jeu et autrement encore. La mendicité par lettre, qui sévit si fortement en Angleterre, n'épargne pas Bristol. Dans certains cabarets, on rencontre des écrivains qui, moyennant rétribution, composent des épîtres aussi touchantes qu'effrontément mensongères.

Le *blue book* sur les pauvres de Bristol renferme cinq règles de conduite que nous traduisons, en les recommandant à nos lecteurs et qui seront la conclusion de notre étude :

1° *Ne donnez jamais à un mendiant sans enquête sur la vérité de l'histoire qu'il vous débite.* C'est un acte de cruel égoïsme que de le faire. La pièce de monnaie enverra l'ivrogne au cabaret où il n'aurait pu aller sans cela. C'est encourager le mensonge et la fraude.

2° *Si vous donnez, donnez par sommes qui puis-*

sent être d'un secours efficace. Souvenez-vous que
le but de la Charité, c'est de rendre un bienfait
d'une espèce permanente. Des sixpence et des
schillings sont presque sans valeur, si on les pro-
digue sur beaucoup de personnes ; accumulés, ils
auraient été un véritable secours à une personne.

3° *Donnez lorsque vous donnez personnellement,
en ayant une connaissance intelligente des circonstances et de l'existence des obligés, donnez avec une
véritable sympathie pour les malheureux et dans
un esprit de confiance et d'espoir.* Le pauvre est
prompt à découvrir la méfiance à son égard. Si
vous avez de la méfiance, ne donnez pas du tout.
Vous n'avez pas le droit de donner, si vous avez
des suspicions.

4° *Si faute de temps ou autrement vous ne pouvez
entrer en relation personnelle avec le pauvre, ne
donnez pas personnellement ; envoyez votre argent
à ceux qui peuvent le faire et priez-les de le distri-
buer pour vous.*

5° *Ne donnez jamais en réponse à des lettres de
mendicité. C'est la forme de mendicité la plus entachée de fraude et celle qui démoralise le plus le
caractère du mendiant.*

CHAPITRE VI

EDIMBOURG ET LES GRANDES VILLES D'ÉCOSSE.

LÉGISLATION ÉCOSSAISE. CONDITION DES LOGEMENTS MEILLEURE QU'EN ANGLETERRE. HABITATION D'UNE SEULE CHAMBRE. COUTUME D'ACQUÉRIR LA PROPRIÉTÉ D'UNE PARTIE DE LA MAISON OU D'UNE PIÈCE : TENTATIVE DE SIR SIDNEY WATERLOW POUR ACCLIMATER CE SYSTÈME EN ANGLETERRE. LES DÉMOLITIONS A ÉDIMBOURG, GLASGOW, DUNDEE. INSUCCÈS DE LA MUNICIPALITÉ DE GLASGOW, QUI A TENTÉ L'EXPÉRIENCE DE BATIR DES LOGEMENTS A BON MARCHÉ (1).

Je ne saurais m'étendre sur le côté pittoresque, sous peine de fatiguer le lecteur par une insupportable monotonie. On rencontre en Écosse quelques traits caractéristiques, qui diffèrent de ce que nous ont fait connaître les villes anglaises. D'autre part, il y a des traits communs : dans l'un comme dans l'autre royaume, certaines lois sont restées absolument à l'état de lettre morte. On en avait même complètement perdu le souvenir. C'est là une des mésaventures assez fréquentes auxquelles

(1) Voir *Second report, Inquiry into the housing of the working classes. Scotland,* 1885.

sont exposés les partisans de l'intervention de l'État : afin de répondre à des considérations de philanthropie ou de politique électorale, ils s'adressent au parlement, ils mettent en branle la machine à fabriquer des lois, et ils parviennent à arracher une réglementation nouvelle. Celle-ci très souvent entrave l'action de l'initiative privée, ou bien elle reste absolument stérile. Un des obstacles à l'acquisition des maisons par l'élite des ouvriers, c'est qu'ici également les frais de mutation, les formalités d'enregistrement ont été trop considérables ou trop dispendieux.

La principale loi concernant la santé publique, en vigueur en Écosse, est le *Public health act* 1867. Le *Board of supervision* (bureau de surveillance) est l'autorité centrale chargée de l'administration de cette loi. Les autorités locales qui doivent l'appliquer sont les conseils urbains (*town councils*), les commissaires ou curateurs de police, et dans les localités où il n'y a pas de conseils urbains ni de commission de police, ce devoir incombe aux bureaux des paroisses. Les deux premiers sont élus par vote populaire ; les bureaux de paroisse se composent en partie de personnes élues par les contribuables, en partie de membres *ex officio*.

La loi écossaise sur la santé publique traite de la question de l'approvisionnement (*supply*) d'eau, de la suppression des nuisances, de la réglementation des immeubles habités par plus d'une famille. La définition de ce qu'il faut entendre par nuisance ressemble à celle qui est donnée par la loi anglaise de 1875; elle s'applique entre autres à toute maison ou partie de maison tellement encombrée qu'elle peut être dangereuse ou nuisible à la santé des habitants. Si l'autorité locale néglige de s'apercevoir d'une nuisance, deux habitants *householders* peuvent s'adresser *au sheriff* et commencer les poursuites. Il ne semble pas qu'on ait fait un usage fréquent de cette faculté. La loi renferme des dispositions afin de permettre l'inspection des immeubles, elle donne aux *magistrats* (justice de paix) le pouvoir de décréter la suppression d'une nuisance, l'interdiction d'habiter des bâtiments dans une condition dangereuse; on peut fermer une maison où il y a eu deux condamnations pour encombrement. L'autorité locale a le droit de faire des règlements pour les maisons louées à plus d'une famille.

Une loi votée en 1855 afin de faciliter à des associations volontaires l'acquisition, l'enregistrement, le morcellement de propriété dans les villes, et les dotant d'un droit d'expropriation, est restée *lettre morte*. Il en a été de même pour la législation qui porte le nom de M. Torrens. Quant à celle dont sir Richard Cross (aujourd'hui lord Cross) est l'auteur, elle a été étendue aux bourgs pourvus de la franchise parlementaire ou sous la juridiction de *police commissioners*.

En 1884, la population de l'Écosse s'élevait à 3,848,000 personnes, le nombre des autorités locales indépendantes était de 1,034. L'étendue et le nombre des habitants variaient naturellement beaucoup d'un district à l'autre. Il y a une circonscription administrative de 250,000 habitants, et tout au bas de l'échelle, une paroisse de 147 habitants. Dans les villes, le personnel de l'inspection sanitaire est suffisant, plein d'intelligence et d'activité. A Glasgow il y a 30 inspecteurs sanitaires nommés au concours, après avoir subi un examen sur les principales questions d'hygiène. La plus petite commune d'ailleurs possède l'appareil administratif complet, un *medical officer of health* et un *sanitary inspector*. La conséquence est toute simple : les appointements dont ces places d'inspecteurs sont dotées se trouvent être si dérisoires (il y a des exemples de 25 francs par an) qu'il est impossible d'obtenir les services de personnes compétentes. Si l'inspection sanitaire est relativement bonne dans les villes d'Écosse, elle est illusoire dans les campagnes. On a proposé d'y porter remède en groupant ensemble plusieurs petites paroisses de façon à offrir une rémunération suffisante pour s'assurer les soins d'un homme en mesure de remplir les devoirs de sa charge.

La commission d'enquête, qui a étudié en 1885 la condition du logement des ouvriers dans les grandes villes d'Écosse, constate dans son rapport (page 4) que l'impression qui se dégage des dépositions recueillies par elle n'est pas trop défavorable. « La condition du logement des classes ouvrières, bien que déplorable dans beaucoup de cas, n'est pas du caractère extrêmement misérable qu'on a décrit comme existant à Londres. Des efforts ont été tentés en vue de l'améliorer et ils ne sont pas demeurés sans un effet visible. » Le président du *Board of supervision* a exprimé cet optimisme officiel: « Nous n'avons pas d'inquiétude sérieuse au sujet des grandes villes. »

Il y a deux causes principales à l'encombrement, a-t-il ajouté : l'une, c'est l'impossibilité pour l'ouvrier de payer un loyer plus élevé pour une maison qui serait à sa disposition, s'il était en mesure de débourser ce loyer plus considérable ; l'autre, l'incapacité où se trouvent un grand nombre d'ouvriers d'apprécier le comfort de logements meilleurs. Ainsi d'une part la pauvreté ou, si l'on préfère, l'absence de ressources suffisantes pour se payer un logement relativement bon, de l'autre les habitudes de l'ouvrier, qui lui font préférer une habitation sale et encombrée, lors même qu'il a les moyens de se procurer plus de comfort.

L'usage d'une seule pièce, le *single room system*, prévaut avec une singulière intensité. Cela paraît une institution intimement unie à la vie des ouvriers dans les villes d'Écosse. Le vocabulaire même s'en ressent, puisqu'on nomme *maison* en

Écosse ce que les Anglais entendent par *chambre*, par *logement*. Un *tenement* désigne en Écosse la maison tout entière, le *house*, toute portion occupée séparément de la maison. La coutume d'habiter ensemble une même maison, qui est si répandue dans les villes du continent, est pratiquée en Écosse. La grandeur et la hauteur des anciennes maisons dans la vieille ville, à Édimbourg par exemple, suffisent pour montrer qu'elles étaient de tout temps destinées à abriter plusieurs familles. En outre nombre de maisons, qui au siècle dernier étaient occupées par des personnes aisées, ont été transformées en maisons à locataires multiples. Ce système est si solidement établi que la législation écossaise a pourvu d'avance aux difficultés provenant de ce que plusieurs personnes sont propriétaires chacune d'une portion de la même maison, d'une ou plusieurs chambres. Les réparations nécessaires du toit, les frais d'entretien des conduits de drainage et d'eau, doivent être supportés dans une certaine proportion par les copropriétaires, et l'on dit qu'il n'en résulte pas de difficultés dans la pratique.

A Édimbourg on compte 20,000 logements (1884) coûtant de 150 à 375 francs par an, de 3 fr. 10 à 21,50 par semaine. Ce logement se compose d'une pièce et d'une cuisine, — la pièce a d'ordinaire 4 mètres sur 3 1/2, et une hauteur de 2 1/2 à 3 mètres. L'achat d'un logement de cette nature

9.

revient à 5,000 francs au parterre, à 6,250 francs à l'étage supérieur dans les maisons neuves. Les frais de mutation sont de 75 francs.

Cette question de l'acquisition en détail d'une maison par plusieurs locataires copropriétaires est fort intéressante. On a voulu profiter en Angleterre de l'exemple donné par l'Écosse. Sir Sidney Waterlow, qui est toujours à l'affût des moyens de développer la jouissance de la propriété parmi les ouvriers, a obtenu en 1881 le vote d'une loi, *Chambers and offices act*, qui est destinée à faciliter aux ouvriers l'acquisition des logements qu'ils occupent dans des immeubles considérables. Le nombre de petites maisons que les ouvriers ont achetées grâce aux *building societies* est une preuve évidente du désir très vif qui existe parmi eux d'acquérir la propriété de leur *home*, mais ils n'ont pu agir de même dans les grands bâtiments à locataires multiples, qui ont été construits à Londres dans les dernières années par diverses compagnies. Il semble qu'il n'y ait aucune difficulté à vendre des parties détachées d'un immeuble, mais sans législation spéciale sir S. Waterlow a reconnu qu'il était impossible de toucher à des droits qui sont communs, se rapportant aux escaliers, couloirs, murs, toits, conduites d'eau, de gaz, de drainage, réparation, etc. Afin de résoudre le problème, il demanda au Parlement de reconnaître une Société, créée en vue d'appliquer ces idées. La *Chambers and offices Com-*

pany est autorisée à prendre sur elle et à gérer les droits communs dans des bâtiments construits en sections pour être occupées comme logements séparés, à s'entendre avec les propriétaires qui resteront maîtres de disposer à leur gré des chambres, logements.

La loi contenait un plan en vertu duquel les locataires peuvent s'arranger afin de devenir propriétaires des chambres qu'ils occupent, en payant un loyer plus considérable pendant un certain nombre d'années (afin d'amortir l'acquisition). D'après les renseignements recueillis par sir Sidney Waterlow, les capitaux engagés à Londres dans des bâtiments contenant des logements séparés pour les ouvriers représentaient une somme de 300,000,000 de francs. Jusqu'en 1885, il n'avait pas été appliqué. Les auteurs de la législation sont fort optimistes. Ils assurent que leur plan ne se heurtera à aucune difficulté, qu'il est avantageux pour le propriétaire et le locataire. La commission d'enquête a suggéré l'idée d'étendre cette loi à toutes les compagnies qui ont été fondées en vue de construire des logements ouvriers, si elles le désirent. Elle fait observer que l'on s'apercevra des difficultés dans la pratique, non pas au début, lorsque les immeubles sont en bon état, mais plus tard lorsqu'il y aura de grosses réparations à faire. En outre y aura-t-il beaucoup d'amateurs pour ce genre de propriétés parmi les classes ouvrières? Il diffère de l'acquisition d'une petite maison. Il ne faut pas oublier que les grandes maisons modèles, auxquelles il s'agissait d'appliquer la législation imaginée par sir Sidney Waterlow, ont été longtemps impopulaires; cette impopularité ne s'effacera qu'à la longue. Est-ce que l'ouvrier ne considérera pas comme plus digne de son ambition de devenir propriétaire d'une petite maison bien à lui, plutôt que d'acquérir une part dans une énorme caserne de location (1)?

Sur ce terrain, il semble qu'une combinaison consistant à permettre à l'ouvrier d'acquérir des actions de la Compagnie immobilière où il loge, lui donnant la faculté de solder son loyer en totalité ou en partie avec les intérêts et les dividendes, devrait avoir la préférence? On unirait par là le caractère de la propriété mobilière et immobilière. L'ouvrier aurait sa part de propriété sur sa maison et en même temps la réalisation serait plus facile, moins coûteuse.

Revenons à l'Écosse. Ce n'est pas seulement à à Édimbourg qu'on rencontre ces grandes maisons de location. Le nombre va en augmentant à Paisley. C'est l'habitude de bâtir une grande et haute maison avec de nombreux logements, tout comme en Angleterre on bâtit des rangées de cottages à deux étages.

_____

(1) Voir *Royal Commission on the housing of the working classes.* Evidence, page 422. Report, page 43.

À Glasgow, une grande partie de la population vit dans une seule chambre, mais les chambres y sont plus vastes qu'à Londres. 25 p. 100 de la population est logée dans des *single rooms*, dont il y a 35 à 40,000. A Dundee, on trouve 8,221 (1884) *houses* d'une seule chambre avec 22,877 habitants et 15,924 *houses* de deux pièces. La raison principale de cette coutume, c'est que les occupants n'ont pas les moyens de payer la somme nécessaire pour avoir un logement plus vaste. On fait observer d'ailleurs que des couples sans enfants, des veuves, des ouvrières de fabrique, peuvent loger dans une seule pièce sans inconvénient et qu'ils forment un fort contingent (1).

Le loyer est élevé à Edimbourg, il absorbe entre le sixième et le quart du salaire. On sait que si l'Ecossais possède de très grandes qualités, la sobriété fait souvent défaut aux classes laborieuses. Si celles-ci consacraient une moindre partie de leur budget à la boisson, elles seraient en mesure de se loger dans de meilleures conditions. Mais elles sont habituées à ce milieu et il faut une éducation progressive pour leur faire sentir le bienfait d'une habitation supérieure.

(1) En 1881, sur une population de 510,000 âmes, 126,264 vivaient dans une chambre, 228,620 dans deux, 81,540 dans trois. — 84,338 logements sont d'un loyer inférieur à 250 francs l'an, en moyenne de 162 francs. On y trouve 73 p. 100 de la population.

Lorsqu'on a démoli les vieilles maisons et qu'on les a remplacées par des immeubles mieux construits, c'est l'élite parmi les ouvriers qui est venue les occuper. La partie la plus pauvre de la population n'a pas été touchée par les améliorations ; elle reste dans les mêmes conditions mauvaises que par le passé. Avec ses habitudes de malpropreté, ses habitudes de destruction, elle transforme en bouges les locaux où elle demeure.

Malgré les efforts persévérants des municipalités, elles n'ont pu triompher du mal, et l'on rencontre encore, à Glasgow notamment, des ruelles encombrées, où les maisons sont adossées l'une à l'autre.

A Edimbourg on a dépensé 7 millions et demi de francs à exproprier et à démolir des quartiers défectueux. A Glasgow, les opérations ont été sur une plus vaste échelle. Depuis 1870, on a consacré 40 millions de francs à acheter 32 hectares pour effectuer des démolitions et reconstruire; on a déplacé 30,000 personnes. A Greenock, on a déplacé 2,000 personnes qui habitaient des logements encombrés, et on a reconstruit des maisons pour 600. A Leith, on a emprunté 2 millions et demi, sans arriver à aucun résultat notable. A Dundee, on a abattu une partie des quartiers notoirement malsains.

La mortalité a diminué : à Edimbourg, elle est tombée de 26,26 par 1,000 (1865 à 1875) à 19,94

(1875 à 1885); à Glasgow, elle était de 30 par 1,000 en 1870; de 1881 à 1884, 26 par 1,000; à Dundee, elle est descendue de 28 (1864, 1875) à 21 (1874-1884). On fait observer que le typhus, relativement rare dans les villes anglaises, n'a jamais pu être chassé de Dundee.

Sir Richard Cross a rendu plus difficile l'application des lois dont il est l'auteur, en exigeant, dans le cas de démolition de quartiers insalubres occupés par des ouvriers, qu'on reconstruisît des maisons pour la même catégorie. En Écosse, l'opinion publique s'est toujours prononcée contre cette disposition. On trouve qu'il est inutile de faire intervenir l'autorité locale et que l'entreprise des particuliers est amplement suffisante. Le président de l'*Edinburgh trades council*, parlant au nom des ouvriers, s'est prononcé énergiquement contre l'idée que le conseil municipal pût en aucune façon devenir responsable du logement du peuple. Quant à Glasgow, on a dit que si le *town council* avait montré la moindre velléité pour construire pour le compte de la ville, il aurait paralysé les efforts des particuliers. M. Morison, président du comité du *Glasgow improvement trust*, a exprimé l'idée que les fonctions d'une corporation sont la destruction d'immeubles insalubres, non pas la reconstruction. Le résultat des démolitions sur une vaste échelle et des embellissements a été d'augmenter la pres-

sion sur les habitations les moins chères. Ce
n'est qu'une faible fraction qui a pu se loger dans
les quartiers assainis.

Dans quelques-unes des villes les plus populeuses d'Écosse, on retrouve la même répugnance
chez l'ouvrier pour émigrer et aller vivre dans
les faubourgs. A Glasgow, les ouvriers ont per-
sisté à habiter le centre de la ville, bien que les
grands chantiers de construction navale soient à
la périphérie et qu'on ait transporté au dehors un
grand nombre de fabriques. Les ouvriers vont
chaque jour travailler pour ainsi dire à la campagne et rentrent le soir : l'approvisionnement est
plus facile dans le cœur de Glasgow, à cause des
marchés, et de plus les femmes et les enfants
trouvent à exercer des métiers qui fournissent
des ressources accessoires au ménage.

En somme, si l'habitation des classes ouvrières
laisse à désirer, les autorités locales compétentes
se disent néanmoins satisfaites des résultats obtenus et elles ne réclament pas une extension de leurs
attributions.

Ce qu'il faudrait, c'est une simplification des lois
existantes, une diminution des frais de mutation
pour les petites propriétés.

On a fondé en 1861 à Edimbourg une compagnie
coopérative de construction, qui a un capital de
250,000 fr., un fonds de réserve de 87,500 fr. Elle
a construit 1,400 maisons à deux étages; l'étage

se loue de 275 à 625 fr. par an. Elle recrute sa clientèle parmi les ouvriers d'une classe un peu supérieure, non pas ainsi parmi les pauvres. La Compagnie vend les maisons à terme (21 ans). En 1884, la Compagnie logeait 7,000 personnes. En moyenne, elle a payé 15 p. 100.

La municipalité de Glasgow a fait l'essai de construire des logements, elle a bâti deux maisons modèles dans un emplacement avantageux, les appartements sont loués de 150 fr. à 212 fr. par an. Comme placement d'argent, l'essai a été malheureux; le capital n'est pas rémunéré et il y a un petit déficit à combler par les contribuables. La municipalité a construit plus cher que ne l'auraient fait les particuliers. Elle ne peut élever le prix du loyer, parce que les locataires s'en iraient. Ceux-ci n'apprécient d'ailleurs en aucune façon les améliorations hygiéniques introduites. La dépense a été de 2,175,000 fr. On n'a aucune envie de recommencer l'expérience.

CHAPITRE VII

Toutes les fois qu'on traite de l'état de l'Irlande, on éprouve un véritable serrement de cœur. Quel que soit le côté qu'on aborde, quel que soit le problème social qu'on examine, on est forcé de constater l'appauvrissement et la décadence. Dans les dernières années, grâce aux efforts de M. Parnell et des députés nationalistes, les souffrances de la population agricole ne sont plus un mystère pour personne; elles ont été notifiées à l'Angleterre avec une vigueur irrésistible. L'Angleterre, depuis une trentaine d'années, s'est efforcée d'accorder des satisfactions partielles à l'Irlande et de remédier progressivement à ses griefs. Elle ne s'y est jamais décidée qu'à contre-cœur, sous la pression même de la nécessité.

Si le problème irlandais est aussi ardu et aussi épineux, c'est que les injustices commises dans le passé ont singulièrement compliqué les choses. L'Irlande n'a jamais joui de l'égalité des droits, octroyée aux habitants des deux autres royaumes ; la liberté politique, l'autonomie administrative n'ont jamais été véritablement acclimatées chez elle. Dans un sentiment d'égoïsme mal entendu, l'Angleterre a ruiné l'industrie irlandaise, qui était florissante et donnait de quoi vivre aux habitants, qui trouvaient une occupation et une source de profit ailleurs que dans l'agriculture. L'absentéisme des propriétaires fonciers, vivant en Angleterre ou sur le continent, a drainé l'île de ses capitaux, et le capital anglais ne s'y est jamais engagé qu'avec répugnance.

Dans le dessein de se concilier l'Irlande et afin d'écarter en partie au moins les causes de mécontentement, qu'aggravait la pauvreté des habitants, l'Angleterre s'est départie à maintes reprises de la ligne de conduite qu'elle pratiquait chez elle ; elle a appliqué à l'Irlande tout un programme de socialisme d'État, depuis l'intervention dans les contrats jusqu'à la construction et la subvention de travaux publics par le gouvernement. On a cru longtemps gagner les sympathies de la population, en facilitant la construction de chemins de fer, de ports. Toutes ces aumônes n'ont guère adouci l'humeur des Irlandais, qui rêvaient, avec la perpétuité de la tenue de leurs fermes, le retour à une demi-indépendance politique. Toutes les concessions, contraires aux règles strictes de l'économie politique, en ont exigé de nouvelles, et l'on est

arrivé peu à peu à la situation intolérable contre
laquelle on se débat aujourd'hui.

L'Irlande n'a pas souffert seulement des fautes
commises par l'Angleterre; elle a été éprouvée
par des famines, qui accompagnaient la maladie
de la pomme de terre et la perte d'une récolte.

La population depuis 1800 n'a fait que diminuer, le pays s'est appauvri, la décadence des
villes, à deux ou trois exceptions près, ne s'est
pas arrêtée. Sous l'influence de ces circonstances
mélancoliques, la question du logement prend un
autre aspect, une couleur plus sombre en Irlande
qu'en Angleterre. Il semble difficile d'apporter
des améliorations; ni les amendements à la législation sanitaire, ni des prodiges d'activité des autorités ne peuvent soulager beaucoup la misère
des classes ouvrières. Dans le Royaume-Uni,
d'après le témoignage du principal fonctionnaire
médical de Dublin, Sir Ch. Cameron, on ne rencontre guère de population ouvrière plus mal
nourrie (*underfed*) que dans cette ville. Dans la
province, sauf dans l'Ulster, la situation n'est pas
meilleure. L'ouvrier irlandais, qui gagne à peine
de quoi manger, n'a guère les moyens de dépenser
ce qu'il faut pour un logement tant soit peu convenable. La crise agricole pousse les habitants
des campagnes vers les villes, dont bien peu sont
restées le siège de manufactures importantes.

Certainement, en théorie, il serait avantageux

d'agir pour améliorer les règlements de salubrité, mais le budget local est déjà surchargé, la taxation locale fort lourde. Dans la condition actuelle de l'Irlande, avec la pauvreté des habitants, la question du logement y est plus désespérée qu'ailleurs ; sauf sur quelques points, la législation sanitaire est restée absolument inappliquée, et cela se comprend, lorsqu'on réfléchit que l'organisation de l'administration locale est défectueuse, insuffisante. La participation aux affaires communales est limitée par des conditions de cens ; la majorité des contribuables n'a pas de voix pour élire les autorités qui gèrent les intérêts de la communauté. On reproche aux municipalités irlandaises de négliger leurs devoirs, on établit une corrélation entre le taux élevé de mortalité dans les villes et le cens électoral. Il est certain que cette restriction des fonctions municipales et cette limitation du droit de suffrage à une minorité ne sont pas compensées par la qualité des élus.

Nous nous trouvons ainsi en présence d'un cas spécial, où l'on ne réclame pas de nouveaux pouvoirs pour les autorités locales. Ceux mêmes qui sont chargés de mettre en vigueur la législation existante contre les logements insalubres, contre l'encombrement, déclarent qu'ils sont armés de pouvoirs suffisants. Ceux qu'ils possèdent déjà sont simplement terribles, *simply terrific.*

Dublin se compose de la cité de Dublin propre

avec une population de 250,000 âmes environ (1),
des *townships* (villes) de Rattmines et Rathgar, avec
26,000 âmes, de celui de Pembroke avec 24,000.
Ces derniers sont soumis à une administration
séparée, ayant une taxation établie sur des bases
différentes. On a réclamé depuis longtemps l'annexion des *townships* à la cité.

Au commencement du XVII° siècle, Dublin était
la seconde ville des Iles-Britanniques ; aussi
grande qu'Édimbourg et Bristol réunies, elle avait
300,000 habitants. Elle perdit beaucoup en 1800
lorsqu'elle cessa d'être le siège du parlement, puis
après la famine, quand la population irlandaise eut
diminué de deux millions, par suite d'épidémies
et d'émigration, elle en ressentit le contre-coup et
vit encore baisser le nombre de ses habitants.

Le chiffre suivant fera bien saisir le retour en
arrière, le recul dans la prospérité de la ville : en
1885, au moment de l'enquête sur les logements
d'ouvriers, il y avait *trois mille maisons* vacantes à
Dublin. La densité relative de la population y est
plus considérable, 10,3 personnes par maison,
qu'en Angleterre où elle est en moyenne de 7 personnes par maison. A Dublin 32,000 familles de
quatre, cinq personnes, en moyenne, sur 54,000 vivent dans une seule pièce. Dans les maisons
occupées jadis par une seule famille, on en rencontre aujourd'hui jusqu'à dix et douze.

(1) En 1881. — En 1831 : 227,000.

Nous avons eu l'occasion de signaler les inconvénients qui résultent de la conversion d'une maison servant à une seule famille aisée en maison de location pour les ouvriers. A Dublin la majeure partie des ouvriers ont succédé comme habitants aux familles riches du siècle dernier. Certains quartiers jadis riches et élégants sont aujourd'hui occupés presque exclusivement par les classes qui dépendent de leur salaire journalier.

Dublin ressemble à certaines villes d'Italie et des Pays-Bas où la population est stationnaire, où l'on construit peu et où de belles maisons anciennes ont vu descendre le niveau de leurs habitants. Par un fâcheux contraste, les maisons de Dublin n'ont pas été construites avec des matériaux aussi solides et aussi durables que les palais italiens. Les murs massifs, les escaliers de pierre de ceux-ci résistent non seulement au temps, mais à l'action destructive des locataires. A Dublin, au xviii° siècle, on bâtissait plus légèrement, en briques, avec des poutres assez minces. Ces maisons, qui abritaient des bourgeois ou des nobles, dont les familles sont éteintes pour la plupart, servent aujourd'hui aux classes plus humbles de la société. Les réparations nécessaires pour maintenir l'immeuble en bon état n'ont pas été faites; les murs sont lézardés, les poutres pourries, les toits un assemblage d'ardoises à moitié brisées, les cours sans pavé, le sous-sol, qui renfermait jadis une cuisine

propre et bien tenue, est devenu une série de
pièces humides, sales.

Sir C. Cameron, qui est à la tête du service
d'hygiène, fait le tableau suivant de ces maisons
de location en décadence.

« Les défauts des logements de Dublin consistent
dans ce que les maisons sont vieilles, les bois en
si mauvais état qu'il n'est pas facile de les tenir
propres ; le plancher fait souvent un angle considérable avec l'horizon, parce que l'un des murs
s'est affaissé, les parquets sont mangés de vers, les
trous bouchés par des pièces de bois irrégulières,
qui entravent le nettoyage ; les fenêtres ont des
croisées abîmées, qui laissent passer la pluie et le
vent ; les escaliers, sombres, mal ventilés, l'installation sanitaire tout à fait insuffisante ; un water
closet est commun à dix ou douze familles, il est
placé dans la cuisine ou l'entrée commune ; on a
fait évacuer les sous-sols, mais on ne s'est pas
préoccupé de les tenir propres, ils sont envahis
par la saleté. Trop de familles demeurent dans une
maison ; les fièvres, notamment la fièvre typhoïde
et la scarlatine, y font de nombreuses victimes. »

La municipalité a fait de son mieux pour lutter
contre l'insalubrité des logements, elle n'a pas
ménagé ses efforts, mais sans un bien grand succès.
Le taux de mortalité demeure élevé. Mais on aurait tort de rendre le logement, si insalubre qu'il
soit, seul responsable. La misère est très grande à

Dublin, le pauvre et l'ouvrier vivent dans des conditions d'alimentation et de vêtement déplorables, ils ont une constitution affaiblie qui leur enlève la force de résistance. Parlant de l'état sanitaire de Dublin, le professeur Cameron constate qu'il y a eu une certaine amélioration en ce qui touche les *maladies de la saleté (filth diseases)*, mais il n'en a pas été de même, dit-il, pour les maladies constitutionnelles, les maladies de reins et les maladies de poumon. Les causes qui produisent celles-ci ne sont pas affectées par l'action des autorités sanitaires, elles naissent de la pauvreté, de l'intempérance, du manque de vêtement.

Une particularité de Dublin, c'est que dans toutes les parties de la ville, on rencontre des groupes de maisons occupées par la partie la plus pauvre de la population. Entre Saint-Stephen's Green et Fitzwilliam square, se trouvent des habitations dans un état déplorable. Contrairement à ce qu'on voit d'ordinaire, les quartiers les plus misérables de Dublin sont situés à l'ouest. Là il n'y a pas une seule rue un peu grande, dont les maisons ne soient occupées par de nombreux locataires pauvres.

Non seulement les maisons où résidaient jadis les gens aisés ont été converties en logements d'ouvriers, mais encore on a couvert de constructions les cours et les espaces libres. L'air et la lumière font défaut; les cabinets d'aisances, lorsqu'il y en a, sont en ruine.

Le taux de la mortalité est de 28 à 26 par mille dans les quatre ou cinq dernières années. En 1879, il a atteint le chiffre très considérable de 36 par mille (1).

Le prix du loyer à Dublin varie entre 1 fr. 25 et 7 fr. 50 par semaine. La moyenne ordinaire est de 2 fr. 50 à 2 fr. 95. On a fait le relevé des loyers et des salaires des ouvriers employés par le comité de salubrité : 290 personnes vivent dans 97 pièces, soit 3 personnes par chambre. Le salaire par famille est de 19 sh. 5 d. (24 fr. 25), le loyer de 2 sh. 4.

En général les salaires ne sont pas très élevés, un ouvrier bijoutier gagne 35 francs par semaine, un jardinier 20 francs, des portefaix de 20 à 30 francs, un cordonnier 18 francs, une femme de ménage 6 fr. 25. Il y a nombre d'individus qui arrivent à se faire 15 francs par semaine lorsqu'ils ont du travail, et malheureusement ils n'en trouvent pas régulièrement.

La population ouvrière de Dublin est relativement trop considérable, elle forme un contingent beaucoup plus gros que dans d'autres cités (2).

(1) Comme avant 1880, la déclaration des décès n'était pas obligatoire à Dublin, il y avait un écart considérable (10 à 11 p. 100) entre le nombre des décès enregistrés officiellement et celui des enterrements.

(2) D'après le recensement de 1881, il y avait 161,760 personnes appartenant à la classe des ouvriers, domestiques (*artizan and general service*), sans compter l'armée, la police, les employés de l'État.

On peut avoir une idée de ce que les classes ouvrières payent de loyer par les chiffres suivants : 1,074 familles occupaient en 1884 1,482 pièces dans 175 maisons; elles payaient un loyer annuel de 8,311 £ (207,700 francs), les maisons étant estimées d'une valeur annuelle de 2,677 £ (66,900 francs). Une maison estimée 200 francs de loyer par an était occupée par 8 familles payant 1,300 francs.

En 1880, une commission extraparlementaire fit une enquête sur la condition sanitaire de Dublin, et voici le résumé de cette enquête : « Sur 23,000 maisons, 9,700 étaient habitées exclu- « sivement par des artisans et des ouvriers; « sur ce nombre, 2,300 étaient dans un état qui « les rendait dangereuses à habiter, et dans « ces 2,300 maisons végétait une population de « 30.000 personnes. »

Depuis lors, 1,900 à 2,000 de ces maisons in- salubres ont été fermées par ordre de la munici- palité (de 1879 à 1885), en même temps qu'on interdisait l'habitation dans 430 caves. Une partie des maisons condamnées ont été réparées et ou- vertes de nouveau.

Jusqu'en 1866, il n'a pas été fait grand'chose pour améliorer ou réglementer la condition du logement des ouvriers. Il n'y avait pour Dublin tout entier qu'un seul inspecteur de nuisances. — En 1866, la municipalité organisa un corps d'ins- pecteurs, pris parmi les sergents et les constables

de la police métropolitaine. Les pouvoirs légaux
sont très considérables; tout un état-major s'occupe
aujourd'hui de les faire appliquer; il comprend
23 inspecteurs sanitaires, des surveillants qui président aux travaux de vidange et de désinfection.

En même temps la municipalité faisait des efforts
dans d'autres directions. Elle a dépensé de grandes
sommes à construire des égouts, elle fait nettoyer
chaque jour les cours des *tenement houses*, elle a
construit des bains et des lavoirs publics. Enfin
elle a profité de la législation de sir Richard Cross
pour déblayer des quartiers insalubres. Ayant
obtenu la sanction du parlement, elle a exécuté
deux plans d'amélioration, l'un est le *Coombe
street scheme*, pour lequel elle a emprunté 24,000 £
aux commissaires des travaux publics (expropriation, établissement de la voirie, égouts, gaz).
Le terrain déblayé a été loué moyennant 200 £
(5,000 francs) par an à l'*Artizans' dwellings
company*. Celle-ci a construit 211 maisons, où
logent un millier de personnes. Pour l'amélioration de Plunkett street, on a emprunté 27,000 £
(667,500 francs), loué le terrain à la même société
pour 140 £ (3,500 francs) l'an, elle doit y construire 44 cottages à un étage, 33 cottages à deux
étages et 24 logements pour une famille. Ici
comme dans d'autres villes du Royaume Uni, l'opération a été mauvaise pour les finances de la cité, et
la municipalité n'a pas le désir de recommencer.

Elle a payé le terrain à raison de 165,000 francs l'acre (40 francs le mètre) et dépensé 1,300,000 francs en expropriation. Si la vente avait eu lieu à l'amiable, elle se serait faite probablement pour la moitié.

L'initiative privée n'a pas fait défaut à Dublin. Nous venons de parler de l'*Industrial dwellings company*, fondée en 1876.

En 1872, il s'était créé une association volontaire — *Dublin sanitary association* — qui s'occupa d'étudier la question du logement des ouvriers et des pauvres, d'inspecter les quartiers insalubres, d'attirer l'attention des autorités et de l'opinion publique en général. Le comité exécutif de l'Association se réunit toutes les semaines. Cette intervention d'un groupe d'hommes de bonne volonté a eu d'excellents résultats, elle a stimulé l'autorité locale et du mouvement qu'elle a provoqué est née l'*Industrial dwellings company* (fondée en 1876) (1).

Celle-ci a été établie d'abord avec un capital de 1,250,000 francs, qui a été porté ensuite à 2,500,000 francs. Elle a emprunté 1,175,000 francs aux commissaires des travaux publics. Elle paye 4 p. 100 de dividende. Elle a fourni des logements salubres et à bon marché à 1,200 familles, c'est-à-dire à environ 6,000 personnes. Ce qui lui permet

_____

(1) Voir les publications de M. Edw. Spencer, secrétaire de la *Dublin Artizans' dwelling company* : « The homes of the Working Classes in Dublin, » 1884, etc., et sa déposition devant la commission d'enquête, 1885.

d'offrir des loyers avantageux, c'est qu'elle a obtenu le terrain de la municipalité dans des conditions exceptionnelles. Elle a sa clientèle dans l'élite des classes ouvrières (1).

On sait que la plus grande brasserie du Royaume-Uni se trouve à Dublin, celle de Guinness, qui a été transformée récemment en société anonyme au capital de 150 millions de francs. Elle occupe 1,600 ouvriers, dont 300 gagnent entre 37 fr. 50 à 100 francs et davantage par semaine, le reste environ 25 francs. Sir Edw. Guinness a cru de l'intérêt commun de ses ouvriers et de lui-même de construire des habitations salubres pour une partie de son personnel; il a eu en vue la partie la plus pauvre. Il a bâti en 1872 et en 1882 deux groupes — Belle-Vue et Rialto buildings — qui renferment aujourd'hui 180 familles. Il y a six cottages, contenant chacun 3 chambres à coucher, cuisine, etc., et coûtant 6,250 francs; le loyer hebdomadaire en est de 7 francs par semaine. On a édifié en outre des maisons à trois étages, contenant des appartements de une, deux, trois pièces (loyer : 5 francs, 3 fr. 75, 3 francs). Ces prix sont inférieurs à ceux qu'on paye en ville, et de plus la qualité du logement est meilleure. Sir Ed. Guinness ne retire guère plus de 2 p. 100 net du capital dépensé.

(1) En 1886, le dividende a été de 4 1/2 p. 100. Les immeubles ont rapporté plus de 325,000 francs par an.

Si Dublin est en décadence, si elle a perdu en richesse et en population, la condition de Belfast est toute différente. C'est la ville d'Irlande la plus prospère. Elle avait 37,000 habitants en 1821, 120,000 en 1861, 208,000 en 1881. La valeur des immeubles a doublé en vingt ans. Le taux de mortalité y est encore de 23 par mille, après avoir été sensiblement plus haut. La densité de la population n'est pas grande, entre 5 et 6 habitants par maison. Il y avait 18,000 maisons en 1861, 47,000 en 1885. On y construit, bon an, mal an, environ un millier de maisons. Grâce à cette activité dans les constructions, il n'y a pas de difficulté à loger les individus que les embellissements et les améliorations chassent de leur habitation. Belfast est une ville nouvelle, il n'y a pas de vieilles maisons bourgeoises abandonnées aux locataires ouvriers. Le système des *tenements houses* y est à peu près inconnu. La règle est que les maisons sont construites ordinairement pour une seule famille.

Le coût d'une maison est remarquablement bas. On peut établir une maison avec cuisine, office, deux chambres à coucher pour 1,100 à 1,250 francs. Belfast est la ville de la Grande-Bretagne où l'ouvrier peut devenir propriétaire à meilleur marché Il n'existe pas de sociétés qui construisent des logements d'ouvriers, on y rencontre quelques *building societies* qui font des avances. Les loyers varient entre 3 francs et 6 fr. 25 par semaine. Le prix des matériaux de construction et les salaires des ouvriers du bâtiment sont modérés.

A Cork, Limerick, Waterford, Galway, la situation est déplorable; la pauvreté des habitants et le triste état financier des villes empêchent toute amélioration. Il vaut la peine de relever à l'honneur de la race irlandaise que, malgré sa misère et le milieu affreux où elle végète, sa moralité est supérieure à ce que nous connaissons des autres pays (1).

(1) « The Morality of the lower classes at Dublin is a of very high standard » (Enquête de 1885).

CHAPITRE VIII

LES « BUILDING SOCIETIES ». — ORGANISATION. — MÉCANISME. — DONNÉES STATISTIQUES 1879-1885. — LA « PERMANENT BENEFIT BUILDING SOCIETY LEEDS ».

Tous ceux qui s'occupent de questions économiques connaissent les *Building societies* anglaises et savent les incontestables services que ces institutions, œuvre de l'assistance de soi, ont rendus aux classes ouvrières. M. Jules Simon dans son beau livre sur *Le travail*, M. le comte de Paris dans ses *Études sur la situation des ouvriers en Angleterre*, M. Le Play dans sa *Monographie du menuisier de Sheffield*, M. Cacheux, dans l'*Économiste pratique*, M. Cheysson dans la *Question des habitations ouvrières*, ont attiré l'attention sur les résultats féconds, créés par le groupement des petits capitaux. M. Malcolm Ludlow, chef de l'enregistrement des sociétés amicales (*chief registrar of friendly societies*), en a expliqué le mécanisme dans un mémoire qu'il a lu au Congrès des institutions de prévoyance en 1878. Nous ne saurions cependant, malgré cette abondance de renseignements, laisser ce sujet en dehors de nos études sur la question du logement des ouvriers en Angleterre. Nous nous efforcerons d'apporter quelques données nouvelles puisées dans les dépositions de l'enquête de 1884. Le chapitre que nous avons consacré aux sociétés de prêts et de construction à Philadelphie et à Boston aura mis nos lecteurs au courant du fonctionnement d'une partie des sociétés anglaises.

Un jeune écrivain allemand, qui s'est fait connaître par de consciencieuses études sur le logement des ouvriers et l'assistance publique en Angleterre, M. Aschrott (1), dit que les *building societies* n'ont pas tenu toutes les promesses qu'on s'en faisait et qu'on éprouve des déceptions à leur égard. Il est incontestable que si on comptait sur elles pour transformer tous les ouvriers en propriétaires, on se faisait des illusions. Mais les gens raisonnables n'ont pas considéré les *building societies* comme une panacée universelle, mais seulement comme un instrument à la portée d'une élite des ouvriers, de ceux qui ont le sens de l'épargne. Il est même possible que le nombre des membres ait diminué quelque peu dans les dernières années. Cela n'enlève rien à l'excellence de l'institution, et il serait à désirer qu'on pût l'accli-

(1) Dans la littérature allemande, on peut consulter E. V. Plener, *Englische Beaugesllleschaften*, 1873 (Vienne).

mater sur le continent et lui faire produire des fruits aussi abondants que ceux qu'elle porte en Angleterre.

Le nom de *building societies* (sociétés de construction) indique la fonction primitive de ces associations, mais il ne s'applique plus à leur activité présente. Elles ne construisent pas (tout au plus terminent-elles les constructions laissées inachevées par les emprunteurs). Elles sont essentiellement de simples sociétés de prêts, formées par des cotisations presque toujours mensuelles, mais dont les avances ne se font que sur des valeurs immobilières, terrains ou maisons. Le propre de ces avances est d'être remboursables, capital et intérêts, par payements mensuels. Il s'ensuit que rentrant immédiatement dans une partie de leurs fonds, ces sociétés trouvent leur compte à faire des avances beaucoup plus fortes en proportion de la valeur réelle du bien hypothéqué qu'un créancier ordinaire. Tandis que celui-ci se risque rarement à avancer au delà des deux tiers de la valeur réelle, une *building society* avance les trois quarts ou même les sept huitièmes. « Ce mode d'avance, dit M. Ludlow, est extrêmement avantageux aux petites gens. L'ouvrier gagnant un bon salaire, le commis, le petit boutiquier, pour peu qu'il ait un faible capital en main, trouve à s'acheter une maison et devient souvent propriétaire au bout de douze à quatorze ans pour une somme totale qui ne dépassera pas beaucoup ce qu'il aurait payé en simples loyers.

Les sociétés de construction se divisent en deux classes, les unes permanentes, les autres *temporaires* (*terminating*). Le nom seul explique la différence qui existe entre elles. Les sociétés temporaires existent jusqu'à ce qu'un événement déterminé se soit produit, par exemple jusqu'à ce que chaque membre ait obtenu une avance, ou pendant un nombre fixé d'années. Il y a beaucoup de sociétés de cette espèce, mais les plus importantes appartiennent toutes à la catégorie des sociétés permanentes.

Des actions sont émises, dont la libération a lieu par versements mensuels ou autres, ou la libération peut se faire immédiatement. La plupart des sociétés reçoivent des dépôts et émettent des *deposit shares* (actions de dépôt). Elles peuvent recevoir des dépôts pour une somme égale aux deux tiers du montant avancé sur hypothèques, mais pas davantage.

Il y a certaines sociétés, principalement parmi les sociétés temporaires, qui sont connues sous le nom de *ballot and sale societies* (tirage au sort et enchères), dans lesquelles une avance d'ordinairement 400 £ (10,000 francs) est alternativement tirée au sort et mise aux enchères. Lorsqu'une société de cette catégorie a accumulé un chiffre de souscriptions suffisant, elle tire les 10,000 francs au sort et la prochaine fois l'*appropriation* des 400 £ est mise aux enchères, et le plus fort enchérisseur obtient l'avance. « Il y a beaucoup de sociétés fondées sur ce principe, m'écrit M. Brabrook, secrétaire de l'*Association des building societies* (syndicat qui représente les intérêts communs), mais comme leur mode de procéder entraîne des désappointements et qu'il introduit l'élément aléatoire dans ce qui devrait être simplement une transaction commerciale, il ne se recommande pas à ceux qui ont à cœur les intérêts des *building societies* ou qui ont quelque expérience de leur fonctionnement. »

D'après M. Ludlow, la part directe de la classe ouvrière dans le mouvement des *building societies* se borne en grande partie aux sociétés temporaires, malgré les complications de leur mécanisme. Elles ont un personnel peu nombreux, ce qui permet l'économie dans la gestion.

Parmi les sociétés permanentes, celles que l'ouvrier affectionne sont celles où le chiffre de l'action est peu élevé, d'une livre au minimum, de 10 £ au maximum.

Au point de vue de la législation, les sociétés se partagent en deux grandes classes, celles des sociétés fondées avant la loi de 1874 (1) et celles des

---

(1) D'après les termes de la loi de 1874, les *building societies* sont établies pour réunir un stock ou fonds, afin de faire des avances à leurs membres sur la sécurité de

sociétés fondées depuis. Les sociétés régies par la loi de 1836 sont calquées sur la *Friendly society* et soumises à certaines prescriptions surannées.

La législation nouvelle les a respectées. Les sociétés fondées depuis 1874 sont seules tenues de transmettre au *registrar* un compte rendu (bilan) annuel. Il en résulte que les statistiques sont incomplètes.

Les données de la fin de 1879 fournissent un état de 1,106 sociétés, dont 876 envoient leurs *returns* et qui comptaient 320,000 membres avec un avoir de 31,192,128 liv. ster. (779,803,200 fr.). Ajoutez pour l'Écosse 54 sociétés dont 46 fournissant des bilans avec 11,902 membres et un avoir de 1,270,824 liv. ster. (27,958,125 francs), et pour l'Irlande 27 sociétés dont 24 fournissant un bilan annuel, avec 6,533 membres et un avoir de 899,347 liv. ster. (22,496,173 francs). Le revenu annuel est estimé par M. Ludlow à un demi-milliard de francs (1).

La plus grande des *building societies* (la *Birkbeck*) reste en dehors des lois nouvelles. La

propriété foncière par voie d'hypothèque. Quelques-unes font aussi des avances sur leurs actions, mais c'est l'exception.

(1) M. Ludlow estime entre trois septièmes et un septième la part de la classe ouvrière sur le total des fonds qu'il évalue à 1,250 millions de francs.

National land Society a un actif de près de 3 millions de francs.

Nous trouvons dans un document présenté à la Chambre des communes en juin 1886 des données plus récentes qui permettent de constater les progrès accomplis depuis 1879. Le nombre des sociétés s'élevait pour le Royaume-Uni, le 31 décembre 1885, à 2,243 ; dans le courant de l'année, 96 se sont dissoutes.

1811 sociétés ont fait connaître le nombre de leurs membres ; celui-ci s'élevait à 583,830 (soit une moyenne de 322).

2,023 sociétés ont reçu dans l'année 21,671,944 liv. ster. (près de 542 millions de francs), soit 10,713 liv. ster. par société (267,800 francs).

2,041 sociétés ont communiqué le compte de leur actif. Elles devaient 34,879,350 liv. ster. (871 millions de francs) à leurs actionnaires, 16,031,298 liv. ster. (400 millions) à leurs déposants. L'actif était représenté par 48,893,429 liv. ster. (1,200,000,000 francs) de créances hypothécaires et 3,787,769 (92 millions de francs) d'argent en caisse et d'avance sur d'autres valeurs.

1512 sociétés n'avaient pas distribué le solde de leur bénéfice, qui s'élevait à 1,901,633 (près de 50 millions de francs).

Les chiffres qui s'appliquent aux trois royaumes ne tiennent pas compte des sociétés créées avant 1874, qui ne sont pas obligées de communiquer leurs bilans. De 1879 à 1885, le nombre des membres a progressé de 250,000, — de 330,000 à 583,000.

Pour l'Angleterre et le pays de Galles, le document parlementaire constate 2,150 sociétés. Dans 1,751 sociétés, il y avait 567,594 membres (soit 324 en moyenne). 1,936 sociétés ont reçu 20,800,154 liv. sterl. (520 millions de francs), 10,344 l. sterl. en moyenne.

1,953 sociétés dont les bilans sont communiqués avaient un passif de 33,479,246 liv. ster. (830 millions de francs) dû aux actionnaires et 15,385,503 l. sterl. (83 millions de francs) dû aux déposants. L'actif composé de 46,955,176 liv. sterl. en créances hypothécaires, 3,601,190 liv. sterl. en caisse et en avances sur d'autres valeurs. Le déficit constaté ne dépassait pas 118,000 francs et il y avait 1,810,000 de bénéfice non distribué (1).

Dans le comté de Durham, il existe 83 sociétés avec 29,404 membres; dans le Glocestershire 24 avec 10,933; dans le Kent 78 avec 28,342; dans le

---

(1) Un médecin, le Dr Bowkett, a inventé une combinaison où les avances se font nominalement sans intérêt. Mais la combinaison fonctionne très lentement, de sorte que l'évolution complète est de vingt-cinq à trente-ans. On a modifié le système Bowkett dans les sociétés dites *Starr-Bowkett*, de manière à réduire leur durée à 18 ans. En 1878, on en comptait 200 à 300. Le rapport sur 1885 parle de la 801e *Starr-Bowkett*.

Lancashire 337 avec 83,347, le Middlesex 430 avec 146,839, le Northumberland 48 avec 14,990, le Surrey 126 avec 32,377, le Yorkshire 101 avec 61,855.

Les *building societies* s'entendent souvent avec une société foncière, *Land Society*, qui achète à bas prix de vastes étendues de terrains et puis les revend par lots avec la plus-value qu'entraîne la création d'une cité.

Pour animer ce tableau, interrogeons les dépositions devant la commission d'enquête. L'une des plus intéressantes est celle qu'a faite M. Fatkin, secrétaire et administrateur de la *Leeds permanent benefit building society.*

Leeds est une ville de 320,000 habitants (1). On y trouve deux *building societies*, qui ont l'une et l'autre près de quarante ans d'existence : la *permanent benefit* et la *commercial*, dont la première comptait, le 31 décembre 1885, 10,760 membres, la seconde 6,390. Ensemble elles avaient reçu dans l'année près de 850,000 liv. sterl. (21 millions 1/4 de francs). Depuis qu'elles ont commencé à fonctionner, elles ont exercé une influence visible sur la formation d'une classe de petits propriétaires de maisons, en même temps qu'elles accueillaient

_____

(1) La cinquième ville de l'Angleterre par le nombre des habitants, et la première du monde comme centre de la fabrication des draps.

des dépôts de placement. Une difficulté contre laquelle elles ont eu à lutter a été l'abondance des capitaux qu'on leur apportait et qui dépassait la demande d'avances, en même temps que la baisse du taux de l'intérêt leur rendait plus ingrate la tâche de faire valoir les capitaux et de bonifier un intérêt suffisant. Comme elles sont administrées avec prudence, elles ne se lancent pas dans des entreprises aléatoires, dans des avances dangereuses, dans des spéculations comme celles qui ont amené la chute de sociétés à Manchester et à Bristol.

L'objet de la *Leeds permanent building society* est de fournir des facilités aux ouvriers pour acheter leurs propres maisons, d'encourager la petite épargne et de lui offrir un placement.

Tout ouvrier peut devenir membre de la société et prendre un nombre illimité d'actions (le Parlement n'a pas posé de limitation de ce côté). Le minimum de la souscription est un cinquième d'action, ce qui exige un versement de 6 pence par semaine. Une action entière demande 2/6.

Pour des raisons de convenance, la Société fixe à 150 liv. sterl. (? 30 francs) le maximum que peuvent atteindre les versements de placement d'un membre (capital et intérêts). Lorsque ce chiffre est atteint, l'actionnaire est tenu de retirer sa mise. En 1884, il a été remboursé de la sorte 35,000 liv. sterl. La Société craint d'être débordée par l'abondance de capitaux disponibles. Tout actionnaire qui n'est qu'un déposant, *investor*, qui n'a pas recouru au crédit, a le droit de retirer son argent avec un préavis de quatorze jours. Pour la participation aux bénéfices et pour la responsabilité, il n'y a pas de différence entre un actionnaire qui *dépose* et celui qui emprunte. Un ouvrier placera ses 3 ou 4 shil. par semaine, jusqu'à ce que le principal et l'intérêt montent à 40 ou 50 liv. sterl. Il prendra son argent alors et achètera une maison de 160 liv. sterl. empruntant la différence à la Société. De cette façon, un ouvrier en mesure de déposer 3 shil. par semaine pendant cinq ans peut acheter ou construire une maison de 160 liv. sterl. et en continuant de payer 3 shil. par semaine pendant vingt-quatre ans encore, il aura remboursé la dette. Le loyer d'une semblable maison est de 4 shil. 3 d. la semaine. Ainsi il paye moins à la Société qu'il ne débourserait pour son logement loué, et il devient propriétaire. La Société admet encore une autre catégorie de participants, qui prennent une action de 100 livres ou des cinquièmes de vingt livres ; on leur bonifie 4 p. 100 ; les actions sont échues lorsqu'elles atteignent 150 livres.

De 1874 à 1883, la Société a reçu 5,524,000 liv. sterl. (133,400,000 fr.), soit en moyenne 550,000 liv. sterl. par an. En 1885, les recettes se sont élevées à 511,000 liv. ster. Depuis 1880, il y a eu une diminution, la Société ayant prolongé la durée du

remboursement. Il y a quelques années, on rem-
boursait à raison de 10 0/0 l'an en 13 1/2 ans, à
présent on rembourse à raison de 5 0/0 en vingt-
quatre ans. On veut même porter la durée du prêt
à quarante-sept ans.

En 1885, la Société avait avancé sur première
hypothèque 1,266,362 liv. sterl., elle devait 553,000
liv. sterl. à ses actionnaires, 705,000 à ses déposants.

La presque totalité des sommes avancées,
30,000,000 fr., a été souscrite par les ouvriers de
Leeds, qui apportaient leurs épargnes. En 1884,
il y avait 7695 *investing members*, possédant
12,830 actions se libérant à raison de 2/6 par semaine. Les épargnes accumulées de ces 7,695 membres s'élèvent à 532,403 liv. sterl. et elles ont été
formées par des versements de moins de 4/6 par
semaine en moyenne. 4,711 membres avaient
moins de 50 liv. sterl. dans la Société, 1854 entre
50 et 100 liv. sterl., 786 entre 100 et 200, 214 entre
200 et 300 liv. sterl., 54 entre 300 et 400, 19 entre
400 et 500, 21 entre 500 et 600, 11 entre 600
et 700, 6 entre 700 et 800 liv. sterl., 5 entre 800
et 900, 4 entre 900 et 1,000 liv. sterl., 10 ayant
plus de 1.000 livres. La moyenne due est de
70 liv. sterl.

Les dépenses d'administration s'élèvent à 3,600 l.
sterl., 1/4 p. 100 environ de l'actif (1).

_____

(1) Le taux d'intérêt et d'amortissement en vingt-

D'après M. Fatkin, 2,000 à 3,000 membres de la Société ne payent pas plus de 6 pence par semaine. 400 membres de la Société, vivant aux environs de Leeds, sont propriétaires de leur maison, un millier d'autres possèdent plus d'une maison. Il paraît qu'il y a souvent avantage à Leeds ou aux environs de construire à la fois trois ou quatre maisons; c'est meilleur marché qu'une seule.

En 1884, plus de 6,000 maisons valant moins de 200 liv. sterl. chacune étaient engagées à la Société. Dans les vingt dernières années, 17 à 18,000 maisons ont passé par les mains de la Société. La valeur moyenne d'une maison est de 166 liv. sterl.

Grâce aux *building societies*, les ouvriers de Leeds ont accumulé depuis 1860 plus de 25 millions de francs. La population ouvrière s'est portée à la périphérie, où elle pouvait acquérir du terrain à bon marché et où elle pouvait construire à l'aide des avances de la société.

Une partie des avances de la Société sert à rem-

quatre ans est de 6 1/2 p. 100, — en quarante-trois ans, de 5 p. 100. Dans ce dernier cas, la Société se réserve le droit de faire l'inspection de la propriété pour voir si elle est bien entretenue.

La *permanent bulding Society* de Leeds compte 1,710 membres propriétaires, dont 420 possèdent une maison, les autres deux et davantage, jusqu'à huit. En dehors des 9,348 maisons appartenant aux membres actuels, 12,000 à 13,000 autres sont la propriété d'anciens membres.

bourser d'autres hypothèques contractées avec des
particuliers; comme les conditions de la Société
sont plus favorables, on préfère traiter avec elle.
Sur les 9,400 maisons hypothéquées actuellement,
7,000 appartiennent à des ouvriers. Ce sont des
maisons à un ou deux étages, la cuisine et le parloir en bas, une à deux chambres à coucher au-
dessus. Elles sont, paraît-il, relativement bien
tenues.

La grande majorité des membres gagne un salaire moyen de 20 à 30 shil. par semaine, mais il y
a de jeunes ouvriers qui ne gagnent que 10 à 12 sh.

A Newcastle, Birmingham, Bristol, on trouverait la confirmation de ces indications. A Bristol,
les *building societies* fleurissent. Elles recrutent
leurs membres parmi les ouvriers qui gagnent de
25 à 30 francs par semaine; elles n'arrivent guère
à toucher les simples journaliers qui n'ont pas
appris un métier. L'ouvrier qui place des économies paye 1 fr. à 1 fr. 6 p. par semaine; celui qui
veut acheter une maison, 3 fr. Une maison coûte
de 90 à 150 liv. sterl.

La *London and Northwestern railway Company*
a encouragé le plus qu'elle a pu la formation de
building societies parmi ses ouvriers et ses employés, et elle a obtenu d'excellents résultats. La
plupart de ses ouvriers habitent à Gorton, où elle a
de grands ateliers, à 4 ou 5 milles de Manchester, et
sont leurs propres propriétaires. Ils commencent

par mettre à la caisse d'épargne organisée par la
Compagnie, puis lorsqu'ils ont 50 à 60 liv. sterl. ils
prennent des actions dans une *building society*.
Les maisons sont propres et bien tenues.

Les sociétés coopératives anglaises ont organisé
des *building departements* ou sont affiliées à des
building societies. D'après MM. Acland et Ben-
jamin Jones (*Working men co-operators*, Cassell
et Cy, 1844), 60 sociétés coopératives ont dépensé
plus de 500,000 liv. ster. à construire des cottages. En 1883, une seule société a dépensé 375,000
francs (15,000 liv. sterl.) et construit 352 cottages.
41 sociétés enregistrées sous l'*Industrial and pro-
vident Act* ont construit pour au moins 500,000 liv
sterl. de cottages d'ouvriers.

CHAPITRE IX

La question du logement du pauvre est toujours à l'ordre du jour. En Angleterre, elle a fait l'objet d'une nouvelle enquête, la Commission royale qui en a été chargée nous a fourni d'intéressantes informations. Personne n'attendait d'elle l'indication de remèdes absolus. Ceux-ci malheureusement n'existent pas, et il n'y a que des palliatifs.

On a vu comment un réveil de conscience philanthropique et un intérêt politique ont créé une agitation extraordinaire, et comment l'opinion publique s'est émue de la condition misérable des logements occupés par les ouvriers et les indigents. Le problème a attiré l'attention des hommes d'État et des personnes charitables à plusieurs reprises; tout un système de lois a été voté depuis trente ans par le Parlement, de grands progrès ont été accomplis. Il reste beaucoup à faire et il ne faut pas se bercer d'illusions : on ne parviendra point à supprimer le paupérisme, qui est au fond de la difficulté.

De grands efforts ont été tentés en Angleterre pour adoucir une situation intolérable. Les municipalités de Glasgow, de Liverpool, de Birmingham, ont amélioré et assaini les quartiers pauvres. A Londres, le *Metropolitan board of works* a déblayé des espaces couverts d'abominables maisons. A côté de cela, des institutions comme les Sociétés de sir Sidney Waterlow, du legs Peabody, ont édifié des maisons modèles qui abritent quarante à cinquante mille personnes. C'est l'élite de la classe ouvrière, ceux qui ont un salaire régulier et relativement élevé, qui ont profité des cités ouvrières, c'est une infime minorité. Il y a une masse énorme qui n'en a retiré aucun avantage : la masse la plus pauvre et la plus misérable. Il n'a pas manqué cependant de personnes bienfaisantes qui se sont consacrées à elle.

Au premier rang de ces pionniers de la philanthropie, il convient de placer miss Octavia Hill (1), dont le nom a retenti souvent au Parlement. Sir Charles Dilke a été interpellé dans la Chambre des Communes, parce que miss Octavia Hill n'était pas au nombre des membres de la commission d'enquête. Il a répondu qu'elle serait plus utile

(1) Voir dans l'enquête anglaise (*Royal commission of the housing of the working classes, minutes of evidence,* pages 288-308) la déposition de Miss Octavia Hill.

comme témoin, appelée à déposer. Cette réponse a été critiquée par la presse; les journaux ont déclaré que miss Octavia Hill en savait plus long sur la question que tous les membres de la commission et qu'elle aurait pu poser des questions précises.

Voici près de vingt-cinq ans que miss Octavia Hill s'occupe pratiquement de soulager la misère à Londres. Elle a pris pour objectif le logement du pauvre, et si charitable que fût son intention, elle n'a pas voulu que son intervention prît la forme d'une aumône. Elle a commencé avec des moyens modestes, dont une partie lui avait été fournie par M. Ruskin, le célèbre esthéticien anglais, qui est professeur à Oxford; peu à peu sa sphère d'action s'est étendue et son capital a augmenté. En 1878, la propriété des immeubles administrés pas miss Octavia Hill dépassait deux millions de francs. Miss Octavia Hill n'a jamais eu la prétention de résoudre le problème; elle n'a point cherché une panacée qui pût guérir de la misère. Le dessein qu'elle s'est proposé, c'était de montrer par l'exemple ce qu'on peut faire pour le pauvre lorsqu'on s'occupe de lui d'une façon intelligente et énergique. Elle a donné son temps et sa santé, mais elle n'a pas voulu faire des cadeaux d'argent à ses locataires. Comme nous allons le montrer plus loin, miss Octavia Hill a acheté un certain nombre de maisons dans des ruelles

infectes, elle les a assainies, et par l'influence directe qu'elle obtient sur les habitants, elle s'efforce
d'élever leur niveau moral, de leur inculquer des
habitudes de décence et d'hygiène. La charité
telle que l'a exercée miss Octavia Hill est la plus
noble et la plus bienfaisante qu'on se puisse imaginer. Ce n'est point l'impulsion du moment, ce
n'est pas un sentiment surexcité par la vue d'une
misère plus affreuse, — c'est un enchaînement
de bonnes actions raisonné et accomplies sous
la direction du sens le plus pratique.

Avant de décrire en détail l'œuvre accomplie
dans ces vingt ans, nous voudrions résumer les
idées de miss Octavia Hill sur le grave sujet auquel elle s'est consacrée. Elle a une autorité toute
particulière pour en parler. Nous sommes heureux de trouver en elle un adversaire déterminé
du socialisme d'État (1). Ce serait, à ses yeux, une
politique désastreuse que d'essayer de subvenir,
à l'aide de la communauté, à l'une des nécessités de la vie, comme le logement. Fournir des
maisons aux frais du public, ce serait attirer vers
Londres un nombre encore plus considérable
d'émigrants des districts agricoles, ce serait per-

(1) Voir déposition de Miss Octavia Hill, page 292, question 8870 et suivantes. Miss Octavia Hill est très nette et
très catégorique dans ses déclarations. Elle dit entre
autres : « I have a general dread of increased inspection,
j'ai une peur générale d'une augmentation d'inspection. »

mettre à l'imprévoyant, au paresseux de vivre
aux dépens des autres; ce serait amoindrir davantage la position de l'ouvrier anglais. De plus l'intervention de l'État, même sous la forme d'avances à un taux modéré, risque de paralyser l'effort
de l'industrie privée (1). Un gouvernement ou une
municipalité ne peut faire aucune dépense sans
lever des taxes. La question se ramène donc à
savoir comment la besogne peut être faite le
mieux et au meilleur marché. Tout ce que l'État
ou les autorités locales font se paye très cher,
plus cher qu'il n'en coûte avec l'initiative privée.
Tout secours gratuit démoralise celui qui le reçoit. De plus, tout ce que l'ouvrier obtiendrait
au-dessous du prix coûtant serait bientôt déduit
de son salaire. Que l'Etat fournisse des logements à bon marché, il devra pour cela s'en
procurer les moyens, élever les impôts; ceux-ci
pèseront sur les gens qui payent les salaires de
l'ouvrier et forcément ils seront amenés à en
baisser le taux. Il faut faire abstraction des remèdes héroïques, qui sont trop dispendieux. Mais
en admettant même qu'on pût tout d'un coup
transformer les habitations d'ouvriers, on se heur-
terait à une grosse difficulté: les habitants ne
sauraient être transformés du jour au lendemain,

(1) « Take care either to supply the thing wholly or if
you are not going to do the whole thing, not to paralyze
your co-operators. »

Il y a une véritable éducation à faire, avant qu'ils sachent se servir de leurs logements meilleurs. Les habitudes vicieuses des pauvres, leur ignorance des règles d'hygiène, leur génie de destruction — qui sont l'héritage transmis de génération en génération, — ne peuvent disparaître qu'à la longue.

Miss Octavia Hill insiste beaucoup sur la question du coût des logements d'ouvriers. Elle soutient qu'on peut construire à bon marché, sans aucun secours ni subvention. Les *Peabody buildings* reviennent à 75 liv. ster. par chambre, et le terrain a été cédé dans des conditions avantageuses; l'*Industrial dwellings Company* a construit à raison de 50 liv. ster., et miss Octavia Hill cite des maisons qui ont coûté moins encore. Les *Peabody buildings* ne rapportent que 3 p. 100 l'an, — les immeubles de Miss Octavia Hill rendent de 4 à 5 p. 100. Suivant elle, il faut réduire les frais au strict nécessaire (1). Il est inutile d'élever des maisons trop confortables, de gaspiller l'argent en façades élégantes; il est superflu de mettre l'eau dans tous les appartements, il suffit qu'elle soit à chaque étage. Les maisons doivent contenir des chambres isolées en plus grand nombre que ce n'est le cas dans les cités ouvrières, qui ne sont

(1) C'est ce qu'a voulu faire l'*East End Dwellings Company*.

pas populaires parmi les classes les plus misérables.

Il n'y a pas lieu de désespérer. Les efforts tentés en faveur des pauvres sont de date récente. Mais une vérité a été établie, c'est que l'on peut édifier des logements d'ouvriers qui donnent de bons revenus. Les sociétés philanthropiques ont eu le mérite d'en faire la démonstration; encouragé par leurs résultats, l'entrepreneur ordinaire marche sur leurs traces et l'initiative privée fera son œuvre.

L'habitation du pauvre est mauvaise en partie parce qu'elle est mal construite et mal arrangée (le défaut principal des maisons d'ouvriers en Angleterre, c'est qu'elles n'ont pas été construites en vue de l'usage présent; elles ont été édifiées afin d'abriter une seule famille bourgeoise et on les a adaptées tant bien que mal); l'habitation du pauvre est rendue pire encore par ses mauvaises habitudes. Transplantez-le demain dans une demeure salubre et commode, et il la salira, la rendra inhabitable. Il faut du temps pour modifier des habitudes invétérées. Miss Octavia Hill a voulu essayer d'améliorer à la fois le gîte et l'habitant, et si l'on considère l'état de bien-être relatif auquel elle a amené les 3,000 locataires de ses maisons, on sera frappé du résultat obtenu.

M. Ruskin, en avançant les premiers fonds, avait posé comme condition *sine qua non* que l'entreprise fût conduite commercialement. Il avait eu la perception nette de ce qui était possible, et il avait prédit le succès si miss Octavia Hill réussissait à obtenir la rémunération du capital engagé. Il eut la générosité de risquer 75,000 francs, qui n'ont pas été perdus, loin de là.

L'une des deux grandes difficultés, dit miss Octavia Hill, c'est l'administration de ce genre d'immeubles. Elle a formé toute une école de femmes vaillantes qui se chargent de gérer les maisons d'ouvriers. De plus, grâce à son exemple et à son influence, d'autres personnes sont entrées dans la même voie et servent de noyaux à des groupes comme le sien.

Miss Octavia Hill reçoit de nombreuses demandes de propriétaires, lui offrant de la charger d'administrer leurs immeubles : c'est ainsi qu'elle gère 47 immeubles pour le compte d'une grande maison de la cité. L'autre difficulté, c'est la question financière. On peut la résoudre à force d'économie.

Miss Octavia Hill a commencé, il y a près de vingt ans, avec 19,000 francs (1); elle fit l'acquisition du bail non expiré (cinquante-six ans à courir) de trois maisons, et au bout de peu d'années elle avait amorti une portion du capital et payé 5 p. 100 d'intérêt. Elle exigea des locataires qu'ils se montrassent exacts à s'acquitter de leur loyer, leur inculquant la conviction qu'il ne s'agissait

(1) En 1864, dans Paradise place, Marylebone.

pas d'une œuvre de charité. Un individu qui ne s'était pas conformé à cette règle fut impitoyablement mis dehors. L'exemple fut suffisant. L'absence de *middlemen*, d'intermédiaires entre le propriétaire et le pauvre a beaucoup contribué au bon résultat. Ces *intermédiaires* sont la plaie du malheureux qu'ils exploitent. La moindre réparation, une vieille planche fixée par deux clous pour empêcher la pluie de pénétrer, amène une hausse du loyer.

Lorsqu'elle entre en possession de ses immeubles, miss Octavia Hill procède aux réparations les plus indispensables, après avoir mis dehors ceux qui mènent une existence immorale. Elle fait blanchir les murs, remettre les carreaux cassés (sur cent quatre-vingt-douze carreaux dans une ruelle, huit seuls étaient intacts), et après cela, elle installe dans les chambres nettoyées les locataires qui ont fait preuve de bonne volonté, qui semblent susceptibles de progrès. Autant que possible, elle s'adresse pour les travaux à exécuter à ses locataires mêmes, parmi lesquels les principaux corps de métier se trouvent représentés. Elle leur paye le salaire courant et les intéresse au maintien des améliorations introduites. Elle fait laver et balayer les escaliers, les couloirs, par les enfants les plus âgés en leur donnant une petite rétribution. Elle accoutume peu à peu tout son monde à la propreté. Miss Octavia Hill, ou

ses auxiliaires, visitent souvent ces immeubles ;
elles viennent une fois par semaine toucher les
loyers et entendre les doléances ou les réclamations.

Ce n'est pas seulement à Londres que Miss Octavia Hill a fait école. Elle a trouvé des imitateurs
aux États-Unis, notamment à New-York et à Boston, en Allemagne, à Darmstadt et à Leipzig.

Dans son petit livre : *Homes of the London poor*,
miss Octavia Hill a rassemblé de précieuses données sur la psychologie de la misère. Nous en
recommandons la lecture à tous ceux qui s'intéressent aux malheureux, et nous espérons que le
nombre en est considérable (1).

----

(1) Nous voudrions donner à nos lecteurs quelques informations sur ce qui a été tenté aux États-Unis par des personnes bénévoles. Celles-ci ont voulu fournir aux pauvres de meilleurs logements, non pas gratuitement, mais
sur une base commerciale. M. Bryce, membre du Parlement
anglais, a relevé quelques points intéressants. Ainsi à Boston et à Brooklyn — deux villes considérables, dans lesquelles le terrain est cher et dans lesquelles habite une
nombreuse population sur la limite du paupérisme, — on a
fait l'expérience que des habitations pour les ouvriers peuvent donner de bons revenus. A Brooklyn, des maisons
de location affectées aux classes pauvres rapportent 13 0/0
brut, dont 2 0/0 vont en taxes, 2 0/0 en réparations, 1 0/0
en dépenses ; sur les 8 0/0 restants, on a distribué un dividende de 6 0/0 et mis 2 0/0 en réserve. Les Américains
sont d'avis de consacrer le rez-de-chaussée à des boutiques
qu'on loue généralement fort cher ; les habitants des étages

supérieurs constituent une clientèle toute trouvée. La
plupart des logements sont d'une ou deux pièces. A
Brooklyn, on a établi, dans quelques-uns des plus vastes
immeubles, une bibliothèque et une salle de lecture. On a
essayé d'encourager les locataires à l'économie en accordant un escompte à ceux qui payent régulièrement. Tous
les loyers se payent d'avance; quiconque solde quatre
semaines à la fois obtient un rabais de 10 0/0, — et si un
locataire reste un an, il a droit à une seconde remise de
10 0/0. C'est l'économie réalisée par le propriétaire, en
conservant le même locataire. Il est utile de faire remarquer qu'en Angleterre et en Amérique (États-Unis, Canada), les loyers de l'ouvrier se payent par semaine : l'ac-
quittement en est bien plus facile. Voir les chapitres sur
les États-Unis dans ce volume.

CHAPITRE X

LE « MANSION HOUSE COUNCIL ON THE DWELLINGS OF THE POOR. »
LES ASSOCIATIONS POUR L'INSPECTION SANITAIRE DES MAISONS.

Il me paraît que chez les Anglais et les Américains du Nord il existe à un plus haut degré qu'ailleurs une sorte d'esprit public qui trouve dans le groupement, l'association des forces individuelles, le moyen de s'attaquer pratiquement aux questions les plus difficiles, et parfois celui de les résoudre. Nous avons vu les résultats admirables obtenus par la réunion des petits capitaux, par l'organisation et le fonctionnement des Sociétés de construction et d'avances dans la Grande-Bretagne et dans quelques États de l'Amérique du Nord. Nous avons vu comment ces Sociétés ont su trouver une forme originale et appropriée au genre de services qu'elles devaient rendre à la portion de la classe ouvrière qui économise et qui veut posséder son propre foyer. A côté de cela,

des Sociétés pour la construction de logements
salubres à bon marché fondées et administrées en
vue de la rémunération du capital ont prospéré et
étendu dans d'énormes proportions le champ de
leurs opérations. Dans une certaine mesure donc,
les besoins de l'élite de la classe ouvrière ont pu
être satisfaits sous le rapport du logement. Elle a
dû y mettre naturellement du sien et développer
les qualités d'épargne, de sobriété, de respect et
d'aide de soi, à l'aide desquelles elle a pu profiter
des avantages qui s'offraient. Pour la catégorie
inférieure, pour celle qui est plus pauvre, qui n'a
pas d'habitudes de propreté, les entreprises dans
le genre de celles que miss Octavia Hill a inaugu-
rées sont d'un grand secours. Elles cherchent à
améliorer sur place le logement du pauvre et à
élever le niveau moral de l'habitant, et cela sans
sortir du cadre de la rémunération du capital
engagé, sans tomber dans l'aumône et l'assistance
gratuite.

Mais il y a place pour un autre mode encore
d'initiative privée, c'est celui auquel s'est attachée
la Société de New-York pour améliorer la condition du pauvre et que, depuis bientôt quatre ans,
a adopté le Comité de Mansion House, formé pour
s'occuper du logement des classes pauvres (*Mansion House Council on the Dwellings of the poor*).
Il ne s'agit plus de construire des logements salubres à bon marché, mais de lutter contre l'insa-

lubrité des logements existants, d'apprendre aux
habitants de ces bouges leurs droits et leurs devoirs, de répandre parmi eux les notions les plus
élémentaires d'hygiène, d'inspecter les maisons où
ils logent, d'en signaler les défectuosités aux propriétaires ou aux locataires principaux, de chercher
à obtenir que ceux-ci y remédient, et à défaut de
cela, de porter les faits à la connaissance des autorités locales compétentes, d'insister auprès de celles-
ci pour qu'elles usent de leurs pouvoirs de police ;
si elles s'y refusent, de signaler le mal et l'apathie,
la négligence de l'autorité locale à l'autorité centrale. C'est la mission que s'est donnée le Conseil
de Mansion House ; il poursuit un triple but : faire
l'éducation des habitants, obliger les propriétaires
et les autorités locales à se conformer aux lois
existantes. Enfin, il entretient un courant d'opinion
publique toujours en éveil et ne permet plus à la
question de retomber dans l'oubli.

Le *Mansion House Council* est né du mouvement
qui a suivi la publication des tableaux navrants,
présentés par le Rév. Marnes dans le *Bitter Cry of
outcast London*. Il a été nommé dans une conférence tenue à Mansion House, le 11 décembre 1883 ;
il comprend un comité exécutif présidé par le
lord mayor, et dont font partie lord W. Compton,
l'évêque de Bedford, plusieurs aldermen, des membres du Parlement, M. J. Peck, de la *Howard Society*, le Dr Longstaff, M. Mocatta, M. Keith Young,

architecte et un comité central d'assistance sanitaire, présidé par le Dr Longstaff, et qui compte
dans son sein plusieurs dames (miss Toynbee, miss
Cohen, Mrs Powell), des membres du clergé, des
médecins. Il a formé des comités locaux, qui se sont
partagé la capitale. Il en existe aujourd'hui une trentaine composés chacun de douze à vingt personnes,
qui ont entrepris la tâche de découvrir, soit par
elles-mêmes, soit en se mettant en rapport avec les
personnes qui visitent les pauvres, l'état des logements et de leurs habitants.

Ces comités locaux travaillent conformément à
un plan uniforme; ils sont en communication avec
le fonctionnaire exécutif du Conseil, le docteur
Longstaff, un expert en matière de *sanitation*, et
tous les mois un rapport d'ensemble est présenté
au Conseil, montrant, le nombre de cas en main,
la méthode de traitement et le résultat obtenu.

L'objet principal du Conseil est de faire exécuter
les lois existantes, qui ont trait à la salubrité des
logements. Tout en se dévouant à cette œuvre, le
Conseil a la conscience très nette d'une chose, c'est
que tous les efforts faits en vue d'améliorer la condition du pauvre doivent tendre avant tout à
éveiller le sentiment de *self respect*, de *self restraint*,
l'amour de la décence et de l'ordre chez les gens
eux-mêmes. Il est formellement entendu qu'aucune
distribution de secours ne doit être faite au nom
des comités locaux ni du Conseil de Mansion House.

Des imprimés indiquant d'une manière générale les défectuosités sanitaires sont mis en circulation, et l'on invite les habitants des maisons à signaler les plaintes qu'ils peuvent avoir à formuler. Ces plaintes sont vérifiées par les soins des comités locaux ; si elles se trouvent être fondées, elles sont transmises aux autorités compétentes. Est-il fait droit à la réclamation, la chose en demeure là ; sinon, le secrétaire du comité local fait un rapport au comité central qui s'est réservé le pouvoir de poursuivre, s'il y a lieu, l'affaire et de recourir aux voies légales. L'expérience a prouvé qu'il fallait être prudent dans le choix des membres des comités locaux, qu'il était indispensable de s'adresser à des personnes ayant l'habitude de travailler à l'amélioration du sort des pauvres, de les mettre en garde contre les excès de zèle et de ne pas harasser les pauvres par un trop grand nombre de visiteurs différents.

Le Conseil de Mansion House a profité de l'Exposition d'hygiène de 1884 pour inaugurer une série de trois journées de conférences, suivies de discussions. Ces conférences avaient trait à des questions d'hygiène, aux difficultés de l'administration sanitaire, à la construction de logements salubres, etc. Elles ont été imprimées et font partie d'un beau volume de 430 pages (*Health in the dwelling. Conferences. Dwellings for the poor, the sanitary construction of houses, promotion of social science*, chez William Clowes and Sons, Londres, 1884).

Afin d'éviter aux locataires des logements insalubres les conséquences fâcheuses qui pourraient résulter pour eux d'une dénonciation (mise à la porte, renchérissement du loyer), les plaintes sont traitées de la façon la plus discrète ; les comités locaux gardent secret le nom du plaignant et agissent en leur propre nom soit auprès des propriétaires, soit auprès des autorités locales.

Les comités locaux reçoivent les plaintes, les examinent, cherchent de leur côté à découvrir des cas d'insalubrité (encombrement, ventilation défectueuse, insuffisance d'eau, mauvais état des cabinets, du drainage, des citernes), ils informent les locataires principaux, sous-locataires, de leurs droits et de leurs obligations ; ils doivent coopérer avec les autorités locales et leurs fonctionnaires, entrer en rapport avec les visiteurs du *school board*, surveiller les constructions nouvelles, afin de voir qu'elles sont conformes aux exigences légales.

Le conseil central a reçu des demandes de personnes désireuses d'acheter des maisons insalubres et de les convertir en logements convenables, sur le système Octavia Hill, et des demandes de propriétaires désireux de vendre. C'est à l'aide de souscriptions volontaires et du dévouement de personnes désireuses de travailler au bien de la communauté, que cette œuvre intéressante fonctionne.

L'influence indirecte du Conseil a été considérable, il a stimulé les autorités locales. Quelques-unes ont augmenté le personnel de leurs inspecteurs, presque toutes se sont montrées plus énergiques. Il a rencontré de là résistance et il n'a pas craint d'entrer en conflit avec elles. Mais tout cet enthousiasme risque de n'être qu'un feu de paille, s'il n'est pas surveillé et alimenté. Il est nécessaire de réformer l'organisation municipale de Londres qui est absolument insuffisante, les *vestries* sont au-dessous de leur tâche. Il est vrai que l'indifférence des contribuables, leur négligence à s'occuper des affaires locales est tout aussi blâmable.

En 1884, le Comité central et les comités locaux ont eu à s'occuper de deux mille cinq cents cas d'insalubrité, dans l'année 1885 le chiffre s'en est élevé à près de six mille. Un certain nombre se sont trouvés insignifiants ou non fondés; d'autres ont été remédiés par le propriétaire lui-même; dans un grand nombre, on a constaté que l'insalubrité était le fait du locataire lui-même, de ses habitudes de malpropreté et de destruction. Il n'en restait pas moins une forte proportion qui avait échappé à l'inspecteur du *vestry*, ou qui ne lui avait pas été signalée de crainte d'encourir le déplaisir du propriétaire.

Le conseil s'est heurté à la résistance de deux autorités locales, qui ne tinrent aucun compte des faits signalés; le *vestry* de Clerkenwel ne fit rien

12.

pour remédier à l'insalubrité de près de cinq cents logements, il ne prit même pas la peine de répondre aux lettres du Conseil. Le *vestry* de Mile End Old Town imita cet exemple. Cette résistance passive détermina le Conseil à user des recommandations contenues dans le rapport de la Commission extra-parlementaire sur le logement des ouvriers. Il s'adressa au secrétaire d'État de l'intérieur et réussit à obtenir une enquête publique. Le ministre délégua M. Cubitt Nichols, qui présida une Commission formée de deux membres du *vestry* de Clerkenwell et de quatre représentants du Conseil de *Mansion-House.* L'inspection des maisons défectueuses occupa une semaine, l'enquête orale deux jours. On procéda de même pour Mile End Old Town. Les rapports de ces deux enquêtes ont été publiés. L'effet immédiat a été excellent; les deux autorités locales sont sorties de leur léthargie et se sont efforcées d'améliorer la condition sanitaire de leurs districts.

Il paraît qu'à Londres quelques propriétaires peu scrupuleux ont cherché à allécher des locataires pour leurs immeubles construits contrairement à toute règle d'hygiène, en les parant du nom de *maisons modèles.* Le Conseil s'est inquiété et grâce à ses efforts on a fermé plusieurs *pseudo model-dwellings*, et obligé les propriétaires à faire les modifications indispensables.

En outre, usant de la faculté que donne la loi

de 1885, le *Mansion House Concil* a intenté des poursuites devant les petites assises des juges de paix,
au lieu de s'adresser aux magistrats de police de
district, dont les audiences sont encombrées.

Je ne sais dans quelle mesure on pourrait trans-
planter sur le continent l'œuvre entreprise par le
Conseil de Mansion House (1). Les mœurs publiques
s'y prêteraient peut-être moins. Quoi qu'il en soit,
l'entreprise mérite d'être connue. On voit l'initiative privée s'efforcer de suppléer par son activité
à l'insuffisance des organes de l'autorité gouvernementale ou communale.

A côté de cette tentative destinée surtout aux
classes ouvrières et aux indigents, il existe d'autres
associations qui entreprennent l'inspection des immeubles de la classe aisée, qui s'efforcent de découvrir les défectuosités qu'elles présentent au point
de vue hygiénique et qui indiquent les moyens d'y
remédier. Leur nombre augmente. Citons la *London
and Suburban sanitary survey Association*, la *Sanitary Assurance Association*, la *London Sanitary
Protection Association*. Elles sont la mise en vigueur
du proverbe : *If you want a thing doing, do it
yourself.* (Si vous voulez qu'une chose se fasse,
faites-la vous-même.)

(1) Pour les détails voir : *Mansion House Council on the
dwellings of the people. Reports for* 1884, 1885, deux volumes.
(Bureaux du Conseil, 14, Clement's Inn, Strand, Londres.)

La *London Sanitary Protection Association* (1) a tenu dernièrement sa sixième réunion annuelle sous la présidence de Lord Chelmsford. Elle compte aujourd'hui près de douze cents membres. Le nombre de maisons inspectées par les ingénieurs de l'association en 1886 a été de 398; 59 0/0 ont été trouvées plus ou moins défectueuses. Ce chiffre est plus élevé que la moyenne des années précédentes. Le nombre des maisons inspectées depuis la formation de la Société s'est élevé à 2,210. Dans la plupart d'entre elles, on a perfectionné, on a amélioré les arrangements sanitaires. « Le conseil de l'association a lieu de croire que le résultat obtenu ne se borne pas à ces maisons. On a employé, pour y introduire les changements nécessaires, des patrons qui ont appris beaucoup de choses et qui mettent à profit cette instruction. Neuf hôpitaux et écoles ont été inspectés durant l'année. »

L'aide par soi-même est décidément plus efficace et plus économique pour améliorer l'état sanitaire des logements de toute condition que l'appareil des autorités locales ou nationales, fonctionnant avec les ressources des contribuables.

---

(1) On s'abonne au service d'inspection sanitaire pour une somme qui varie avec la valeur de la maison; le prix de l'abonnement annuel est entre 13 fr. et 52 fr. 50. La première inspection coûte de 26 fr. 25 à 157 fr. 50.

Les fanatiques de la *sanitation* voudraient rendre ce service obligatoire pour les écoles et les hôtels.

LA

QUESTION DES LOGEMENTS EN FRANCE

CHAPITRE PREMIER

LÉGISLATION FRANÇAISE. — LA LOI DE 1850. — LES PROJETS DE
RÉFORME (1).

Les actes législatifs concernant spécialement la
salubrité des habitations sont peu nombreux en
France. Sous l'ancien régime, à part de rares exceptions, on ne s'est guère occupé que de l'hygiène
générale. Les ordonnances des prévôts des marchands et des lieutenants de police ne visent guère
que la police sanitaire et la salubrité générale.
Les règlements de police laissaient les propriétaires de maisons entièrement libres d'en disposer

(1) On consultera avec avantage : Législation sur les logements insalubres, traité pratique par G. Jourdain, 3e éd.
1885. — Rapport de M. Maze au nom de la commission de
la Chambre des députés, chargée d'examiner la proposition de loi de M. Nadaud, tendant à modifier la loi de 1850,
N° 1842, avril 1883. — Les logements insalubres. par Émile
Laurent, président du conseil de préfecture de la Seine,
1882. — Rapport général sur les travaux de la commission des
logements insalubres de la ville de Paris, 1878-1883 par le docteur du Mesnil, 1884.

l'intérieur à leur gré; ils proscrivaient seulement
d'avoir des latrines, de ne garder aucune ordure
ni eau croupie, de n'élever aucuns bestiaux, de
n'infecter l'air par aucune exhalaison maligne.
Après 1789, les pouvoirs de l'autorité ne furent
pas plus étendus; les assemblées de la Révolution
comprirent la nécessité de faire surveiller les habitations au point de vue de l'hygiène; elles ad-
mirent en principe que cette surveillance devait
être exercée par les municipalités, mais elles ne
conférèrent à celles-ci que des pouvoirs assez mal
définis et insuffisants par les lois des 14 décembre
1789, 16, 24 août 1790, 19 juillet 1791. Le gouvernement consulaire et la monarchie de juillet
ne firent pas beaucoup plus; les lois du 28 plu-
viôse an VIII et du 18 juillet 1837 se bornèrent à
réserver aux maires le droit de surveillance attribué
précédemment aux corps municipaux.

A Paris, vers la fin de 1831, aux approches du
choléra, on s'occupa pour la première fois de l'hygiène des habitations. Une commission de salubrité
créée *ad hoc* chargea trois de ses membres de rechercher les causes d'insalubrité des maisons particulières et des maisons garnies et d'indiquer les
moyens propres à y remédier. L'étude de ces questions fut reprise en 1846, et en 1848 parut une
ordonnance de police qui réglementa la salubrité
extérieure des habitations (amas d'immondices,
stagnation des eaux, défaut d'entretien des cabinets

d'aisances, des tuyaux et cuvettes destinés à l'écoulement des eaux. Quant à la salubrité intérieure, une loi était indispensable dans une question qui concernait le domicile privé du citoyen et qui touchait au principe même de la propriété. Il fallut attendre pour cela jusqu'en 1850.

Sous le règne de Louis-Philippe, l'attention fut ramenée sur la question des logements insalubres par divers travaux d'une valeur incontestable, notamment par un rapport de l'intendance sanitaire du département du Nord (1832), par des mémoires de M. Villeneuve-Bargemont, préfet du Nord, de M. Gosselet, médecin à Lille.

Les ravages du choléra, les révélations contenues dans le livre de M. Frégier : *Des classes dangereuses dans les villes*, 1840, les publications de MM. Adolphe Blanqui et Villermé avaient ému l'opinion publique. On connaît les descriptions faites par MM. Blanqui et Villermé des quartiers pauvres de Rouen et de Lille, dans leur rapport à l'Académie des sciences morales et politiques. En 1848, M. Gervais de Caen, préfet de police à Paris, réglementa des garnis (le nombre des lits, la ventilation des chambrées, etc.) par une ordonnance demeurée célèbre. Un décret avait créé en décembre 1848 des conseils d'hygiène, la loi de 1850 institué des commissions de logements insalubres. Il est curieux de faire remarquer que cette mesure législative, qui régit encore aujour-

d'hui la matière en France, est l'œuvre de la seconde
république. Elle est née d'un réveil de la conscience
publique, stimulée par le tableau des misères
qu'avaient déroulées MM. Blanqui et Villermé
— du désir de donner satisfaction aux revendications populaires. Au lendemain de la Révolution
de 1848, une crise commerciale et industrielle
éclata. Les socialistes qu'on redoutait obtinrent de
l'Assemblée nationale la nomination de deux commissions : comité des travaux publics, comité
des travailleurs. Il y eut une éclosion de projets
variés, entre autres la proposition Emery, qui
tendait à donner une prime de 6 pour 100 sur la
valeur de l'immeuble expertisé aux constructeurs
de maisons destinées aux ouvriers et à exempter
pendant dix ans de la contribution foncière et de
celle des portes et fenêtres les bâtiments commen-
cés avant le 1er janvier 1849. Pendant la discussion de cette proposition, M. de Vogüé proposa de
s'occuper d'assainir les maisons existantes, en
même temps qu'on songeait à en édifier de nouvelles. Il revendiqua pour l'autorité municipale
une surveillance plus minutieuse, un patronage
plus intime sur les habitations. A la suite des déclarations humanitaires de M. de Vogüé, un sentiment d'émulation s'empare des législateurs. M. de
Melun présente à l'Assemblée nationale le 17 juillet 1848 une proposition de loi en cinq articles. Il
n'est pas sans intérêt de reproduire le texte ; 1° Les

administrations municipales sont autorisées à pros-
crire les mesures d'assainissement intérieur nécessaires à la salubrité des habitations et à interdire
la mise en location des maisons ou logements dont
l'assainissement devient impossible, et dont l'occupation serait jugée, par la nature de leur construction ou leur disposition vicieuse, nuisible à la
santé de leurs habitants. 2° L'expropriation pour
cause d'utilité publique sera applicable aux maisons ou ensemble de maisons dont l'insalubrité
absolue serait due à une cause extérieure, indépen-
dante de l'habitation elle-même. 3° L'interdiction
aura lieu après une enquête faite par le jury composé, dans chaque canton, du juge de paix, d'un
architecte et d'un médecin nommés par le préfet,
auxquels s'adjoindront pour chaque commune
deux membres du conseil municipal, deux membres du bureau de bienfaisance et, lorsqu'il sera
possible, deux membres du conseil des prudhommes, tous élus par leurs corps respectifs. Ce
jury désignera les logements insalubres et indiquera, s'il y a lieu, les mesures nécessaires à leur
assainissement. 4° Sur son rapport, l'administration municipale fixera un délai pour l'exécution
des travaux et l'interdiction des logements cités
dans l'article 1er. Ce délai expiré, si les réparations
ordonnées n'ont pas été faites, le logement pourra
être déclaré insalubre et ne sera plus loué pour
habitation sans nouvel arrêté municipal. 5° Les

13

communes où la présente loi sera applicable pourront être autorisées par le préfet à s'imposer extraordinairement jusqu'à concurrence de deux centimes additionnels au principal des contributions directes pour encourager les constructions de petits logements présentant les conditions d'hygiène et de salubrité nécessaires.

Cette proposition, où l'esprit socialiste a mis fortement son empreinte, fut renvoyée à la commission de l'assistance publique. M. de Riancey, nommé rapporteur, lut dans la séance du 8 décembre 1849 un rapport dans lequel il examina successivement 1° l'état des logements affectés à la population ouvrière et pauvre ; 2° les plaintes dont ils avaient été l'objet ; 3° les remèdes qu'il convenait d'apporter à cette situation et qui ont été formulés dans le projet de loi de la commission, lequel, après discussion, est devenu la loi de 1850.

M. de Riancey et la commission s'étaient fort éloignés du terrain où M. de Melun s'était placé. M. de Melun considérait la loi à intervenir comme une loi de police sanitaire dont l'exécution devait être remise aux mains des délégués du pouvoir central ou de l'administration municipale. Il admettait bien deux membres du conseil municipal dans la commission, mais il n'avait pas songé à créer des juridictions superposées, destinées à garantir les particuliers contre l'arbitraire. Les hygiénistes à outrance, comme le docteur du Mesnil se lamentent de la place faite à l'esprit de chicane et enlevée à l'hygiène. M. de Melun n'avait pas entouré l'exercice de la loi de formalités, il avait rendu les délais aussi courts que possible. Son article 5, relatif à une taxe municipale pour la construction des petits logements, repris et défendu par M. Wolowski dans la séance du 6 mai 1850, fut rejeté par la Chambre. Le projet de la commission constituait une législation facultative, *non pas impérative;* c'est en vain que le docteur Roussel avait demandé que la loi fût obligatoire, de même qu'il avait inutilement réclamé qu'elle s'étendît aux habitations réservées à l'usage exclusif des propriétaires.

Voici d'ailleurs la législation actuelle, telle qu'elle résulte de la loi de 1850, et des arrêts du conseil d'État.

Tout conseil municipal qui le juge à propos nomme une commission chargée de rechercher et d'indiquer les mesures indispensables d'assainissement des logements et dépendances insalubres mis en location ou occupés par d'autres que le propriétaire, l'usufruitier ou l'usager (ainsi que des loges de concierge). Sont réputés insalubres les logements qui se trouvent dans des conditions de nature à porter atteinte à la vie ou à la santé des habitants.

Dans les villes dont la population dépasse 50,000 âmes, le conseil municipal peut former soit une commission de vingt membres, soit plusieurs commissions composées de neuf membres au plus et de cinq au moins. A Paris le nombre des membres peut être porté à trente. Dans les autres communes, la commission se compose de cinq à neuf membres. Elle doit comprendre un médecin, un architecte ou tout autre homme de l'art, ainsi qu'un membre du bureau de bienfaisance et du conseil des prudhommes, si ces institutions existent dans la commune. La présidence appartient au maire ou à un adjoint. Le médecin et l'architecte peuvent être choisis hors de la commune. La commission se renouvelle par tiers tous les deux ans; les membres sortants sont infiniment rééligibles.

La commission visite les lieux signalés comme insalubres. Elle détermine l'état d'insalubrité, en indique les causes et expose les moyens d'y remédier. Elle doit aussi signaler ceux des logements qui ne seraient pas susceptibles d'être sérieusement assainis. Les rapports sont déposés au secrétariat de la mairie et les parties intéressées sont mises en demeure d'en prendre communication et de produire leurs observations dans le délai d'un mois. A l'expiration de ce délai, les rapports et les observations sont soumis au conseil municipal qui détermine : 1° les travaux d'assainissement et les lieux où ils doivent être entièrement ou partiellement exécutés ainsi que les délais dans lesquels ils doivent être achevés; 2° les habitations qui ne sont pas susceptibles d'assainissement.

Un recours suspensif est ouvert aux intéressés contre ces décisions devant le conseil de préfecture, dans le délai d'un mois à dater de la notification de la délibération.

S'il est reconnu soit par le conseil municipal, soit par le conseil de préfecture en cas de recours, que les causes d'insalubrité dépendent du fait du propriétaire ou de l'usufruitier, l'autorité municipale doit leur enjoindre, par mesure d'ordre et de police, d'exécuter les travaux jugés nécessaires.

Les ouvertures pratiquées pour l'exécution des travaux d'assainissement sont exemptées pendant trois ans de la contribution des portes et fenêtres.

En cas d'inexécution des travaux dans les délais donnés, et si le logement a continué d'être occupé par un tiers, le propriétaire ou l'usufruitier est passible d'une amende de 16 à 100 francs. Si les travaux n'ont pas été exécutés dans l'année qui a suivi la condamnation et si le logement a continué d'être occupé par un tiers, le propriétaire ou l'usufruitier est passible d'une amende égale à la valeur des travaux et qui peut être élevée au double. S'il est reconnu qu'un logement n'est pas susceptible d'assainissement et que les causes d'insalubrité dépendent de l'habitation elle-même, l'autorité municipale peut, dans un

délai fixé par elle, en interdire provisoirement la
location à titre d'habitation. L'interdiction absolue ne peut être prononcée que par le conseil de
préfecture et sauf le recours au conseil d'État. Le
propriétaire ou l'usufruitier qui contrevient à
l'interdiction provisoire est passible d'une amende
de 16 à 100 francs et, en cas de récidive dans
l'année, d'une amende égale au double de la valeur locative du logement interdit. Il peut d'ailleurs habiter seul sa maison si bon lui semble.

Lorsque, par suite de l'exécution de la loi, un
bail doit être résilié, le locataire n'a droit à aucuns dommages-intérêts.

Lorsque, l'insalubrité est le résultat de causes
extérieures et permanentes ou lorsque ces causes
ne peuvent être détruites que par des travaux
d'ensemble, la commune peut, si elle le juge à
propos, acquérir, suivant les formes et après l'accomplissement des formalités prescrites par la loi
de 1844, la totalité des propriétés comprises dans
le périmètre des travaux. Les portions de ces
propriétés qui, après l'assainissement opéré, resteraient en dehors des alignements arrêtés pour
les nouvelles constructions, peuvent être revendues aux enchères publiques.

Les amendes sont attribuées au bureau ou établissement de bienfaisance de la localité où sont
situées les habitations à raison desquelles des
amendes ont été encourues.

La loi de 1850 a, comme on le voit, un caractère essentiellement communal. C'est au conseil municipal seul qu'il appartient de décider s'il est nécessaire de nommer dans la commune une commission des logements insalubres. Le conseil municipal a toute latitude dans le choix des personnes. La commission ne peut donner son avis que sur des espèces; elle ne peut agir par voie de réglementation générale. Cinq conditions sont nécessaires pour motiver l'application de la loi sur les logements insalubres, et par suite l'action de la commission : il faut qu'il s'agisse de logements ou de dépendances des logements; les logements et dépendances doivent être mis en location ou occupés par d'autres que le propriétaire, l'usufruitier ou l'usager; l'insalubrité doit être dépendante du fait du propriétaire ou de l'usufruitier; l'insalubrité doit être inhérente à l'habitation.

Lorsque l'insalubrité est le résultat de causes extérieures et permanentes ou lorsque ces causes ne peuvent être détruites que par des travaux d'ensemble, s'il s'agit par exemple de constructions trop hautes dans des rues trop étroites, la commission des logements insalubres n'est plus compétente. Dans ce cas la commune a la faculté d'acquérir par expropriation.

La commission doit visiter les logements signalés comme insalubres. Elle ne peut les visiter d'office. Dans l'intérêt du service, il importe que les signalements lui soient transmis par l'administration. Les signalements arrivent à l'administration par différentes voies. La plupart du temps, ce sont des plaintes formées par des particuliers, locataires, concierges, voisins. A Paris les membres des commissions d'hygiène d'arrondissement, les commissaires voyers, les médecins de l'état civil et des bureaux de bienfaisance, qui sont appelés par leurs fonctions à pénétrer dans un grand nombre de maisons, envoient aussi un certain nombre de signalements. Il n'est pas nécessaire que les plaintes soient signées, ces plaintes ne constituant que de simples renseignements dont la Commission se réserve d'apprécier la valeur dans les visites des logements qu'elle fait.

A Paris, dans le but d'assurer le bon fonctionnement du service, les membres de la Commission se partagent les différents quartiers de la ville. Le délégué de la Commission visite le logement autant de fois que cela est nécessaire. Dans le cas où le propriétaire ou le locataire ne voudrait pas laisser pénétrer dans le logement, le délégué doit en référer à l'administration, qui prendra des mesures nécessaires.

La Commission doit déterminer l'état d'insalubrité des logements et indiquer les causes ainsi que les moyens d'y remédier. M. Jourdain, dans son traité, dit que les causes d'insalubrité sont presque toujours les mêmes. Les unes sont intérieures comme l'agglomération des habitants, l'exiguïté des logements, l'humidité, le défaut ou l'insuffisance de jour et d'air, la malpropreté, l'absence d'eau, le mauvais état des toitures, du carrelage ou du plancher, la disposition défectueuse des cabinets d'aisances, des puisards, des appareils destinés au chauffage ou à l'éclairage. Les autres sont extérieures, comme la mauvaise odeur provenant des fosses d'aisances, des puits, des urinoirs, les dépôts d'immondices et les trous à fumier, la stagnation des eaux résultant de l'absence ou de l'état défectueux du pavage des cours, le défaut d'entretien des cuvettes d'eau ménagère, la présence des animaux domestiques. Suivant les espèces, la Commission indique les remèdes les plus propres à l'assainissement (badigeonnage, désinfection, percement d'ouvertures, etc., etc.). Contre l'encombrement, l'agglomération des habitants, la Commission est impuissante quand le logement n'est pas insalubre par lui-même et qu'il ne le devient que par la réunion d'un trop grand nombre de personnes.

Dans la plupart des communes, l'inertie, l'ignorance, les questions personnelles, ont entravé l'application de la loi *facultative* de 1850. Vainement des circulaires ministérielles ont engagé les préfets, les conseils généraux et les conseils d'hygiène à stimuler le zèle des administrations municipales. Pour 36,000 communes, il n'y avait en 1853 que

13.

228 commissions des logements insalubres réparties entre 26 départements; en 1858 il y en avait 520 réparties entre 43 départements. Vingt ans après, en 1878, les prescriptions de la loi étaient presque partout oubliées, et c'est à peine si 8 ou 10 communes les mettaient à exécution; enfin en 1883 on ne comptait pas plus de 4 à 5 villes où fonctionnent sérieusement les commissions de logement insalubres. Ce sont Paris, Lille, le Havre, Roubaix et Nancy.

Les causes de l'échec à peu près complet de la loi ne sont pas difficiles à découvrir. Le fait qu'elle s'en remettait à l'initiative des conseils municipaux, la difficulté d'organiser une Commission tant soit peu compétente dans les communes de petite ou de moyenne importance, expliquent l'insuccès. A Paris, la Commission des logements insalubres a fonctionné dès le début; de 1850 au 31 décembre 1883, elle a examiné 66,193 affaires. Cela donne une moyenne de 2000 logements insalubres que la Commission visite par an et pour lesquels elle a prescrit des travaux. Sur 2000 affaires, 30 au plus sont déférées au Conseil de préfecture. La majeure partie se terminent à l'amiable, les propriétaires acceptant en général volontiers les injonctions de l'administration, qui n'a recours à la juridiction correctionnelle que dans des cas relativement peu nombreux. Cette appréciation optimiste provient de M. Laurent, président du

Conseil de préfecture de la Seine. M. d'Haussonville, dans son livre sur la *Misère à Paris*, dit que l'exécution des décisions est paralysée par la mauvaise volonté des propriétaires, qui se laissent condamner à une amende illusoire plutôt que de se livrer à des travaux souvent onéreux.

Ceux qui ont jamais pu se bercer de l'illusion qu'une loi dans le genre de celle de 1850 peut avoir la moindre influence sérieuse sur la question du logement, doivent être cruellement détrompés depuis longtemps.

Il suffit de lire les descriptions d'un réalisme si poignant que le docteur du Mesnil (1) a faites des logements du pauvre à Paris dans le faubourg Saint-Antoine et ailleurs, celles de M. d'Haussonville, de M. Maxime du Camp, et je ne cite que les écrivains les plus connus, pour se faire une idée du peu que la loi de 1850 a réalisé et de l'immensité de ce qui reste à accomplir.

Croirait-on qu'il y a en France 219,270 maisons sans la moindre fenêtre; l'eau et la lumière n'arrivent aux misérables habitants de ces taudis que par la porte. Le député Martin Nadaud estime à six personnes par habitation le nombre des habi-

(1) Je renvoie aux brochures du Dr du Mesnil, médecin de l'asile national de Vincennes : *Une rue du faubourg Saint-Antoine en 1883*, — *L'habitation du pauvre à Paris;* — au livre du Dr Marjolin, *Études sur les effets et les causes des logements insalubres*, 1881.

tants, cela fait 1,309,600 individus qui se trouvent dans un état identique à celui des animaux. 1,856,636 autres maisonnettes ont deux croisées. Nous aurons l'occasion de dire un mot des ouvertures aux maisons : si l'eau et la lumière y pénètrent aussi peu, c'est que la contribution des portes et fenêtres est une taxe prohibitive, pesant sur les objets les plus essentiels à la jouissance de la vie. A Amiens, certaines catégories d'ouvriers s'entassent encore dans d'abominables garnis ; à Lille on compte environ 1,500 auberges dites chambrées qui ne sont l'objet d'aucune surveillance ; à Roubaix on signale des logements meublés dits ateliers, dans lesquels deux escouades d'ouvriers occupent les mêmes lits l'un pendant le jour, l'autre pendant la nuit, sans que le matériel soit changé. L'administration de l'assistance publique déclarait récemment que les logements occupés par les 39,603 ménages auxquels elle venait en aide à Paris offraient des conditions de salubrité absolument insuffisantes ; sur ces 39,603 logements abritant 101,719 indigents, 6 pour 100 étaient denués d'appareils de chauffage et 3 pour 100 ne prenaient jour et air que sur des paliers et des corridors. On a compté à Paris 3 à 4,000 familles dans la première catégorie, 2 à 3,000 dans la seconde ; les recensements officiels montrent 25 à 30,000 familles qui n'ont pour demeure qu'une seule pièce ; cinq, six personnes des deux sexes, de tout âge, vivent là ensemble; deux, trois ou quatre couchent souvent dans le même lit.

« En présence de cette situation, dit M. Maze dans son Rapport à la Chambre des députés sur une proposition de loi de M. Nadaud, on ne saurait contester la nécessité de revoir et de compléter la législation antérieure. Des vœux formels ont été émis en ce sens au congrès d'hygiène en 1878, à l'académie des sciences morales et politiques, à l'académie de médecine; plusieurs fois la Commission des logements insalubres de Paris a signalé les imperfections de la loi de 1850; ses travaux ont même abouti à un projet, qui a été soumis au préfet de la Seine. » En 1881 M. Martin Nadaud avait déposé un projet de loi qui n'a pas encore été discuté et qu'il a renouvelé devant la Chambre élue à la fin de 1885.

Ce qu'on reproche à la loi de 1850, c'est tout d'abord de n'être pas impérative, en second lieu de donner lieu à trop de lenteurs et de délais (1).

---

(1) M. Jourdain reproche à la loi de 1850 : 1° le caractère facultatif de son application; 2° le défaut de précision des causes d'insalubrité ; 3° l'impossibilité de remédier aux causes d'insalubrité existantes, soit dans l'habitation particulière des propriétaires, soit dans les locaux qui ne servent pas de logements proprement dits, mais dans lesquels l'homme peine le jour et même la nuit pour travailler; 4° la durée trop longue de la procédure; 5° l'insuffisance des moyens de répression vis-à-vis des propriétaires récalcitrants.

230 QUESTION DES LOGEMENTS

Les commissions des logements insalubres de Paris, Lille, etc., se plaignent de la juridiction administrative, auprès de laquelle le propriétaire ou le locataire incriminé peut trouver recours. Elles trouvent exorbitant et scandaleux qu'un propriétaire qui considère comme injustes et abusives les réparations qu'on lui demande, ait la faculté légale de prolonger sa résistance pendant un an. Les hygiénistes voudraient que les travaux fussent exécutés d'office immédiatement après la décision du conseil municipal, ou en cas de recours, après celle du conseil de préfecture. Ils ne sont pas satisfaits de la façon dont les tribunaux administratifs statuent parfois en faveur des propriétaires. Il était cependant nécessaire de donner des juges aux particuliers, à moins de laisser carte blanche à l'arbitraire des conseils municipaux et des commissions assainissantes. Les hygiénistes demandent qu'on associe directement les conseils techniques aux travaux des tribunaux administratifs. Ils voudraient mettre les particuliers sous l'action sans contrepoids de la Commission des logements insalubres et ils ne le dissimulent pas.

Le projet de loi de M. Nadaud ne donnait pas satisfaction aux spécialistes comme M. du Mesnil, pas plus d'ailleurs que celui élaboré par la Commission dont M. Maze a été le raporteur.

Voici l'analyse très brève du projet Maze :

Le titre premier traite de la création, obligatoire dans chaque commune, d'une commission municipale des logements insalubres ; de la composition de cette commission, de la détermination des causes générales d'insalubrité, de la définition des dépendances, des responsabilités diverses.

Dans les trois mois qui suivront la promulgation de la loi, le conseil municipal convoqué extraordinairement nommera dans chaque commune une commission chargée de rechercher et d'indiquer les mesures indispensables d'assainissement des habitations, logements, ateliers, locaux et dépendances insalubres, alors même qu'ils seraient occupés par le propriétaire ou vacants. Le nombre des membres de la Commission est laissé à l'appréciation du conseil municipal, qui le fixera suivant le chiffre et les besoins de la population ; en aucun cas, ce chiffre ne pourra être inférieur à cinq. La Commission sera présidée par le maire ou un adjoint, à Paris par le préfet de la Seine. La Commission comprendra autant que possible un médecin, un architecte ou à leur défaut un homme de l'art, ainsi qu'un membre du bureau de bienfaisance et un membre du conseil de prudhommes. Le médecin, l'architecte pourront être choisis hors de la commune et pourront faire partie de plusieurs commissions.

Sont réputés insalubres les habitations, logements, ateliers, locaux et dépendances qui se trouvent par leur mode de construction ou d'aménagement, par le défaut d'air, de lumière, d'eau ou pour toute autre cause, dans des conditions de nature à porter atteinte à la vie ou à la santé soit de leurs habitants, soit des habitants de la commune. L'insalubrité peut être inhérente à l'immeuble ; elle peut aussi résulter de l'abus de jouissance ou de l'occupant. Dans ce dernier cas, les mesures prescrites et les amendes prononcées seront à la charge du propriétaire, sauf son recours contre le locataire. Le locataire constructeur sera considéré comme propriétaire en ce qui touche les travaux d'assainissement à exécuter dans les constructions qu'il a élevées, et comme locataire pour tous les autres travaux d'assainissement.

On remarquera que ce projet diffère de la législation existante par l'obligation de nommer des commissions de salubrité, parce qu'il supprime l'immunité des immeubles occupés par le propriétaire, qu'il définit longuement les causes d'insalubrité ainsi que le terme *dépendances* qui embrasse loges de concierge, allées, couloirs, caves, escaliers, chenils, écuries, remises, étables, dépôts d'ordures, cours, courettes, impasses, etc.

Le titre second indique le rôle de la Commission municipale des logements insalubres, l'exécution de ses décisions, l'appel au conseil de préfecture et au conseil d'État, il traite des travaux partiels et d'ensemble nécessaires à l'assainissement.

Il raccourcit les délais légaux et augmente les

pouvoirs municipaux au point de vue des dépenses.
Il est plus impératif dans son langage que la loi
de 1850.

Aussitôt après sa constitution, la Commission
devra rechercher les locaux insalubres, elle déterminera l'état d'insalubrité, en indiquera les causes
et précisera les moyens d'y remédier ; elle désignera les locaux non susceptibles d'assainissement.
Elle pourra s'adjoindre des auxiliaires pour des
cas spéciaux. Ces auxiliaires seront nommés par
le maire sur la présentation de la commission ; ils
pourront recevoir une indemnité in. ptable sur un
crédit ouvert au budget municipal. Cette disposition tend à la création d'inspecteurs municipaux
des *nuisances*.

Les rapports seront déposés au secrétariat de la
mairie, et les intéressés ou leurs représentants
seront mis en demeure d'en prendre connaissance
et de produire leurs observations dans le délai de
quinze jours. A l'expiration de ce délai, les rapports et observations seront soumis au conseil
municipal, qui déterminera : 1° les travaux d'assainissement, les lieux où ils devront être exécutés,
les délais d'achèvement ; 2° les habitations non
susceptibles d'assainissement. Le maire notifiera la
décision du conseil municipal aux intéressés et
leur enjoindra par mesure d'ordre et de police
d'exécuter les travaux nécessaires. La notification
aura lieu dans le délai de huit jours. Un recours

est ouvert aux intéressés devant le conseil de préfecture, dans le délai de quinze jours à dater de la notification de l'arrêté municipal. Ce recours sera suspensif. Le conseil de préfecture sera tenu de statuer dans le délai d'un mois. S'il est reconnu que les locaux ne sont pas susceptibles d'assainissement, le maire pourra provisoirement, et pour un délai déterminé, en interdire l'habitation. Dans ce cas, avis en sera donné immédiatement aux intéressés. L'interdiction définitive ne pourra être prononcée que par le conseil de préfecture. Dans tous les cas les intéressés pourront se pourvoir devant le conseil d'État. La résiliation des baux n'emportera en faveur du locataire aucuns dommages-intérêts.

Lorsque l'insalubrité résultera de causes extérieures et permanentes ou de causes qui ne pourront être détruites que par des travaux d'ensemble, si la commune dispose de ressources ordinaires ou extraordinaires suffisantes, elle pourra acquérir la totalité des propriétés comprises dans le périmètre des travaux ; elle pourra recourir à l'expropriation dans les formes prévues par la loi de 1841. En cas d'insuffisance des revenus communaux, le département et l'État pourront accorder des subventions. Les portions de propriétés qui, après l'assainissement opéré, resteraient en dehors des alignements arrêtés pour les nouvelles constructions, pourront être revendues aux enchères publiques.

Le titre III traite des avantages et des pénalités relatifs aux travaux d'assainissement.

Il porte de trois à dix ans la durée de l'exemption de la contribution des portes et fenêtres pour les ouvertures percées pour l'assainissement.

En cas d'inexécution, dans les délais déterminés, des travaux jugés nécessaires, amende de 50 à 200 francs. — Si, après une première condamnation, les travaux ne sont pas exécutés dans un délai de six mois, nouvelle amende de 200 à 1,000 francs. Si l'interdiction définitive d'un local a été prononcée, le contrevenant est passible d'une amende de 500 à 2,000 francs. En cas de récidive l'amende pourra être portée à 3,000 francs.

Les amendes seront versées dans les caisses municipales. Elles seront attribuées à l'Assistance publique.

Le titre IV rend obligatoire la constitution des commissions cantonales d'hygiène publique, prévues par l'arrêté du 18 décembre 1848. Ces commissions cantonales se réuniront au moins une fois par trimestre, et tous les ans elles feront visiter les communes du canton par leurs membres ou par des auxiliaires nommés par le préfet.

Chaque année la commission cantonale adressera au préfet un rapport sur ses travaux en matière de logements insalubres; ce rapport sera communiqué aux conseils d'hygiène publique de l'arrondissement et du département. Chaque année le préfet adressera au ministre du commerce un rapport sur le service des logements insalubres dans le département. Le ministre du commerce présentera enfin aux chambres un rapport d'ensemble annuel sur le service des logements insalubres.

La loi sera applicable à l'Algérie. Le projet de MM. Maze et C^le sera-t-il repris dans son entier? Quand la Chambre nouvelle s'occupera-t-elle de la question? c'est ce qu'il m'est impossible de prédire.

Le gouvernement a soumis à l'examen du conseil d'État un projet de loi, qu'il a retiré. Le 13 janvier 1887, M. Lockroy a déposé le titre d'un projet de loi sur les logements insalubres, à la Chambre des députés, mais au moment où nous écrivons (mai 1887), le texte n'en a pas été distribué. Comme je le disais plus haut, M. Martin Nadaud a représenté son projet de loi, qui dort dans des cartons et n'a pas de bien grandes chances d'être discuté prochainement.

Le Comité consultatif d'hygiène publique de France s'est occupé de l'assainissement des logements insalubres et d'un projet de revision de la loi du 13 avril 1850, dans sa séance du 5 octobre 1885. Sur les rapports de l'infatigable Dr A.-J. Martin, le comité a délibéré et approuvé une série de résolutions, qu'il soumettait au ministre compétent. C'était la réponse du comité consultatif, auquel le ministre du commerce avait transmis le rapport général de M. du Mesnil sur les travaux de la commission des logements insalubres de la ville de Paris pendant les années 1877 à 1883. En même temps le ministre soumettait à la commission chargée d'examiner ce rapport le texte de la proposition de loi préparée par la commission de la chambre des députés qui avait alors mission de rechercher quelles modifications il paraîtrait nécessaire d'apporter à la loi de 1850. Après avoir pris connaissance de ces divers documents ainsi que des projets de réforme (ils étaient au nombre de neuf) que cette question a suscités depuis quelques années, le comité consultatif formula les résolutions dont on trouvera le texte en note (1).

(1) I. L'assainissement des habitations doit faire uniquement partie des attributions conférées aux conseils et aux commissions d'hygiène publique et de salubrité.

II. Pour assurer l'exercice de cette partie de leurs attributions, il est nécessaire de modifier l'organisation actuelle des conseils et des commissions d'hygiène publique et de salubrité. Le comité a proposé dans ce but, dans sa séance du 8 décembre 1884, un ensemble de dispositions spéciales.

III. L'insalubrité des habitations doit être définie de telle sorte que ces habitations ne puissent nuire à la santé de leurs occupants ni à celle des voisins. En conséquence doivent être reputés insalubres : les habitations et les établissements commerciaux ainsi que leurs dépendances, qui se trouvent dans des conditions de nature à porter atteinte à la vie ou à la santé des personnes qui les habitent, y

« La salubrité des habitations, dit M. le Dʳ A.-J. Martin dans son rapport, ne peut être garantie qu'autant que d'une part la loi ne laisse en dehors

sont occupées ou y séjournent à quelque titre que ce soit, de jour ou de nuit.

On doit notamment considérer comme dépendance des habitations les voies privées de toute nature, les cours, courettes, terrains vagues ou terrains desservant des habitations, soit que ces voies privées ou terrains et ces habitations appartiennent aux mêmes propriétaires, soit qu'ils constituent des propriétés différentes.

L'insalubrité des habitations doit être également détruite, soit qu'elle provienne de leur installation primitive, soit qu'elle soit la conséquence de modifications consécutives, quel que soit l'auteur de ces modifications, soit qu'elle ait toute autre cause et en particulier le défaut d'air ou de lumière, l'absence, l'insuffisance ou la difficulté du puisage de l'eau.

IV. Les propriétaires doivent être responsables de l'insalubrité inhérente à l'immeuble; les locataires ou occupants doivent être responsables de l'insalubrité résultant de l'abus de jouissance des locaux loués ou occupés à un titre quelconque.

V. Dans chaque département, le conseil départemental d'hygiène publique et de salubrité sera chargé de rédiger un règlement déterminant les conditions générales et locales à observer pour la salubrité des habitations à édifier ainsi que les prescriptions indispensables pour l'assainissement des habitations déjà construites, ces dernières prescriptions devant être appliquées dans un délai et sous des conditions à déterminer suivant les circonstances locales.

Ces règlements seront promulgués par les préfets, après

de son action aucune des causes propres à anni-
hiler ou à détruire cette salubrité, qu'elle oblige,
sous une sanction sérieuse et efficace, tous les

approbation du ministre, le comité consultatif d'hygiène
publique de France entendu.

VI. Aucune construction neuve ne doit être élevée avant
que le propriétaire n'ait reçu de l'administration un permis
de construction, constatant que les prescriptions règlementaires, au point de vue de la salubrité, ont été observées
dans les plans et des positions indiquées.

VII. Dans les villes et faubourgs, aucune habitation ne
doit être occupée avant que le propriétaire n'ait reçu de
l'administration un permis d'habitation constatant que les
prescriptions règlementaires précédemment imposées ont
été réalisées et que l'occupation à titre d'habitation en est
possible sans danger pour la santé publique.

VIII. Parmi les mesures à prendre en matière de salubrité des habitations, il y a lieu de distinguer les mesures
urgentes et celles qui peuvent être différées.

En cas d'urgence, déclarée par délibération expresse de
la commission du conseil d'hygiène publique et de salubrité, c'est-à-dire en cas d'épidémie, d'inondation, d'incendie ou d'autres dangers publics, et lorsque les délibérations des conseils et commissions d'hygiène publique et de
salubrité intéressent la salubrité immédiate d'une habitation, elles doivent être soumises sans délai à la ratification
du maire de la commune dans laquelle doivent être appliquées les mesures recommandées, et portées simultané-
ment à la connaissance du préfet et, en cas de besoin, du
ministre. Les décisions, dans ce cas, doivent être immédiatement exécutoires vis-à-vis des intéressés, même lorsqu'elles sont frappées d'un recours.

Dans les autres cas, les délibérations des conseils et

citoyens à la réaliser et à la maintenir et que d'autre part un service de surveillance, d'entretien, de contrôle est organisé à cet effet sur tous les points du territoire et pour tous les genres d'habitation. »

La loi du 13 avril 1850 ne satisfait pas à ces conditions; elle est insuffisante, par suite de son caractère facultatif, non impératif. Le rapporteur était d'avis qu'il convient aujourd'hui de déclarer

commissions d'hygiène publique et de salubrité doivent être notifiées dans le délai de huit jours aux parties intéressées pour qu'elles aient à s'y conformer. Les parties intéressées doivent avoir un délai de quinzaine à partir de la notification pour solliciter l'avis du conseil départemental d'hygiène publique et de salubrité, si la délibération émanait d'une commission, ou pour solliciter l'avis du Comité, si la délibération était intervenue auprès d'un conseil départemental.

IX. En cas d'inexécution des délibérations des conseils et commissions d'hygiène publique et de salubrité en matière d'assainissement des habitations, dans les délais et suivant les conditions ci-dessus énoncées, les contrevenants doivent être traduits devant le tribunal compétent de la situation de l'immeuble.

X. Que la juridiction devant laquelle sont évoquées les affaires relatives à l'assainissement des habitations soit d'ordre judiciaire ou d'ordre administratif, elle doit être tenue de prendre l'avis des comités, des commissions ou conseils dont les délibérations sont l'objet du recours.

XI. Les peines encourues en matière de contraventions aux lois, règlements et arrêtés relatifs à l'assainissement doivent être : l'amende et l'exécution des mesures prescrites.

XII. Tout propriétaire, locataire, constructeur, usufruitier que si la police sanitaire des habitations appartient en fait aux maires, sous la surveillance confiée au préfet par l'article 90 de la loi municipale du 5 avril 1884, elle est essentiellement de la compétence de l'État, qu'elle doit être contrôlée et au besoin exercée, en cas de résistance ou de mauvais vouloir, par ses agents propres. L'assainissement des habitations doit faire uniquement partie des

ou usager qui aura élevé ou laissé habiter, à quelque titre que ce soit, une contruction neuve, sans permis de l'autorité, devra être puni d'une amende de 100 à 5,000 francs.

XIII. L'article 463 du Code pénal sera applicable aux contraventions en matière de salubrité des habitations.

XIV. Faute par les contrevenants d'exécuter les mesures prescrites d'urgence ou à temps et lorsque, dans ce dernier cas, les tribunaux ont prononcé, l'Administration doit y procéder d'office et aux frais des contrevenants. La dépense en résultant sera prélevée par privilège et préférence sur les revenus de l'immeuble.

XV. Lorsque l'insalubrité est le résultat de causes extérieures et permanentes ou lorsque les causes d'insalubrité ne peuvent être détruites que par des travaux d'ensemble, la commune pourra acquérir, suivant les formes et après l'accomplissement des formalités prescrites par la loi du 3 mai 1841, la totalité des propriétés comprises dans le périmètre des travaux.

Les portions de ces propriétés qui après l'assainissement opéré resteraient en dehors des alignements arrêtés par les nouvelles constructions, pourront être revendues aux enchères publiques sans que dans ce cas les anciens propriétaires puissent demander l'application des articles 60 et 61 de la loi du 3 mai 1884.

attributions des conseils et commissions d'hygiène publique, ainsi qu'on avait décidé le décret du 18 décembre 1848. La dualité de commissions ayant de semblables attributions ne peut qu'engendrer des conflits inutiles, entraver la marche régulière des affaires et créer plutôt l'inertie. « On ne saurait admettre plus longtemps que pour un immeuble la salubrité intérieure dépend d'une commission et l'assainissement extérieur d'une autre compétence technique. » Si l'on confie aux conseils et commissions d'hygiène publique et de salubrité actuels les attributions que la loi de 1850 donne aux commissions de logements insalubres, il est à craindre qu'on n'obtienne aucun résultat satisfaisant, tant le fonctionnement en est devenu irrégulier et difficile. Le Comité consultatif d'hygiène publique de France a élaboré un projet de loi réorganisant les conseils et commissions d'hygiène et de salubrité. Ce projet comporte la création d'inspecteurs de l'hygiène publique et de la salubrité chargés de servir d'intermédiaires entre ces conseils réorganisés et l'administration, et de centraliser dans leurs mains tous les services d'hygiène aujourd'hui disséminés dans les départements entre tant de rouages administratifs divers et presque également insuffisants. Ainsi serait provoquée et surveillée l'exécution des diverses mesures prises en conformité des attributions conférées aux commissions d'hygiène publique. En ce qui concerne plus particulièrement l'assainissement des habitations, leur inspection régulière sous le contrôle des commissions consultatives paraît au rapporteur la solution la plus conforme à la nécessité de fournir au pouvoir gouvernemental et au pouvoir municipal les indications qui sont indispensables à ceux-ci pour rechercher les voies et moyens qu'il leur appartient de déterminer.

En outre on a reconnu la nécessité de fixer légalement avec plus de précision les causes d'insalubrité qui exigent des prescriptions spéciales plus ou moins immédiates et d'assurer par des dispositions législatives nouvelles l'application des mesures reconnues indispensables. La loi de 1850 manque de précision, et cela donne lieu à des difficultés soit devant les conseils municipaux, soit devant les conseils de préfecture et le conseil d'État. Ainsi le conseil d'État et le conseil de préfecture de la Seine se refusent légalement à considérer l'eau comme un des éléments indispensables à l'entretien de la salubrité dans les habitations. Un jugement du tribunal de simple police à Paris en 1885 a déclaré que l'arrêté qui ordonne au propriétaire d'amener l'eau dans une maison particulière est une atteinte au droit de propriété. Ce n'est pas là, dit le juge du fait, une mesure intéressant la salubrité publique, mais seulement la commodité et le bien-être des locataires.

Le Comité consultatif d'hygiène de France a donc cru devoir déterminer ce qui constitue l'insalubrité des habitations.

Une fois les services administratifs d'hygiène dotés d'agents, on pourra introduire l'inspection permanente et d'office. En attendant, il est indispensable qu'aucune construction ne puisse être élevée sans que les plans aient été soumis au service d'assainissement de même qu'elle ne puisse être occupée à titre d'habitation sans une autorisation spéciale du même service. Actuellement dans les villes l'administration n'autorise aucune habitation qui ne serait pas dans l'alignement et qui offrirait les dangers pour la sécurité publique; le comité consultatif demande qu'il en soit de même pour la salubrité et que les maisons soient également reçues à ce point de vue.

Comme conséquence, la procédure dans toutes les affaires litigieuses devra être rendue plus exécutive; il ne faudrait plus que des procès pussent se prolonger jusqu'à sept ou huit ans.

M. Martin propose de supprimer la distinction entre les locaux occupés par le propriétaire et ceux occupés par un locataire. Personne ne doit avoir le droit de créer un foyer d'infection chez lui. Les propriétaires seront responsables de l'insalubrité de l'immeuble, les locataires ou occupants de l'insalubrité résultant des abus de jouissance.

En cas de condamnation, il faudra, si les contrevenants se refusent à exécuter les mesures présentes, qu'elles soient faites d'office par l'administration, assimiler la persistance de l'insalubrité au cas de péril public.

Dans sa séance du 19 février 1886, la commission supérieure de l'assainissement de Paris a discuté un projet de résolutions présentées par la quatrième sous-commission sur les logements insalubres; les résolutions sont dans le même ordre d'idées que celles élaborées par le Comité consultatif d'hygiène, c'est-à-dire l'assainissement des habitations confié aux conseils et commissions d'hygiène réorganisées, assistées d'inspecteurs nommés par le pouvoir central, sans préjudice du droit des municipalités d'avoir des inspecteurs spéciaux, pouvoir donné aux inspecteurs de pénétrer dans les habitations, de proposer les mesures d'assainissement; — définition de ce qui constitue l'insalubrité; — responsabilité du propriétaire et du locataire; — faculté d'exproprier, si les causes d'insalubrité sont extérieures et permanentes ou si elles peuvent être détruites seulement par des travaux d'ensemble; — exécution d'office, s'il y a lieu, et aux frais des contrevenants, création d'un fonds spécial affecté à l'assainissement et inscrit au budget communal parmi les dépenses obligatoires; — introduction de l'obligation d'obtenir un permis d'habiter pour les constructions neuves.

14.

La législation française est, comme on le voit, dans une période de transition sur la matière des logements insalubres. Jusqu'ici elle a été, dans l'application de la loi de 1850, ce qu'on appelle en anglais *a failure;* excepté à Paris et dans quelques villes, elle est tombée en désuétude. A Paris même, il y aurait 60,000 logements insalubres, d'après M. Langlois, et je défie la loi nouvelle, quelle qu'elle soit, de remédier à cet état de choses, de faire disparaître le mal. La législation aura beau être draconienne, impérative : la mise en pratique se heurtera à des difficultés nombreuses, et les malheureux auxquels on aura voulu venir en aide ne sentiront pas une bien grande reconnaissance pour l'intervention des législateurs, des inspecteurs de nuisances et des tribunaux, dans l'hypothèse que cette intervention aboutisse à l'assainissement d'un grand nombre, de la majorité même des logements, et cela pour une raison bien simple : les travaux d'assainissement exécutés sur une vaste échelle coûtent cher, il faudra bien que quelqu'un les paye, probablement le propriétaire ou le locataire principal. Cela amènera forcément un renchérissement des loyers, et la situation du pauvre, de l'ouvrier, en sera-t-elle devenue meilleure? J'aurai occasion de revenir sur ces considérations, lorsque j'exposerai des idées théoriques sur la question du logement du pauvre.

Il est fort bien d'augmenter sur le papier les

attributions des conseils municipaux, des commissions d'hygiène, de rendre la nomination de comités de salubrité publique obligatoire, mais dans un pays démocratique comme la France, il y aura à redouter l'arbitraire des uns à l'égard des autres. Et puis est-ce que toutes ces belles prescriptions ne resteront pas lettre morte ? Il faudrait la pression constante de l'opinion publique éclairée pour forcer les autorités à l'exécution de leurs devoirs, et malheureusement cette opinion publique éclairée fait défaut. Il y aurait bien des choses d'ailleurs à dire sur les conseils municipaux, sur leur envahissement par la politique, sur leur manie dépensière, et quelques-uns sont certainement le théâtre de pratiques scandaleuses, de *jobbery*, notamment dans le Midi : du moins on les accuse ouvertement.

Avant d'abandonner le sujet de la législation française, je voudrais signaler une proposition faite par la commission des logements insalubres de Paris, dans le projet de loi qu'elle a présenté au préfet de la Seine. Reprenant une idée de M. de Melun, elle a demandé que « chaque année le conseil municipal inscrivît à son budget un crédit qui aura pour objet l'édification et l'appropriation de constructions uniquement destinées à abriter d'une manière provisoire des locataires nécessiteux expulsés en masse d'immeubles ou de groupes d'immeubles dans les cas d'interdiction totale à titre d'habitation, pour cause d'insalubrité. Ce fonds porterait le nom de fonds d'assainissement. Il va sans dire que la commission de la Chambre a repoussé cette conception financière avec une douce ironie. La commission de Paris a certainement touché du doigt une des grandes difficultés dans l'assainissement de quartiers entiers ou dans l'interdiction d'habiter un groupe d'immeubles. L'opinion publique s'est émue lors de l'évacuation d'immeubles dans la rue des *Filles-Dieu*, de la situation des misérables locataires expulsés d'immeubles incurablement insalubres et qui se trouvèrent du jour au lendemain sans domicile. La commission parisienne indique un remède, qui n'est pas du goût de tout le monde. Je crois que dans quelques villes anglaises, notamment à Glasgow, on a eu l'intention d'édifier des logements provisoires pour les locataires expulsés.

Je serais entraîné trop loin en voulant faire une comparaison entre la législation française et la législation anglaise. Les différences sont notables, mais on peut dire que le même esprit se retrouve aujourd'hui chez les réformateurs à tendance socialiste d'État.

CHAPITRE II

Une grande partie de la population ouvrière, notamment les célibataires et les nomades, ceux qui viennent chercher du travail pour un temps limité, loge en garni. Le prix d'une chambre meublée est au minimum de 25 à 30 ou 35 francs par mois : souvent deux ouvriers occupent la même chambre, surtout lorsqu'ils sont du même pays ou du même métier. Loger en garni, exerce une certaine séduction sur un nombre de travailleurs.

Je trouve dans le Rapport général du D\u1d63 du Mesnil sur les travaux de la commission des logements insalubres 1877 à 1883, des renseignements intéressants sur les logements loués en garni et sur la législation les concernant. Au début de l'année 1877, la commission des logements insalubres, émue de la situation des habitants logés dans certains garnis à elle signalés, préoccupée des dangers pouvant résulter de l'encombrement

qui devait se produire à l'occasion de l'exposition de 1878, appela sur cette question l'attention
de l'administration. Elle proposa un ensemble de
mesures par l'application desquelles elle estimait
qu'il était facile de préserver la capitale des dangers dont elle était menacée par des agglomérations de nécessiteux dans un certain nombre de
logements soustraits à toute surveillance sanitaire. Un projet de règlement fut discuté sous la
présidence du préfet de la Seine et transmis au
préfet de police qui, le 7 mai 1878, rendait une
ordonnance concernant la salubrité des logements
loués en garni. Cette première tentative resta sans
effet.

L'exposition de 1878 passa sans encombre, et
l'on accusa la commission des logements insalubres de pessimisme. Mais l'épidémie typhoïde
qui a sévi à Paris de 1881 à 1883 en même
temps que l'épidémie de variole, épidémies qui
ont surtout frappé les quartiers où existent les
mauvais garnis, ont davantage justifié les
appréhensions du docteur du Mesnil et de ses
collègues. L'Académie de médecine s'occupa de la
question et constata que l'autorité s'était bornée
à rendre une ordonnance de police restée sans
application.

M. Rochard, dans la séance de l'Académie du
14 novembre 1882, a dressé un acte d'accusation
contre les garnis en ces termes : « M. du Mesnil

a fait en 1876 le dénombrement des logements
garnis, de leurs propriétaires et de leurs locataires dans tout Paris, en les divisant par quartiers, depuis le grand hôtel jusqu'au bouge où
l'on couche à la nuit. Il vient de se livrer au
même travail pour l'époque actuelle et il est arrivé aux résultats suivants : le 1er juillet 1876, il
y avait à Paris 9,050 logeurs et 142,671 locataires; le 28 juillet 1882, 11,535 logeurs et
243,564 locataires, c'est-à-dire que tandis que le
nombre des logeurs augmentait à peine d'un
quart, celui des locataires a été triplé. Comment
s'est fait ce miracle ? de la façon la plus simple.
Les logeurs ont bondé leurs garnis. D'une chambre ils en ont fait deux. Ils ont placé vingt lits
dans des chambres qui n'en avaient que dix. Ils
ont élevé des appentis dans des cours déjà trop
étroites, et en fin de compte, ils ont réalisé l'encombrement le plus dangereux. Les conséquences
n'ont pas tardé à se faire sentir. La fièvre typhoïde
a suivi dans sa progression constante l'accroissement de la population entassée dans les quartiers
excentriques. Les arrondissements qui ont le plus
souffert, dans lesquels la maladie semble s'être
cantonnée, sont précisément ceux où le nombre
de locataires s'est le plus accru par rapport au
nombre des logeurs. Ainsi dans le xviiie le nombre
des locataires s'est élevé en cinq ans de 8,933 à
20,816, tandis que celui des garnis ne s'est élevé

que de 601 à 833. Cet accroissement de population
est dû, pour la majeure partie, à l'augmentation
croissante du chiffre des ouvriers qui viennent
chaque année de la province et de l'étranger demander du travail à Paris, attirés par les grands
travaux qui s'y accomplissent. Ce sont surtout les
ouvriers du bâtiment. » Remarquons en passant
que M. Rochard parlait d'une période de pleine
inflation de l'industrie de la construction. Depuis
lors il y a eu un singulier ralentissement dans
les travaux, et de bonnes autorités croient que la
population ouvrière a diminué de nombre à Paris.

Il est certain en tout cas que ce sont les ouvriers venus du dehors, débarqués depuis peu,
jeunes, mal nourris, logeant dans les garnis les
plus insalubres, qui payent le tribut le plus fort à
la fièvre typhoïde comme aux autres épidémies.

L'ordonnance du 25 octobre 1883 du préfet de
police a remplacé celle de 1878, en la modifiant
dans le sens réclamé par les hygiénistes (1).

L'article premier définit ce qu'il faut entendre
par *logeurs de profession*, astreints à l'exécution
des dispositions réglementaires. Ce sont les personnes qui louent en *garni* tout ou partie d'une
maison, soit dans les termes et délais en usage

(1) Le préfet de police cite l'ordonnance de police de 1778,
les lois de 1700, 1701, de 1850, les ordonnances de 1832,
concernant les aubergistes, maîtres d'hôtels garnis, celles
de 1853 et de 1878.

pour les locataires en garni, soit dans les termes et délais déterminés par le droit commun pour les locations en général.

Les articles 2 à 6 traitent de l'installation des garnis. Aucune maison ne pourra être livrée à la location en garni qu'après une déclaration faite à la Préfecture de police. Cette déclaration devra être accompagnée d'un certain nombre de pièces, acte de naissance, etc., et d'un état indiquant le nombre des chambres devant être louées en garni avec leurs dimensions exactes ainsi que le nombre de lits contenus dans chacune d'elles. Le logeur ne peut recevoir des locataires qu'à partir du jour où il lui aura été délivré par la préfecture de polic un récépissé de sa déclaration. Ce récépissé ne sera accordé que si le logeur présente, au point de vue de la moralité, des garanties suffisantes et si les locaux sont reconnus salubres. La déclaration doit être renouvelée toutes les fois que le garni sera tenu par un nouvel exploitant.

L'ordonnance passe ensuite aux mesures d'ordre (7 à 10), elles sont relatives à l'enseigne que le logeur doit avoir constamment sur la porte d'entrée, — au numérotage des chambres meublées, — à la tenue d'un registre pour l'inscription immédiate des voyageurs, au visa de la police. Il est défendu aux logeurs de donner retraite aux vagabonds, mendiants et gens sans aveu, — de recevoir habituellement des filles de débauche.

Les mesures de salubrité font l'objet des articles 11 à 24.

Le nombre des locataires qui pourront être reçus dans chaque chambre sera proportionnel au volume d'air qu'elle contiendra. Ce volume ne sera jamais inférieur à 14 mètres cubes par personne. La hauteur sous plafond ne devra pas être inférieure à 2^m,50. Le nombre maximum des personnes qu'il sera permis de recevoir dans chaque pièce y sera affiché d'une manière apparente. Le sol des chambres sera imperméable et disposé de façon à permettre de fréquents lavages, à moins qu'il ne soit planchéié et frotté à la cire ou point au siccatif. Les murs, les cloisons et les plafonds seront enduits en plâtre, ils seront maintenus en état de propreté, peints à l'huile ou badigeonnés à la chaux. Les peintures seront lessivées ou renouvelées au besoin tous les ans. Les chambres devront être convenablement ventilées. Les *chambrées*, c'est-à-dire celles qui contiennent plus de quatre locataires, devront être pourvues d'une cheminée ou de tout autre moyen d'aération permanente. Il est défendu d'admettre dans les chambrées des personnes de sexe différent. Il est interdit de louer en garni des chambres qui ne seraient pas éclairées directement ou qui ne prendraient pas air et jour dans un vestibule ou dans un corridor éclairé lui-même directement. Il est interdit de *louer des caves* en garni, — les sous-sols ne pourront être loués en garni qu'en vertu d'autorisation spéciale. Il n'y aura pas moins d'un cabinet d'aisances pour chaque fraction de vingt habitants. Ces cabinets, peints en blanc et tenus dans un état constant de propreté, seront suffisamment aérés et éclairés directement. Un réservoir ou conduit d'eau en assurera le nettoyage ; à défaut, une désinfection journalière sera opérée au moyen d'une solution.

Chaque maison louée en garni sera pourvue d'une quantité d'eau suffisante pour assurer la propreté et la salubrité de l'immeuble et pour subvenir aux besoins des locataires.

Un service spécial d'inspecteurs de la salubrité des garnis est chargé de s'assurer que les conditions exigées par la présente ordonnance sont remplies. Les logeurs sont tenus de les recevoir aussi souvent qu'ils se présenteront.

Toutes les fois qu'un cas de maladie contagieuse ou épidémique se sera manifesté dans un garni, la personne qui tiendra ce garni devra en faire immédiatement la déclaration au commissariat de police de son quartier ou de sa circonscription, qui le transmettra à la préfecture de police. Un médecin délégué de l'administration ira constater la nature de la maladie et provoquer les mesures propres à en prévenir la propagation. Le logeur sera tenu de déférer aux injonctions qui lui seront adressées à la suite de cette visite.

La non-exécution des prescriptions pourra entraîner le retrait du récépissé de la préfecture.

Les maires, commissaires de police, chefs de la police municipale, sont chargés de tenir la main à l'exécution de l'ordonnance.

M. du Mesnil se déclare satisfait de ce nouveau règlement, sauf en ce qui concerne la location de pièces prenant jour et air sur un vestibule ou un corridor, et non communiquant avec l'extérieur directement.

Immédiatement après la publication de cette ordonnance, la Préfecture de police a organisé un service sanitaire des garnis. La Commission des logements insalubres a célébré cela comme une grande victoire, elle se déclare convaincue que les dangers signalés vont disparaître (1).

Un arrêté de janvier 1885 du préfet de police concerne la réorganisation et le fonctionnement du service d'inspection sanitaire des logements loués en garni à Paris. Le nombre des inspecteurs est porté à dix inspecteurs titulaires et à quatre

---

(1) Au 1er octobre 1882, il y avait 11,535 *logeurs*, répartis en cinq classes. La première classe comprenait 66 maisons dont 2 dans le quartier du Palais-Royal, 19 dans celui de la place Vendôme, 12 dans le quartier Gaillon, 4 aux Champs-Élysées, etc. Ce sont les hôtels de premier et deuxième rang. Naturellement, dans les quartiers où ils se trouvent, il y a peu de logeurs de quatrième et cinquième classe, dont il existait 8,105 et 1,470 respectivement. Ces derniers se trouvent dans les quartiers populeux.

suppléants. Le traitement des inspecteurs titulaires est fixé à 3,000 francs, il leur est alloué en outre une somme de 500 francs par an pour frais de déplacement; les inspecteurs suppléants reçoivent une indemnité mensuelle de 125 francs. Le territoire de la ville de Paris est divisé en dix circonscriptions; un inspecteur titulaire est attaché spécialement à chacune, il devra visiter au moins une fois par an tous les logements livrés à la location en garni dans sa circonscription. Tout garni nouvellement ouvert ou ayant changé de propriétaire devra être visité dans un délai de cinq jours; tout garni dans lequel se serait déclaré un cas de maladie contagieuse devra être visité d'urgence par l'inspecteur titulaire de la circonscription, en vue des mesures à prendre. Les notes concernant chaque garni visité sont adressées au préfet de police. Au mois d'octobre de chaque année, chaque inspecteur fait un rapport général (1).

Pour les communes suburbaines du ressort de la préfecture de police, un service spécial d'inspection permanente au point de vue de la salubrité des garnis a été institué par arrêté de décembre 1884, conformément à la délibération du Conseil géné-

(1) D'après les chiffres que me communique le 2e bureau de la 2e division de la préfecture de police, il y a 12,092 garnis dans Paris.

ral de la Seine du 24 novembre 1884. Le territoire en dehors du périmètre de la ville de Paris
a été divisé en quatre circonscriptions suburbaines, à chacune desquelles est attaché un inspecteur de la salubrité des garnis, — ses attributions sont les mêmes que celles de ses collègues
de Paris (1).

Le service d'inspection fonctionne depuis une
année seulement, l'administration croit qu'elle a
déjà pu faire beaucoup de bien.

Les objections qui se dressent contre une action
de l'État et des municipalités dans le domaine du
logement particulier des individus perdent presque toute leur force lorsqu'il s'agit des garnis. Il
me semble même que la surveillance efficace des
autorités locales peut s'exercer avantageusement
de ce côté. Les prescriptions d'hygiène doivent se
borner toutefois au strict nécessaire, — à un
cube d'air suffisant, à de l'eau, à une propreté
relative, mais il faut tenir la main à leur exécution. Si l'on pouvait arriver à assainir les garnis,

---

(1) La première circonscription comprend Boulogne,
Saint-Cloud, Sèvres, Meudon, Vanves, Bagneux, Sceaux,
Choisy-le-Roi, Arcueil, Vitry, etc. : 873 garnis; la se-
conde, Charenton, Bonneuil, Vincennes, Nogent-sur-Marne,
Bondy, etc. : 903 garnis; la troisième, Puteaux, Suresnes,
Neuilly, Clichy, Asnières, etc. : 994; la quatrième Saint-
Ouen, Saint-Denis, Épinay, Enghien, Aubervilliers, Drancy,
etc. : 927 garnis.

on aurait beaucoup contribué à améliorer la condition des ouvriers parisiens, dont un si grand nombre loge en meublé, à la semaine ou à la nuit, le prix d'un lit variant de 40 centines à 1 franc (1).

(1) La chambre syndicale des hôteliers-logeurs de Paris a réclamé du Conseil municipal l'abrogation des ordonnances de police de 1878 et de 1883, qui ont imposé aux logeurs en garni, entre autres obligations, celle de ne recevoir dans chaque chambre qu'un certain nombre de locataires, proportionnel au volume d'air qu'elle contient, calculé sur le chiffre de 14 mètres cubes par personne, la hauteur sous plafond ne devant pas être inférieure à 2^m,50.

La 7e commission du Conseil propose l'ordre du jour sur la pétition de la chambre syndicale, et demande au préfet de police de rendre obligatoire pour les logeurs en garni l'apposition, soit à la porte de la chambre, soit dans un local apparent, d'une plaque indiquant le nombre maximum de locataires que peut recevoir cette chambre.

Au 30 juin 1886, on comptait à Paris 10,749 logeurs, possédant 172,383 chambres avec 185,001 lits pour 222,644 locataires.

En 1878, on comptait 9,207 garnis avec 132,643 locataires; le nombre des garnis ne s'est donc élevé que de 20 p. 100 contre 80 p. 100 de locatai . Avril 1887.

CHAPITRE III

Paris (1), au commencement du siècle, comptait 600,000 habitants. Lors du recensement de 1856, le chiffre s'élevait à 1,174,000 dans les limites de l'ancien mur d'octroi. En 1861, après l'annexion des communes suburbaines, la population répandue sur un espace presque double atteignit près de 1,700,000 habitants. En 1881, après le dernier recensement, elle était de 2,240,000. De 1876 à 1881, l'augmentation annuelle moyenne a dépassé cinquante mille âmes (1). Les résultats provisoires du recensement de la population de fait, en mai 1886, indiquent 2,256,000. .

(1) Voir Ch. Lavollée, « La ville de Paris et l'administration municipale, » dans la *Revue des deux mondes*, 1884, et E. Levasseur, membre de l'Institut, *les populations urbaines en France comparées à celles de l'étranger*. Chez Picard, 1887.

De 1800 à 1881, la population a augmenté de 313 p. 100. En 1675, elle était de 540,000 habitants, en 1794 de 647,000, en 1801 de 546,856.

L'accroissement de la population a suivi, sauf quelques interruptions, une progression continue, régulière. Les causes qui agissent ici se retrouvent dans beaucoup de grandes villes, à Berlin tout comme à Paris : un mouvement général entraîne les habitants des campagnes vers les grandes cités, particulièrement vers les capitales, il semble qu'on doive y trouver plus facilement du travail et des salaires élevés ; en outre l'attraction que Paris exerce ne s'étend pas seulement aux nationaux, elle atteint les étrangers qui viennent grossir les rangs serrés de la population et augmenter la concurrence dans la lutte pour l'existence sous toutes ses formes (1).

Sur ce total de 2,240,000 habitants, en 1881, 721,000 sont nés à Paris, c'est le tiers environ ; 86,000 dans les communes du département de la Seine, 1,266,000 en province, 167,000 à l'étranger. Les étrangers, qui figurent dans le total pour

---

(1) On compte à Paris plus de 80,000 ouvriers étrangers, soit 75 étrangers sur 1000 habitants contre 13 à Berlin (Rapport de M. Spuller sur l'enquête des 44. 1885). En 1851, les étrangers figuraient à raison de 5 p. 100.

	EN 1866	N 1881
Belges......................	22,782	45,281
Allemands-Alsaciens	27,007	31,100
Italiens..................	6,707	21,577
Suisses	6,622	20,810

Les Allemands ont peu augmenté, les Belges ont doublé, les Suisses et Italiens triplé.

18.

plus de 7 p. 100, sont surtout des Belges, des Allemands et Alsaciens, des Italiens et des Suisses. Le
nombre des représentants de ces quatre nations
a doublé et triplé de 1866 à 1881. Ils se trouvent
surtout dans les arrondissements de commerce et
d'industrie, 9°, 10°, 11°, 18° et 19°. Paris s'accroît
principalement par l'immigration. L'élément ouvrier figure pour la plus grosse portion dans l'immigration. Paris attire non seulement celui qui
veut jouir de la vie, mais surtout celui qui veut
travailler et gagner son pain quotidien. Les familles d'ouvriers composent la moitié de la population de Paris. C'est une proportion considérable.
Avant 1860, les nombreuses usines installées dans
les communes suburbaines étaient voisines du
principal centre de consommation et exemptes des
droits d'octroi. Lorsque l'annexion des communes
suburbaines fut décidée, quelques usines se dépla-
cèrent pour échapper aux taxes, mais la plupart
demeurèrent et furent comprises avec leur personnel d'ouvriers dans l'enceinte des fortifications.
De là une première cause d'augmentation dans le
chiffre de la population ouvrière. En même temps
les travaux de construction et de voirie prirent un
développement inusité. Paris se transformait ;
toutes les industries semblaient assurées d'une longue période de prospérité et d'activité. Il y eut
donc pour les divers genres de travaux un abon-
dant emploi de la main-d'œuvre, une hausse très

sensible dans le taux des salaires et par suite une
immigration croissante d'ouvriers. Les créateurs
du nouveau Paris, l'empereur Napoléon III et le
baron Haussmann, avaient entrevu et souhaité un
autre résultat. Ils s'attendaient à une diminution
de la population ouvrière, que la disparition des
vieux quartiers et le déplacement de grandes
usines semblaient devoir éloigner de la capitale.
Il n'en fut rien. Paris agrandi garda ses usines et
ses ouvriers durant la période de prospérité qui
suivit l'annexion. C'était conforme aux tendances
de l'industrie moderne; jadis on recherchait les
campagnes à cause de la main-d'œuvre à bon marché et la proximité des cours d'eau pour assurer
un transport peu dispendieux. Aujourd'hui on
se rapproche des cités populeuses, où il est facile
d'augmenter et de diminuer l'effectif des travailleurs, où l'on est à proximité des banques, des
gares de chemins de fer, des approvisionnements
de toute sorte. La cherté relative de la main-d'œuvre
est contrebalancée par d'autres avantages. Cette
concentration de l'industrie sur certains points privilégiés est un fait acquis. Paris restera une grande
ville industrielle.

On sait qu'elle subit en ce moment une crise
industrielle et commerciale qui est la suite d'une
inflation extraordinaire dans le domaine de la
bourse et de la construction des maisons. L'industrie parisienne a vu certains débouchés se res-

treindre à l'étranger par suite d'une concurrence de plus en plus active des contrées rivales. M. Leroy-Beaulieu (1), qui a suivi attentivement toutes les phases de cette crise, s'est fondé sur certaines données statistiques, telles que la consommation de la viande, pour conclure à une diminution de la population depuis 1882 : il l'évaluait à 150,000 habitants. Le recensement de 1886 a fait la lumière sur ce point. La crise qui a sévi depuis quelques années a marqué son influence, sinon par une diminution de population, du moins par une progression insignifiante, 15,000 âmes en cinq ans !

On comptait au 1er janvier 1884 à Paris 80,000 propriétés bâties (2) environ, contenant 1,102,000 locaux distincts dont les deux tiers (755,000) sont consacrés à l'habitation et le tiers (346,000) à l'industrie. Dans la première catégorie, les appartements au-dessous de cinq cents francs figurent pour les trois quarts (585,902 logements représentant une valeur locative de 128 millions de francs). D'après M. Yves Guyot, il y avait, en 1884, 472,000 logements au-dessous de 300 francs. Depuis 1879, le nombre des très petits logements a augmenté de

---

(1) *Économiste français* du 7 novembre 1885.

(2) Le terme de *propriétés bâties* n'est que synonyme du mot *maison*. Le nombre des maisons est sensiblement inférieur à celui des propriétés bâties. D'autre part les édifices publics ne sont compris à aucun titre dans ce tableau.

42,901, ou de près de 8 p. 100. Les appartements modestes de 500 à 749 francs dont il y a 72,012, représentant une valeur locative de 41 millions et demi de francs, se sont accrus de 10,935 ; ceux de 750 à 999 francs ont augmenté de 3,850 (24,977 logements d'une valeur annuelle de 20 millions et demi). C'est donc 57,600 logements nouveaux qui ont été offerts, déduction faite des démolitions, aux ouvriers et à la toute petite classe moyenne, du 1er janvier 1879 au 1er janvier 1884. On s'est donc trompé lorsqu'on a affirmé qu'on ne construisait pas de maisons pour les ouvriers, pour les employés et les petits rentiers. Il est vrai qu'on a relativement construit plus de logements pour la classe moyenne ; le nombre des appartements à son usage a augmenté dans la proportion de 15 à 20 p. 100, tandis que pour les logements de luxe, au-dessus de 6,000 francs, l'accroissement a été de 30 à 40 p. 100. Le chiffre des logements vacants à louer est considérable, surtout pour cette dernière catégorie.

Ce sont les familles d'artisans et d'ouvriers, comprenant environ 1,150,000 personnes, qui occupent les logements modestes (1) où, malgré les pres-

(1) La composition des logements (combien de 1, 2, 3 pièces) n'est malheureusement pas fixée par la statistique pour Paris. Le Dr Jacques Bertillon souhaiterait de voir exécuter cette grosse entreprise, mais on a reculé devant la dépense considérable qu'elle nécessiterait. En

criptions de la loi et malgré la vigilance de la police, les conditions essentielles de la salubrité sont malheureusement très négligées.

D'après M. Levasseur, Paris renferme 29,000 habitants par kilomètre carré, soit 290 par hectare : il en avait 489 par hectare au xviie siècle et 340 en 1856 avant l'annexion de la banlieue et les grands travaux de l'édilité impériale. L'arrondissement le plus dense, le Temple, avait 813 habitants par hectare en 1881 et 856 en 1861. Le quartier le plus dense, Bonne-Nouvelle, arrondissement de la Bourse, est resté à peu près stationnaire : 1,159 habitants en 1861 et 1,165 en 1881 par hectare. Paris est une des villes où la population paraît le plus pressée, cependant ce n'est pas à beaucoup près la ville où la densité soit la plus grande. La densité par hectare bâti y est de 392 habitants, contre 637 à Vienne, 657 à Berlin.

Les grands travaux de voirie nécessaires pour la circulation et l'assainissement ont éloigné du centre et refoulé vers les faubourgs une partie nombreuse de la population. Toute la partie centrale, Louvre, Bourse, Temple, Hôtel-de-Ville, a moins d'habitants en 1886 qu'en 1861. La cherté des loyers a fait refluer vers la périphérie les ateliers et les

1880, à Berlin, 74 p. 100 de la population vivaient dans de petits logements, dont 1 p. 100 était composé d'une chambre *non chauffable*; 44 p. 100 n'avaient qu'une seule pièce qu'on pût chauffer et 27 p. 100 deux pièces.

ouvriers. Au Nord, Batignolles, Monceaux, au Sud, Vaugirard ont presque doublé. Il a été dépensé des millions pour l'embellissement de la capitale, on a *percé* depuis vingt-cinq ans de larges artères, qui sont bordées de belles maisons, on a élevé des édifices somptueux, mais il reste encore des quartiers trop nombreux que le manque d'air et de lumière, l'humidité, l'entassement et la saleté des habitants transforment en des foyers permanents d'infection physique et de dégradation morale. Paris possède dans ses faubourgs et même dans son centre, à côté de larges et splendides boulevards, un nombre considérable de maisons, de rues dont il serait difficile d'exagérer la saleté, l'insalubrité, les conditions vicieuses de toute sorte.

Prenez par exemple le cinquième arrondissement. Tout près de la fontaine Saint-Michel, si l'on s'engage dans la rue de la Huchette, dans la rue du Petit-Pont, la rue Saint-Julien-le-Pauvre, la rue Galande, la rue des Anglais, on pourra s'écrier comme le touriste dont parle M. Langlois dans la revue *Le Correspondant :* « C'est l'enfer à la porte du paradis. » Dans le rectangle étroit, chargé de hautes et vieilles constructions, qui est borné par la place Maubert, le boulevard Saint-Germain, le boulevard Saint-Michel, les quais Saint-Michel et de Montebello, est une agglomération considérable de personnes adonnées aux humbles professions d'hommes de peine, balayeurs, balayeuses, et

autres métiers inférieurs. Elles se sont logées là
pour être près de l'endroit où elles travaillent et
elles tiennent à ce quartier, puisqu'aucune chambre n'y reste longtemps vacante. Les logements y
sont fort chers. Un appartement de deux chambres
ne vaut pas moins de 280 francs. Une seule chambre se paye 150 et souvent 200 francs. Il n'est pas
facile de se faire une idée de ce que sont ces logements, si l'on n'a pas l'habitude de fréquenter les
quartiers qui servent d'asile et de refuge à la misère.
Dans presque toutes les maisons qui bordent ces
ruelles, dit encore M. Langlois, surtout dans les
pièces des étages inférieurs, il est presque impossible de lire ou de travailler sans lumière, en plein
midi. La plupart des logements, qualifiés de logements à deux pièces et loués comme tels 280 francs
par an, n'ont qu'une pièce donnant sur la rue et
une petite cuisine éclairée par une lucarne donnant
sur la cour intérieure, souvent aussi dans l'escalier.

Pénétrez dans l'allée étroite et sombre qui conduit à l'escalier de ces maisons, vous serez pris à
la gorge par l'odeur fétide des ordures ménagères
et des latrines; en avançant à tâtons, vos pieds
heurteront la première marche de l'escalier;
montez l'escalier, d'étage en étage, des émanations
délétères empoisonnent l'atmosphère. La cour
sert de réceptacle aux immondices jetées par la
fenêtre et qui s'y putréfient. C'est dans les petites
pièces de ces bouges que s'entassent des familles de

cinq ou six personnes et souvent davantage. Il est,
par exemple dans la rue Galande, des maisons de
dimensions modestes, qui comptent cent cinquante habitants.

Le même spectacle, le même entassement se
retrouvent dans plus d'une portion du vieux Paris,
par exemple dans certaines ruelles latérales qui
aboutissent à la rue Vieille-du-Temple, ou aux rues
Saint-Denis et Saint-Martin, surtout dans la rue
Sainte-Marguerite, au faubourg Saint-Antoine. Si
l'on monte jusqu'aux quartiers de Charonne, de
Belleville, de la Villette, qui ont été autant de villages suburbains et qui forment aujourd'hui les
19e et 20e arrondissements, l'agglomération, quoique
fort grande, y est moindre que dans le vieux Paris :
les maisons y sont généralement moins élevées,
les rues principales plus larges et mieux aérées,
mais à ces grandes artères du quartier aboutit une
quantité prodigieuse de cités ou d'impasses ; les
masures qu'elles contiennent sont généralement
construites par un spéculateur de bas étage qui a
loué le terrain à long bail et a élevé sur le sol
même, dans les conditions les plus économiques
et les plus défectueuses, des cabanes en planches
ou en plâtras qu'il loue à des prix exorbitants :
140 ou 200 francs par an la chambre ; il retire de
sa spéculation un bénéfice annuel de 20 à 25 p. 100,
ce qui lui assure une petite fortune à l'expiration
du bail du terrain, surtout s'il a joint au commerce

de loueur celui de débitant de boissons. Étonnez-vous après cela de la haine de l'ouvrier contre les propriétaires ! Il est curieux de remarquer l'analogie entre les cours infectes de Londres où un locataire principal exploite les malheureux sous-locataires dans des maisons louées à bail emphytéotique (il se fait également 20 à 25 p. 100 par an), et ces habitations de Paris. Le bail emphytéotique se retrouve des deux côtés du détroit, bien qu'il ne soit pas ordinaire pour les maisons en France.

L'Assistance publique de Paris a souvent figuré et figure encore parmi les propriétaires qui louent leur terrain dans ces conditions. La cité des Kroumirs, disparue aujourd'hui grâce aux efforts du Dr du Mesnil et sous la pression de l'opinion publique, était bâtie sur les terrains de l'Assistance publique.

Dans les quartiers à population moins agglomérée comme le 13e et le 14e arrondissements, les habitations, aussi pauvres et presque toujours fort sales, sont moins malsaines, car les vastes espaces encore dépourvus de constructions assainissent considérablement cette portion de Paris. La santé y est généralement moins mauvaise qu'à Charonne ou au faubourg Saint-Antoine. C'est de ce côté qu'on rencontre les *cités ouvrières*, dont les plus connues sont la *cité Jeanne d'Arc* et la *cité Doré*, l'une à droite, l'autre à gauche du *boulevard de la tiare.* La *cité Jeanne d'Arc* comprend huit immeubles à plusieurs étages, divisés en 1,200 logements et contenant plus de 2000 personnes. Les escaliers sombres et glissants sont moins éclairés et plus dangereux le soir qu'aucune partie de la voie publique au milieu de la nuit. Leur infection défie toute description. Pour consentir à y loger, il faut que le père de famille soit réduit au dernier dénuement. Telle est l'immoralité de ces grandes agglomérations que la mère, en vous parlant de ce logement, s'excuse spontanément d'y être venue habiter (1).

Si du 13ᵉ arrondissement on revient à *la Chapelle*, à *Montmartre* et qu'on entre dans des maisons de bonne apparence, on apprend que les familles à nombreux enfants ne sont pas tolérées. Pour y être admis au jour du terme, les parents n'avaient qu'un ou deux enfants; les autres sont prêtés à quelque voisin complaisant; plusieurs jours s'écoulent, il en revient un, puis la semaine suivante on en fait rentrer un autre. Seulement, dès que le principal locataire faisant fonction de concierge constate qu'il y a quatre enfants dans le logement, il donne congé. Le docteur du Mesnil a constaté le même fait (2).

(1) Georges Picot, *Un devoir social*, page 30.
(2) « Dans ce charnier, dit-il en parlant du clos Macquard, au milieu de ces misères profondes, nous trouvons quelques intérieurs que le locataire a su rendre à peu près

Depuis quelques années, il existe un nouveau genre d'habitations dans certains quartiers excentriques. Les chiffonniers et toute une population indigente et nomade ont construit dans divers quartiers, surtout dans les terrains vagues voisins des fortifications, des huttes en planches qui forment le dernier degré de l'habitation du pauvre. Aucune canalisation des eaux, pas d'écoulements ni de fosses, des cabanes en planches mal jointes, parfois de vieilles voitures de saltimbanques, sans roues, posées sur des tréteaux, forment l'abri de ces malheureux. Dans la cité Doré, suivant l'expression d'un rapport officiel, toute une population grouille dans l'obscurité humide, d'un dédale de ruines.

L'encombrement des logements à Paris et la hausse des loyers sont, d'après M. Picot, des phénomènes relativement récents. Ils datent de vingt-cinq à trente ans. Les grands travaux d'embellis-

habitables par des prodiges de soin et de propreté. A ceux-là nous demandions comment avec des habitudes d'ordre, de propreté, ils pouvaient venir loger dans de tels taudis. « C'est que nous avons une nombreuse famille et que les propriétaires de nos maisons ne toléraient pas les enfants. »

Quelques jours après, nous étions à la préfecture de police, quand se présenta un ménage jeune, de bon aspect ; il demande à être rapatrié gratuitement. On lui fait valoir que le travail ne manque pas à Paris. « C'est vrai, disent-ils, mais nous avons une famille nombreuse et les propriétaires ne veulent pas de nous. »

sement et d'assainissement ont eu ce contre-coup de chasser la classe ouvrière des maisons dont elle habitait les étages supérieurs et de la refouler au loin ; mais ce mouvement ne pouvait être général. Il est beaucoup de professions qui retiennent ceux qui les exercent à proximité de leur travail. Il se produisit alors deux faits absolument distincts : dans l'intérieur de Paris, de vieilles maisons reçurent un nombre disproportionné de locataires, auxquels manquaient à la fois l'air, la lumière et la place ; tandis qu'au loin des spéculateurs, de petits entrepreneurs, des maçons, élevaient de médiocres maisons dont ils louaient aux ouvriers les chambres à peine achevées. Le plus souvent le propriétaire disparaissait, laissant les ennuis d'une perception difficile au principal locataire, qui convertit en logements des boutiques, des remises, divisant et subdivisant les chambres.

Je n'insisterai pas. Ceux qui voudraient contempler les tableaux d'une misère abjecte, navrante, malsaine, tableaux qu'on retrouve tout semblables à Paris, à Berlin et à Londres, n'ont qu'à consulter les études du docteur du Mesnil et celles de M. d'Haussonville.

Il se dégage dès l'escalier une atmosphère méphitique, une odeur de moisi et d'humidité qui saisit à la gorge. Les ordures sont entassées sur l'escalier ou dans la cour. Les chambres sont peu élevées, la saleté des générations successives s'étend en couches épaisses du plafond au parquet, elle suinte le long des murs; jamais un coup de balai n'a été donné. L'ameublement est en rapport avec le reste.

Les chambres uniques valent au minimum 80 francs. Dans la proximité des fabriques, elles s'élèvent jusqu'à 150 francs. Avec un petit cabinet elles montent à 200 et 300 francs. La division des sexes n'a lieu en aucun de ces logements. Il faut arriver à trois chambres pour que la séparation soit possible. Or, d'après M. Picot, les trois chambres sont un luxe fort rare dans la classe ouvrière, car elles valent partout plus de 300 francs. Pour mettre un prix aussi élevé à son loyer, il faut que l'ouvrier gagne 7 à 8 francs par jour.

Dans les quartiers excentriques, tels que ceux de la Maison-Blanche et de la Salpêtrière (13° arrondissement) ou certaines portions des 19° et 20° arrondissements, deux pièces peu vastes sans cuisine se louent généralement 250 francs par an; deux pièces avec petite cuisine, 280 à 320 francs; trois pièces et une cuisine, le tout fort étroit, montent à 400 francs par an. Et encore tous ou presque tous ces logements sont défectueux au point de vue de la salubrité et de la propreté. Dans une série d'immeubles neufs construits au coin des rues de Tolbiac et de l'Espérance (13° arrondissement) que leurs habitants n'ont pas encore eu le temps de

salir et qui ont l'eau et le gaz à tous les étages, —
immeubles construits dans les conditions les plus
économiques, il faut monter au cinquième étage
pour obtenir deux petites pièces et une cuisine
plus petite encore au prix de 280 à 290 francs par
an ; les mêmes appartements se louent aux étages
inférieurs 320, 350, 380 francs ; ceux qui comptent une pièce de plus vont de 400 à 500 francs et
au-dessus, selon les étages.

Dans les procès-verbaux de la commission
chargée de faire une enquête sur la situation des
ouvriers de l'industrie et de l'agriculture en France
et de présenter un premier rapport sur la crise
industrielle à Paris (commission des 44, février 1884), on trouve de nombreuses dépositions
se rapportant à la question des loyers. Le loyer
moyen pour une famille est évalué par les déposants entre 300 et 350 francs. Les colleurs de
papier qu'on a entendus ont dit que dans les quartiers excentriques on peut se loger pour 250 francs,
mais il faut ajouter 50 centimes pour frais de voiture (? *sic*) par jour, ce qui porte le loyer à
400 francs. Un déposant qui est un ancien ouvrier,
M. Lyonnais, a donné le budget d'un ménage
de quatre personnes existant dans des conditions normales, que je crois devoir reproduire
ici :

Nourriture......................	1.350.95
Chauffage, éclairage...........	321.50
Entretien......................	150.00
Loyer..........................	300.00
Total..............	2.022.45

et dont le détail se trouve en note (1).

(1) Année 1884, quatre personnes.

1º Nourriture :

	par an.	par jour.
Pain.......................	365.00	1.00
Vin........................	255.00	0.70
Alcool.....................	18.25	0.05
Viande et triperie.........	365.00	1.00
Fruits et légumes..........		
Beurre.....................	109.50	0.30
Jardinage..................		
Œufs.......................	18.25	0.05
Fromages...................	9.10	0.025
Poisson....................	9.10	0.025
Poivre, sel................	18.25	0.05
Café, lait, sucre..........	146.50	0.40
Total..............	1.350.95	3.70

2º Chauffage, éclairage, etc. :

	par an.
Chauffage..........................	60.00
Éclairage..........................	36.50
Blanchissage.......................	52.00
Cirage, fil, boutons, balais.......	18.25
Tabac..............................	36.50
Journal............................	18.25
Total..............	221.50

3º Entretien :

Vêtements......	Mari............	40 fr.	100
	Femme...........	30 —	
	Enfants.........	30 —	
Chaussures.....	Mari, 2 paires...	20 —	50
	Femme, 2 paires.	15 —	
	Enfants, 4 paires.	15 —	

4º Loyer.. 300

Ensemble............ 2.022.45 (5.53 p. j.)

M. d'Haussonville et d'autres publicistes estiment que l'ouvrier adulte peut se nourrir suffisamment à Paris avec 1 fr. 75 par jour. Cette affirmation a été vivement critiquée par certains ouvriers devant la commission d'enquête sur les industries d'art. « A ce prix, l'ouvrier ne peut se nourrir que de haricots cuits avec des cristaux de soude, de viande désinfectée par l'acide carbonique et de vin fabriqué rue de Charenton » (procès-verbal p. 309). Les critiques sont peut-être fondées, s'il s'agit d'ouvriers prenant leur repas dans la gargote voisine de l'atelier; ceux-là, célibataires ou ouvriers travaillant loin de leur domicile, n'auront sans doute qu'une nourriture très médiocre pour 1 fr. 75 par jour. Mais l'ouvrier qui peut prendre ses trois repas chez lui ou au moins les deux repas du matin et du soir, aura une nourriture convenable pour 1 fr. 75. Arrêtons-nous à ce chiffre. En 365 jours, l'ouvrier dépensera

pour sa nourriture 638 fr. 75 (en chiffres ronds) .   650 fr.

M. Langlois évalue ses autres dépenses

Pour les vêtements à......................	150 fr.
Pour chauffage, éclairage, blanchissage.........	100
Pour dépenses imprévues..................	100
Pour loyer............................	200
Et arrive au total de..................	1200 fr.

Cette somme ne permet aucun extra, mais elle peut suffire à l'entretien. Quand l'ouvrier est marié, la dépense doit être augmentée 1° de moitié pour sa femme qui consomme moins et n'a pas de frais de loyer, 2° d'un tiers soit 400 francs par enfant, dont la présence exige un logement un peu plus grand.

Pour payer un logement de 200 à 250 francs, il faudra donc que l'ouvrier gagne de 3 fr. 50 à 4 francs par jour s'il est seul, pendant 300 jours ouvrables, — au moins 6 francs avec ou sans le salaire de sa femme s'il est marié sans enfant, — au moins de 7 à 10 francs avec ou sans le salaire complémentaire de la femme, s'il est père de plusieurs enfants encore incapables de travailler.

Les dépositions sont contradictoires sur la question du coût de la vie. Les uns disent que la vie a augmenté de 50 p. 100, les autres que le vêtement et la nourriture sont meilleur marché, mais que le loyer a augmenté (d'après quelques-uns on payerait 300 à 350 francs ce qu'on avait il y a vingt-cinq ans pour 150 à 200 francs, sans qu'on soit plus confortablement logé). Les évaluations les plus générales fixent le renchérissement des loyers pour les ouvriers entre 15 et 25 p. 100. Il ne manque pas de personnes compétentes, prises parmi la classe des travailleurs, pour affirmer que la vie, somme toute, n'est pas plus chère, mais que les besoins ont augmenté dans des proportions considérables. Je recommande à ceux qui ne sont pas découragés par la fatigue de fouiller dans des dépositions décousues et sans le secours d'un index comme celui des *Blue books* anglais, les procès-verbaux de la commission des 44 et ceux de l'enquête présidée par M. Proust sur les industries d'art.

Il y a à Paris des ouvriers d'élite qui gagnent des salaires très élevés : dans certaines industries d'art, il y a des bijoutiers, des sertisseurs de pierres précieuses, des graveurs de cartes géographiques, etc., qui reçoivent parfois de 20 à 30 francs par jour. Mais c'est l'infime minorité, qui comprend à peine un dixième des 300,000 ou 325,000 ouvriers de Paris. La masse de la population ouvrière peut se diviser en trois (1) catégories : 1° les hommes dont les travaux, sans exiger de l'art à proprement parler, réclament une certaine habileté et souvent aussi une grande force physique, comme les menuisiers, charpentiers, zingueurs, plombiers, ravaleurs, etc. Leurs salaires ne descendent guère au-dessous de 8 francs, montent parfois plus haut; mais la morte-saison, les chômages (2) font baisser un peu ce chiffre et leur gain annuel ne doit pas dépasser 2,000 à 2,400 francs. Voyez par exemple les ouvriers fondeurs, dont le

(1) Voir les études de M. d'Haussonville sur la Misère à Paris.

(2) L'Industrie parisienne dans beaucoup de ses branches subit des périodes de morte-saison et de chômage normal. Voir le Rapport de M. Spuller à la Commission d'enquête parlementaire sur la situation des ouvriers en France, pages 49 et suivantes.

salaire normal est de 6 fr. 50 par jour, 268 jours de travail donnent 1,742 fr. par an et par jour 4 fr. 77 en moyenne.

2° On trouve les ouvriers dont le travail demande seulement une certaine force physique, sans habileté professionnelle, tels que les charretiers, terrassiers, hommes de peine et tant d'autres; leur gain qui varie de 3 fr. 50 à 5 fr. par jour est certainement réduit par les mortes-saisons à 1,200 ou 1000 francs par an.

3° Enfin au-dessous de ces deux catégories se trouvent les irréguliers du monde industriel, les distributeurs de prospectus, crieurs de journaux, chiffonniers, marchands ambulants. La plus grande partie de ces hommes, qui ne portent même pas le nom d'ouvriers, gagnent rarement plus de 2 francs à 2 fr. 50 par jour et souvent moins.

On voit que les salaires moyens des ouvriers de la catégorie d'élite, 10 p. 100 de la classe ouvrière à Paris, supportent seuls des loyers de 300 francs et au-dessus; pour les catégories inférieures, la première seule peut y mettre de 200 à 300 francs.

A nos yeux, la faiblesse des ressources de la classe ouvrière est certainement l'une des causes principales qu'elle soit si mal logée; ses mauvaises habitudes au point de vue de la propreté sont un second facteur, et, comme j'aurai occasion de le dire, l'intervention de l'État ne peut rien ni contre l'insuffisance des salaires ni contre les habitudes vicieuses des habitants.

On se plaint à Paris non seulement de la cherté, mais encore de la rareté des logements d'ouvriers. Si près de cinquante témoins ont déclaré devant la Commission d'enquête présidée par M. Spuller, que l'on n'avait point à Paris assez de maisons ouvrières, soixante au moins ont affirmé le contraire et assuré que rien n'était plus aisé que de construire ou de vendre des bâtiments à bon marché. La commission s'est déclarée incompétente à trancher un pareil débat.

M. Leroy-Beaulieu a analysé un certain nombre de ces dépositions, notamment celle de *M. Robinot*, directeur du *Sous-Comptoir des entrepreneurs*, l'établissement qui a pris la part la plus active au grand mouvement de construction des dernières années. « Ma plus grosse spéculation, a dit M. Robinot, a été de faire quatre-vingts maisons sur le revers de la butte Montmartre. Il y a là une population nombreuse qui n'habitait que des maisons mal faites, sans air et malsaines. On lui a fait des maisons propres, aérées, où chaque appartement contient un water-closet. » Sur le revers de la butte Montmartre les appartements nouvellement construits représentent un prix de location de 300 à 500 francs et se composent de 2 à 3 pièces. Dans la rue des Poissonniers et dans la rue Doudeauville, on a construit une petite ville qui peut loger

16.

8 à 10,000 personnes; on a fait des constructions
analogues dans le sud de Paris. En 1884, M. Grosclaude, président de la chambre des entrepreneurs
de démolition, disait que si l'on voulait s'en donner
la peine, on verrait qu'il y a beaucoup de logements au prix de 100 à 500 francs vacants. Notamment dans les quartiers excentriques, à Montmartre
et dans le quinzième arrondissement, il y a beaucoup de logements autrefois occupés par des
ouvriers qui sont vacants. M. Grosclaude a fait
connaître un tableau de dix-huit maisons situées
dans le 12° arrondissement, bien tenues, saines, à
pièces claires, aérées, qui ont une façade en pierre
de taille, des persiennes à toutes les fenêtres; eau
dans les cuisines; gaz. Dans ces maisons il y a
382 logements dont 56 ont un loyer de 100 à
150 francs, 15 de 151 à 200, 20 de 201 à 250, 33 de
251 à 400. Ainsi 124 appartements, soit à peu près
le tiers de ceux compris dans ces maisons neuves,
ne dépassent pas 300 francs. Suivant le même déposant, la hausse des salaires (1884) à Paris depuis
20 ans n'a pas été moindre de 1 à 3 francs par
jour, soit une augmentation de 300 à 900 francs,
tandis que la hausse des loyers n'a pas dépassé
par famille d'ouvrier de 20 à 100 francs au maximum.

Tout cela n'empêche pas qu'il n'y ait à Paris un
grand nombre de logements insalubres occupés par
la classe ouvrière. Combien y a-t-il d'ouvriers

logés dans des conditions insuffisantes? M. Langlois
et M. Cacheux se sont efforcés de répondre à
cette question. Suivant eux, sur les 300,000 à
325,000 ouvriers qui sont à Paris, un tiers occupe
des logements insuffisants et malsains ; un certain
nombre d'entre eux, père, fils, frères, demeurent
ensemble, on pourra donc conclure qu'il y a 70,000
à 75,000 ménages dont le logement laisse beaucoup
à désirer. A cinq personnes par ménage, cela ferait
350,000 habitants logés d'une manière insuffisante.
Je n'ai pas grande confiance dans ces calculs
légèrement hypothétiques : je les reproduis plutôt
par acquit de conscience.

Les statistiques officielles de la ville de Paris
pour 1881 mentionnent 46,815 locaux occupés par
des indigents inscrits sur les registres de l'assistance publique. Sur ce nombre 24,663 ne se composent que d'une pièce servant à la fois de dortoir,
de cuisine, de salle à manger, et 12,734 n'ont
qu'une petite pièce avec une toute petite cuisine. Si
l'on ajoute à ces logements habités par les indigents les logements occupés par des familles non
inscrites au bureau de bienfaisance, on arrive facilement à ce chiffre de 70,000 habitants. M. Cacheux,
après une visite minutieuse de quelques milliers
de logements, s'est arrêté à ce chiffre.

Puisque nous sommes un peu dans le domaine
des chiffres approximatifs, j'ajouterai que le même
philanthrope M. Cacheux (auteur d'un ouvrage

excellent sur *Les habitations ouvrières en tout pays*, en collaboration avec M. Muller, constructeur de la cité ouvrière de Mulhouse) suppose qu'il y aurait au moins cent mille chambres à construire, qui coûteraient, à 1,200 francs l'une, soit 120 millions, et si l'on ajoute à cette somme les travaux d'assainissement des logements non démolis, on arrive au chiffre rond de 200 millions de francs.

La Société immobilière de Montmartre a construit dans le 18e arrondissement 3,000 logements de 100 à 700 francs, composés de 2 pièces, une cuisine et un water-closet. Ces maisons peuvent contenir 10,000 locataires, elles représentent un capital de 25 millions de francs. M. de Molinari a été amené à dire que si la ville de Paris s'avisait de vouloir loger la population ouvrière, les artisans et les petits employés, il faudrait compter sur une dépense de 250 millions par 100,000 habitants. Il y a un écart considérable entre M. Cacheux et le rédacteur en chef du *Journal des Économistes*.

Il est naturellement fort difficile d'évaluer en moyenne le prix de revient d'un logement comprenant deux ou trois pièces avec une petite cuisine. M. Cacheux, qui a construit beaucoup de logements à bon marché et qui est propriétaire de plusieurs immeubles, affirme qu'ils reviennent à 5,000 francs, et encore faut-il, pour descendre à ce prix de revient, que ces logements soient non pas dans des maisonnettes distinctes et peu élevées, mais dans de vastes immeubles à quatre ou cinq étages construits le plus économiquement possible. Un logement construit dans de telles conditions doit être loué 400 francs environ; pour obtenir un rendement de 4 à 5 p. 100, en tenant compte des pertes causées par les impôts si lourds à **Paris**, par les non-valeurs, l'entretien, l'assurance, les réparations, il faut louer sur la base de 8 p. 100 du capital.

Le coût des constructions à Paris est considérable dans quelque quartier qu'on les fasse, à cause du prix élevé de la main-d'œuvre et des droits d'octroi, qui grèvent à l'entrée les matériaux. Il ne faut pas oublier non plus que les frais de viabilité à rembourser à la ville sont très lourds et que les droits de mutation, d'enregistrement absorbent 7 à 8 p. 100 pour le moins.

CHAPITRE IV

LA QUESTION DU LOGEMENT EN GÉNÉRAL. VUES DE L'AUTEUR, QUI SONT ÉGALEMENT CELLES DE MM. *Leroy-Beaulieu, de Molinari, Léon Say, Picot, Yves Guyot*, ETC. OBJECTIONS CONTRE L'INTERVENTION DIRECTE DE L'ÉTAT OU DES MUNICIPALITÉS. IL N'Y A PAS DE PANACÉE, PAS DE FORMULE UNIQUE : L'AMÉLIORATION NE PEUT PROVENIR DE L'ÉTAT OU DES MUNICIPALITÉS CONSTRUISANT ET FOURNISSANT A BON MARCHÉ DES LOGEMENTS AUX OUVRIERS, MAIS DE L'ACTION SIMULTANÉE D'UNE SÉRIE DE FACTEURS, INTÉRÊT PÉCUNIAIRE, ACTION DE LA CHARITÉ, SELF-HELP DE L'ÉLITE DES OUVRIERS.
ESSAIS FAITS A PARIS SOUS L'EMPIRE POUR LOGER LES OUVRIERS. — *M. Cacheux* ET SES MAISONS A BON MARCHÉ. *La Société de Passy-Auteuil.*
LES PROJETS SOUMIS AU CONSEIL MUNICIPAL DE PARIS.

J'ai examiné jusqu'ici la législation française actuelle sur les logements insalubres, la législation sur les garnis à Paris; j'ai passé en revue l'état des habitations à Paris, j'en ai indiqué le nombre et le loyer, j'ai esquissé en passant le budget approximatif des classes ouvrières; il me reste à présent à montrer les mesures qu'on a employées dans le passé, celles qu'on a proposé d'employer dans le présent, les tentatives qui ont eu lieu afin d'améliorer la situation. Lorsque j'aurai terminé ce qui concerne la capitale, je résumerai ce qui a été fait dans cet ordre d'idées en province, dans quelques grandes villes.

Personne ne nie les inconvénients physiques et moraux des logements insalubres, habités par les classes ouvrières et les indigents. La condition misérable de leurs habitations, l'encombrement qui y règne avec son cortège de maladies de tout ordre, avec son accompagnement de crimes et de vices, les dangers permanents qui en résultent, qui menacent la santé et l'ordre public, ont été bien des fois mis en lumière. En Angleterre, depuis quarante ans, on s'est efforcé d'y porter remède à l'aide de mesures législatives, de règlements de salubrité et avec le secours de la charité ; des progrès ont été accomplis, mais il n'a pas été possible de transformer les logements des ouvriers et des pauvres (je parle de la grande masse du prolétariat) en chambres propres et confortables ; surtout il n'a pas été possible d'augmenter les ressources, les salaires des malheureux dans une proportion suffisante ni par des moyens artificiels. Le nœud de la difficulté, c'est la pauvreté même de ceux qui vivent entassés dans des bouges infects, — ignorants ou peu soucieux des exigences de l'hygiène, de la pudeur et de la décence. Cette pauvreté peut être le fait des circonstances ou provenir de mauvaises habitudes, de l'intempérance, de la paresse. Cela n'y fait rien.

Toutes les descriptions poignantes que nous avons lues et que nous avons pu vérifier ont pour objet de rendre plus pressante la solution du problème : « Comment améliorer les logements des ouvriers et des pauvres? » Il est admis que la condition actuelle en est déplorable au point de vue de la santé, non seulement de ceux qui les habitent, mais de la ville entière, parce que ces logements insalubres sont des foyers d'épidémie ; la *misère* qu'on y endure fait des ouvriers et des pauvres une proie facile pour les propagateurs d'idées subversives ; c'est le danger social, à côté du danger physique.

La question du logement du pauvre est l'une des plus compliquées et l'une des plus difficiles à résoudre ; elle forme une branche de la question sociale tout entière, à l'égal de la nourriture et du vêtement. Les mêmes règles et les mêmes principes s'appliquent à cet ensemble de problèmes, avec quelques restrictions toutefois indiquées par le bon sens.

Le rôle de l'État ou des municipalités est clairement indiqué : ils ont le devoir d'empêcher la vente d'aliments insalubres, et comme leur mission est avant tout une mission d'hygiène et de police, de faire la guerre aux logements malsains, mais en subordonnant cette action à certaines réserves indispensables.

On ne saurait en tout cas demander à l'État de fournir soit des logements, soit des aliments gratuitement ou au-dessous du prix courant, sous peine de commettre une injustice vis-à-vis de ceux qui ne participent pas à ces faveurs, et sous peine de démoraliser les classes indigentes. Ces aliments et ces habitations à bon marché entraînent une perte pour l'État, qui est obligé de recourir à l'impôt pour y faire face.

Cette augmentation d'impôt retombe sur toute la nation; elle pèse le plus lourdement sur les pauvres. Les subventions de l'État ont en outre un inconvénient : elles découragent l'initiative privée, l'industrie des particuliers. Si l'État construit ou fait construire des maisons dont le loyer est plus bas que ne le comportent les circonstances, il entrave la construction des maisons et obtient un résultat opposé à celui qu'il espérait. L'insalubrité provient de l'entassement prodigieux d'êtres humains dans des pièces qui ne sont pas faites pour contenir un si grand nombre de personnes, de la négligence absolue des règles sanitaires, de la saleté accumulée. Des maisons et des quartiers entiers sont devenus des foyers permanents de contagion. Les causes de cet entassement sont, comme je n'ai cessé de le dire, la pauvreté extrême des habitants, qui ne leur permet pas de chercher des logements plus salubres, plus vastes et surtout plus chers, et qui empêche un grand nombre de s'éloigner de l'endroit où ils gagnent leur existence, — l'augmentation de population due aux naissances d'abord, puis à l'immigration constante d'ouvriers attirés des campagnes ou des villes de province vers la capitale, enfin la démolition de quartiers habités par les ouvriers et qui ont disparu pour faire place à des rues nouvelles, à des gares, à des entrepôts ou qui ont été déblayés par raison de salubrité. Contre la pauvreté extrême, il n'y a pas de remède : le paupérisme est inguérissable. Contre les mauvaises habitudes des habitants sous le rapport de la propreté, il faut s'armer de patience ; l'usage de l'eau et du balai finira peut-être par devenir plus commun et plus fréquent. C'est une éducation à faire.

A l'aide d'une surveillance active et énergique des autorités locales, on peut, dit-on, s'opposer à l'existence de logements insalubres, forcer les propriétaires à tenir leurs immeubles dans un meilleur état ; on peut surveiller davantage la construction des maisons neuves, exiger qu'elles répondent à un certain minimum de salubrité. Mais il ne faut pas oublier que, dans beaucoup de pays, les lois et les règlements de police n'ont pas fait défaut, les armes ne manquent pas dans l'arsenal administratif. Malheureusement elles sont restées sans application dans bien des cas.

Ce qui est nécessaire avant tout, c'est une opinion publique éclairée qui puisse exercer une pression bienfaisante sur les individus comme sur les autorités locales. Le devoir de tous ceux qui se préoccupent des questions sociales est de contribuer à former cette opinion publique.

Je me sépare sans regret de ceux qui voient dans l'intervention directe de l'État ou de la commune un moyen de porter remède à cet état de choses. Je suis absolument convaincu qu'il est absolument impossible, à moins de s'exposer au plus mauvais résultat final, de faire construire des logements à bon marché par l'État ou par la commune, comme le demandent les socialistes français, et j'aurai l'occasion tout à l'heure d'exposer les plans divers qu'ils ont expliqués au conseil municipal de Paris.

La municipalité peut améliorer sérieusement l'état général de salubrité par la construction d'égouts et en procurant l'eau à bon marché. On sait dans quel état affreux le choléra a trouvé les villes les plus riches du midi comme Marseille ou des cités militaires comme Toulon.

A l'Académie des sciences morales et politiques, la question du logement de l'ouvrier a donné lieu à d'intéressantes discussions dans ces dernières années. L'Académie s'était souvent préoccupée des dangers physiques et moraux résultant de logements insalubres et encombrés; elle avait entendu en 1848 M. Blanquier lui faire une description hideuse de l'état des habitations, elle chargea M. Villermé d'étudier ces questions, et l'on n'aura pas oublié les mélancoliques et éloquents tableaux tracés par M. Jules Simon dans *l'Ouvrière*. Au mois de décembre 1883, M. Picot présenta à l'Académie deux brochures du D' Du Mesnil (*Étude sur l'habitation du pauvre à Paris* et *Note sur une rue du faubourg Saint-Antoine en* 1883) dont, au mois de mai 1882, M. Jules Simon avait déjà signalé les travaux.

Le rapport verbal de M. Picot fut le point de départ d'une discussion à laquelle prirent part MM. Léon Say, Leroy-Beaulieu, Frédéric Passy, Jules Simon. Tout le monde fut d'accord sur l'étendue du mal, sur la nécessité de faire tout ce qui sera possible pour l'atténuer, sinon pour le supprimer, personne ne préconisa de remèdes héroïques qui peuvent être pires que le mal.

M. Jules Simon a clos le débat en prenant la défense du sentiment, qui a un rôle à jouer dans les améliorations sociales, et que la science aurait tort de dédaigner. Il doit se soumettre à la règle, mais c'est lui qui donne l'élan. M. Jules Simon considère l'insalubrité des logements comme un mal redoutable, mais non pas invincible : témoin les progrès accomplis depuis quelques années dans certaines de nos provinces où l'insalubrité et la malpropreté des habitations étaient naguère encore proverbiales. Ce n'est pas une question d'argent : les logements salubres ne coûtent pas plus cher que les taudis malsains; c'est une affaire d'édu-

cation. Il faut apprendre aux ouvriers et aux
paysans à aimer la propreté, à s'en faire un besoin,
à en comprendre les conditions. Il faut peut-être
aussi apprendre leur devoir à certains propriétaires
d'immeubles dont l'incurie et l'avidité sont un
malheur social.

La Société d'économie politique de Paris s'est
occupée à diverses reprises de la question des logements. Les discussions ont été fort intéressantes,
et je me permettrai d'indiquer quelques-uns des
arguments invoqués.

On a répondu à ceux qui demandaient l'intervention de la ville de Paris sous une forme ou
sous une autre, que dès que les projets furent
connus, tous les entrepreneurs qui avaient commencé à construire arrêtèrent leurs travaux, comptant les reprendre lorsqu'ils pourraient profiter des
avantages promis aux constructeurs des maisons
du nouveau modèle ; au lieu de s'arrêter, la crise
n'en fut qu'aggravée.

M. Yves Guyot a fait remarquer que la hausse
des loyers, dans une ville dont la population
s'accroît incessamment comme à Paris, est un fait
inévitable à moins qu'on ne trouve moyen d'agran-
dir la ville, ce qu'on peut faire de deux façons :
en hauteur et en superficie. En hauteur la limite
maximum est atteinte, mais en superficie il y a
encore bien de la marge, surtout si on supprime
les fortifications. En tout cas on peut encore cons-

truire bien des maisons, soit dans les quartiers
excentriques, soit dans la banlieue, seulement il est
indispensable en même temps de multiplier les
moyens de transport à bon marché, et de tous ces
moyens, le plus puissant serait sans contredit le
chemin de fer métropolitain.

M. Leroy-Beaulieu a repoussé l'assimilation
qu'on a prétendu établir entre la garantie de l'intérêt que l'État accorde aux compagnies de chemins de fer et celle qu'on a demandée pour les
prêts du Crédit foncier à des entrepreneurs de
bâtisse. Quand il s'agit de construire des lignes
reconnues nécessaires, et destinées à rester longtemps improductives, l'État donne sa garantie ou
bien les lignes ne se feraient pas. Les logements à
bon marché ne font pas aussi défaut qu'on le dit.
M. Leroy-Beaulieu a confirmé le fait que le jour
où la ville de Paris a ouvert aux entrepreneurs la
perspective d'une subvention directe ou indirecte,
les travaux se sont arrêtés net; ils ont été repris
dès que cette perspective s'est évanouie et toutes
les fois que la collectivité nationale ou communale
intervient en matière de production, elle crée la
disette au lieu de l'abondance. D'un autre côté, en
supposant que l'on réussît par des arrangements
quelconques à multiplier les petits logements à
bon marché, il faudrait du temps pour cela, et
l'on s'exposerait à ceci : que la population, qui
s'est accrue à Paris d'une façon anormale sous

l'influence de causes anormales, se trouverait avoir diminué lorsque les constructions seraient terminées. Pour le moment, ce ne sont pas, quoi qu'on en dise, les terrains qui manquent; il en reste beaucoup dans les quartiers excentriques, qui se couvriraient de constructions si les maisons avaient chance de trouver des locataires. Quant aux moyens de transport, s'ils sont insuffisants, à qui la faute? pourquoi y a-t-il des droits si élevés sur le fourrage? pourquoi le droit de 1500 francs par voiture d'omnibus?

En somme M. Leroy-Beaulieu pense que le seul mode légitime et efficace d'intervention de l'État ou de la ville pour amener la baisse des loyers, c'est la modération des impôts par la diminution des dépenses. Une économie annuelle de 200 millions, qu'il eût été possible de faire depuis 1880 et qui eût été appliquée à la réduction de certaines taxes, favoriserait mieux que toutes les combinaisons socialistes la multiplication des logements à bon marché et l'essor de l'industrie française (1).

----

(1) Le vrai progrès est, en somme, dans les progrès de l'hygiène, dans sa vulgarisation et aussi dans une meilleure économie publique et privée, dans la suppression des travaux et des dépenses inutiles, et par suite dans l'allègement des impôts, notamment de ceux qui frappent les matériaux de construction et les transports. Il conviendrait aussi, dans l'intérêt des petits locataires, de réformer certaines prescriptions légales ou du moins

M. Wilson a exprimé l'idée que le concours de l'État peut se traduire utilement et sans atteinte portée aux principes économiques par des exemptions ou des modérations temporaires de taxes au profit des propriétaires de maisons construites dans certaines conditions déterminées.

J'ai eu moi-même l'occasion de dire que les arguments des hygiénistes et des socialistes ne m'avaient pas converti au dogme de l'intervention de l'État, à moins qu'elle ne se traduît par des réductions d'impôts, notamment de l'impôt des portes et fenêtres, qui semble avoir été inventé tout exprès pour empêcher les propriétaires d'aérer et d'éclairer leurs immeubles. Si les socialistes ne sont pas embarrassés à résoudre le problème du logement, s'il suffit de construire aux frais des riches des logements spacieux, sains et d'y loger les pauvres, sinon gratuitement, au moins moyennant un loyer très réduit, ce n'est que la moitié du problème. Autre chose est de créer des logements à bon marché, autre chose de pourvoir à toutes les exigences de l'hygiène publique et de l'hygiène privée. Les logements en général sont ce que sont ceux qui les habitent. Des gens misérables,

certains usages : par exemple, celui qui oblige les locataires à ne payer leur loyer que par trimestre, alors qu'ils pourraient plus aisément le payer par mois ou par semaine (M. Leroy-Beaulieu. Comptes rendus de l'Académie, 44° année, 1884, page 147).

désordonnés, malpropres, auront bientôt fait de transformer en un bouge infect le local coquet que vous leur aurez donné; la propriété et la salubrité sont choses essentiellement subjectives.

Il ne faut pas perdre de vue que la législation contre l'insalubrité exige, pour être efficace, un appareil compliqué et coûteux d'inspecteurs perpétuellement en mouvement, — que l'application des règlements dépend moins des fonctionnaires ou des magistrats que des habitants eux-mêmes : ceux-ci sont plus disposés à s'y soustraire qu'à s'y conformer.

Si les misérables habitent des greniers, des caves, des recoins sans air ni lumière, dans des maisons mal bâties et mal tenues, c'est parce qu'ils n'ont pas trouvé de meilleurs gîtes au prix qu'ils peuvent donner, et ils aiment encore mieux loger dans ces taudis que de ne loger nulle part. On est ainsi ramené à ce problème d'une solution au moins très difficile : une grande ville étant donnée, fournir à la population pauvre qui vient s'y entasser des logements propres, spacieux, aérés, pourvus de toutes les commodités désirables, et cela bien entendu aux prix les plus modérés. Mais supposons qu'on ait trouvé une solution utopique. Comment s'y prendra-t-on pour empêcher les malheureux qui habiteront ces logements à bon marché de les transformer en bouges? Mettez une famille de chiffonniers dans le local le plus propre et le plus confortable: elle y entassera les détritus, les rebuts qui font l'objet de son commerce ; père, mère, enfants, vivront au milieu de tout cela, comme ils ont l'habitude de vivre, c'est-à-dire sans nul souci possible de la propreté ou de l'hygiène. Voilà dans la maison un foyer d'infection. Chasserez-vous ces chiffonniers? Il faut pourtant bien qu'ils se logent, qu'ils s'abritent quelque part.

Le problème ne comporte pas de solution radicale. Il n'y a ni formule unique ni panacée. C'est surtout des progrès de l'aisance, de l'éducation morale, de l'instruction pratique des classes laborieuses qu'on doit attendre l'amélioration graduelle des conditions hygiéniques des centres populeux. L'administration peut sans doute faire exécuter des travaux utiles, elle peut établir des règles générales pour la sauvegarde de la santé publique, mais il faut y regarder à deux ou trois fois avant de la faire intervenir même au nom du salut public dans le domaine de la vie privée.

Il ne faut pas oublier que toute infraction à la liberté du contrat porte en elle-même les germes de son châtiment. Si l'exemple n'était pas trop étranger au sujet, je pourrais invoquer ce qui s'est passé en Irlande avec la législation agraire de M. Gladstone, qui a rendu plus difficile la situation. Essayez de protéger l'ouvrier contre l'exploitation du logeur par l'intervention de la loi, et vous verrez les conséquences redoutables auxquelles vous vous exposerez.

Des résultats satisfaisants ont été obtenus dans une certaine mesure par la construction de maisons modèles, de cités ouvrières. La portion la plus aisée des ouvriers, celle qui a de salaires réguliers, a pu s'y loger en partie, et par conséquent c'est autant de personnes de moins pour faire concurrence aux autres.

C'est l'affaire de l'industrie privée, des entreprises philanthropiques, de l'association des ouvriers eux-mêmes de fournir de meilleurs logements. Si les immeubles affectés à l'habitation des ouvriers rapportent un bon revenu, on est sûr d'en voir le nombre s'accroître. Mais je le répète, ce n'est que par contre-coup qu'il faut espérer atteindre ce que les Anglais appellent le *residuum*, la lie de l'indigence. Il faut travailler par couches successives; offrir des logements relativement confortables, sains, avec la possibilité, le cas échéant, de devenir propriétaires, c'est fort bien, mais vous ne vous adressez comme clientèle qu'à l'élite des ouvriers ou aux petits employés (ces derniers sont tout aussi intéressants que l'ouvrier et plus à plaindre, parce qu'ils sont tenus à plus de dépenses).

Il ne faut pas vouloir non plus imposer des règlements trop sévères pour les maisons modèles : vous retarderez d'autant leur popularité légitime. Est-ce qu'à Londres comme à Bristol, il n'y a pas eu pendant longtemps une certaine antipathie contre les *model dwelling houses?*

N'oublions pas que les frais si élevés d'enregistrement sont un obstacle à la mutation fréquente de la propriété, qu'ils augmentent considérablement les dépenses d'acquisition. L'exemple de Mulhouse est là pour prouver que bien des logements occupés au début par des ouvriers qui les avaient achetés à la Société des cités ouvrières ont été revendus par eux avec bénéfice et sont occupés par une classe légèrement supérieure.

J'ai probablement l'esprit mal fait si je vois aussi vivement les objections à une intervention gouvernementale, et si je compte sur une amélioration progressive due à un ensemble de facteurs, au nombre desquels figure l'initiative privée, soit animée par l'idée du gain, soit inspirée par un désir de noble philanthropie. Je reconnais autant que personne les bienfaits d'un logement salubre, surtout lorsqu'il est la propriété de l'habitant. Il est nécessaire surtout de provoquer cette pression salutaire et constante de l'opinion publique, qu'il faut entretenir et ne pas laisser s'endormir. L'exemple de l'Angleterre est des plus instructifs pour la France : l'œuvre de miss Octavia Hill, qui agit elle-même, qui accomplit une mission généreuse en se mettant en contact avec les pauvres, qui moralise par sa présence et qui en même temps part de l'idée de *faire les frais de l'entreprise commercialement*, doit donner à réfléchir et exciter l'émulation.

Toute une série de petites réformes peuvent être introduites, même dans le mode de payement des loyers, — les recueillir par semaine au lieu de les encaisser par trimestre, etc.

Il est déplorable que l'attention du public se porte seulement à des époques irrégulières, à des intervalles plus ou moins considérables vers la question du logement de l'ouvrier et du pauvre. Il y a parfois comme un réveil de la conscience générale ; on est frappé du spectacle des misères humaines, et l'on éprouve plus vivement encore le contraste de la richesse, de l'aisance et de la pauvreté. A l'approche des grandes épidémies ou bien dans des moments de crise, lorsque les revendications des prolétaires se font avec plus de vivacité, lorsque les affaires languissent, lorsqu'il s'agit de flatter le populaire, quelques-unes des grandes questions sociales reviennent sur le tapis. Elles forment l'objet de discussions animées dans la presse et dans le parlement. Une loi peut sortir de ces débats, loi malheureusement bientôt inappliquée. Au bout de quelques années, tout est retombé dans l'oubli, jusqu'à la prochaine alerte. Lorsqu'on vit sous le régime du parlementarisme tel qu'il est compris et pratiqué dans un pays livré à la démocratie à outrance comme la France, on finit par perdre confiance dans l'efficacité de la machine législatrice. Le progrès doit venir de l'élite des gouvernés agissant par eux-mêmes. Pendant ces

périodes d'apathie et d'indifférence, des philanthropes ou des économistes, des réformateurs ou
des capitalistes poursuivent leur mission volontaire
et cherchent à faire l'éducation des classes riches
et aisées, à les rappeler au souvenir des devoirs
sociaux qu'elles ont à remplir. Il y a quelque chose
de fécond dans l'idée de l'assistance publique telle
qu'elle fonctionne dans quelques grandes villes
d'Allemagne, Elberfeld, Francfort : le patronat
direct du pauvre par le riche, le patronat indivi-
duel. Il ne manque pas en France d'hommes intelligents qui comprennent les nécessités de l'heure
présente, et comme j'aurai à le faire voir lorsque
je parlerai de ce qui a été accompli à Orléans, à
Reims, l'initiative part souvent des intéressés les
plus directs, des ouvriers eux-mêmes. M. Georges
Picot, membre de l'Institut, s'est mis en quelque
sorte en tête d'une croisade contre les logements
insalubres. Il a publié l'an dernier un petit volume
écrit avec une chaleur communicative : *Un devoir social et les logements d'ouvriers*, dans lequel
il expose en détail tout ce qui a été accompli en
Angleterre. Il a visité l'Angleterre, et il en est
revenu convaincu que seule l'initiative privée doit
remédier aux maux causés par les logements étroits
et insalubres.

Depuis lors, on n'a cessé de se préoccuper de la
question. Elle a trouvé sa place à l'Exposition
d'hygiène de 1886 (caserne Lobau), où M. Cheys-

son, ancien directeur des usines du Creusot, vice-président de la Société des habitations ouvrières d'Auteuil, professeur à l'École des Mines, a fait une conférence des plus instructives sur *la Question des habitations ouvrières en France et à l'étranger. La situation actuelle, ses dangers et ses remèdes* (1 vol., chez G. Masson, 1886). M. Cheysson, chez lequel le cœur est à la hauteur de l'intelligence, s'est fait avec M. Picot le promoteur d'une enquête d'initiative privée que la Société d'économie sociale, fondée par M. Leplay, a entreprise.

La Société d'économie sociale, sous l'influence de MM. Picot et Cheysson, tente une enquête d'initiative privée. Elle a publié dans la *Réforme sociale*, son organe, et dans la presse, une circulaire faisant appel aux hommes de bonne volonté : elle a élaboré un questionnaire montrant les points sur lesquels elle veut attirer l'attention.

Il s'agit, dans une première partie intitulée « Description des petits logements », d'étudier le logement actuel de l'ouvrier, ses insuffisances, son insalubrité, ses dangers pour la morale et la santé, l'élévation de son prix, en un mot de réunir dans un tableau d'ensemble, précédé d'une analyse de détail, l'état vrai des habitations ouvrières en 1887.

Dans la seconde partie, sous le titre « Amélioration des petits logements », le comité a eu en vue de provoquer d'abord la recherche des *solutions déjà appliquées*, de quelque initiative qu'elles émanent (ouvriers, patrons, sociétés philanthropiques, spéculation). « Après ces constatations de l'état actuel qui constituent l'enquête proprement dite, nous vous serions reconnaissants de vouloir bien consigner dans le paragraphe des *solutions proposées* vos idées personnelles sur les moyens à employer dans votre localité pour remédier au mal révélé par l'enquête. »

Il n'est donné ni à un gouvernement, malgré les moyens dont il dispose, ni à un comité, malgré l'inspiration qui l'anime, de faire réussir une enquête; le succès dépend exclusivement des correspondants dont on invoque la bonne volonté.

« L'enquête aura surtout pour objet de mettre en lumière des résultats : notre ambition est de les multiplier; elle notera les progrès accomplis : nous voulons stimuler les initiatives et hâter les améliorations. Notre enquête n'est pas seulement une étude; elle aspire à être une action.

Le comité est composé de : Georges Picot, président; E. Cheysson, A. Delaire, Claudio Jannet, René Lavollée, Jules Michel, Dr Jules Rochard, membres du Comité; Pierre de Coubertin, J.-A. des Rotours, secrétaires.

Il paraît aussi que les organisateurs de l'Exposition de 1889 sont disposés à réserver une place aux questions qui concernent l'économie sociale et à ouvrir une enquête pour rassembler tous les résultats obtenus tant en France qu'à l'étranger.

Il a été fait à Paris plusieurs essais pour loger les ouvriers. Le plus ancien est dû à M. Valladon, qui vers 1848 fit établir le passage Valladon et le borda de petites maisons qu'il vendit par annuités. Aujourd'hui le passage ainsi créé est devenu une rue; les maisons ont été surélevées et elles n'appartiennent plus à des ouvriers.

En 1852, le gouvernement impérial donna dix millions pour améliorer les habitations ouvrières. Six millions servirent à construire les asiles de Vincennes et du Vésinet. Deux millions furent absorbés par la construction de dix-sept maisons à étages, boulevard Diderot; mais, d'après M. Cacheux, dont on ne saurait nier la compétence, elles ne sont pas aménagées convenablement pour loger des ouvriers. Seize de ces maisons ont été louées récemment en principale location pour 106,000 francs. Des personnes très aisées y demeurent.

Deux millions (1) enfin ont été fournis à titre de subvention à des constructeurs d'habitations ouvrières. Sur ces deux millions, 1,200,000 francs ont été distribués à Paris à titre de subvention, à raison de un tiers de la dépense, et ont servi à construire des habitations ouvrières valant 3,600,000 francs. Dans toutes ces constructions,

---

(1) Trois cent mille francs, donnés à la Société des habitations ouvrières de Mulhouse, ont facilité sa création.

le prix de la location du mètre superficiel devait
varier entre 7 et 8 francs. En tenant compte de
cette clause et de toutes les conditions imposées
par l'architecte du ministère, les propriétaires
subventionnés tiraient à peine 5 p. 100 net de
leurs logements d'ouvriers. Ils n'obtenaient un rendement supérieur qu'en louant les rez-de-chaussée
comme boutiques au prix de 15 francs le mètre.
On construisit en tout dix-sept maisons, dont l'une
était destinée à loger des ouvriers célibataires.
MM. Pereire firent rue Boursault, à l'aide de
cette subvention du tiers des dépenses, une maison
comprenant 204 chambres; mais à cause de la
sévérité du règlement, 67 seulement furent occupées, et le gouvernement dut accorder la permis-
sion de transformer l'hôtel en maison à petits logements. Un hôtel garni pour ouvriers fut construit
au compte de l'État boulevard Mazas. Géré par
un particulier, la maison aurait pu donner des
bénéfices, assure M. Cacheux. Le loyer devait être
de 5 francs par quinzaine.

Napoléon III (1) fit construire à Paris quarante
et une maisons, avenue Daumesnil. Il offrit de les

(1) Napoléon III avait eu connaissance des tentatives
faites en Angleterre où, en 1842, le prince Albert avait
accepté la présidence d'une société fondée pour l'amélioration du logement des classes laborieuses. Le gouvernement fit traduire en 1850 un écrit important de M. Robarts,
architecte anglais, contenant des plans et des devis.

donner à une Société composée d'ouvriers, à la condition que les membres de cette Société souscriraient mille actions de cent francs. Cette condition fut remplie par la Société coopérative immobilière des ouvriers de Paris, et la donation fut faite. Pour augmenter le chiffre de ses opérations, la Société emprunta 200,000 francs au Crédit foncier ; elle construisit des maisons à étages à Grenelle et la villa des Rigoles à Belleville. Dans les deux cas, la Société ne tira pas 5 p. 100 de son argent.

Les heureux résultats obtenus à Mulhouse encouragèrent plusieurs constructeurs à opérer de la même manière. A Clichy-la-Garenne, M. Jouffroy-Renault a fait construire 96 maisons, toutes louées ou vendues. M. Blondel a construit pour le compte d'une Société immobilière une vingtaine de maisons, groupées par deux, sur la route de Charenton ; elles ont été vendues par annuités. La guerre de 1870 arrêta l'extension du projet comprenant deux grands boulevards, de belles maisons sur les voies principales et de réserver les fonds pour les maisons d'ouvriers.

Nous croyons superflu de retracer tous les essais faits à Paris depuis trente ans. Les résultats ont été peu sensibles eu égard à l'immensité des besoins, mais on n'est pas resté oisif. M. Cacheux a réussi à loger sainement et à un prix modéré de nombreux ménages d'ouvriers. Il possède entre autres une maison construite en 1848 pour loger cent ménages. « Jamais il n'y a de vacances dans cette maison; elle rapporte 25 000 francs par an chaque année, et je perds à peine de 300 à 500 francs par an par suite de *non-valeurs*; il est vrai que mes logements ne sont pas loués cher et les locataires craignent d'être renvoyés s'ils se conduisent mal. » M. de Madre possède 85 maisons ouvrières, saines et convenables, contenant plus de 7,000 locataires. M. Cacheux a été un véritable pionnier sur ce terrain des logements à bon marché; c'est le collaborateur de M. Muller, l'architecte qui a construit les habitations de Mulhouse et l'auteur de nombreux ouvrages. Mû par le désir de faire du bien aux classes ouvrières et par le légitime besoin de faire fructifier ses capitaux, il a créé dans divers quartiers de la capitale, et même aux environs, des maisons qu'il a vendues par annuités, ou bien même il a avancé aux acquéreurs de lots de terrain les trois quarts de la somme nécessaire pour construire et en leur accordant un délai de quinze ans pour se libérer. « J'ai opéré en combinant le système de Mulhouse avec celui qui est employé par les building *societies* en Angleterre. Mon opération aux *Lilas*, près Paris, portant sur 9,000 mètres de terrain, a réussi au point de vue pécuniaire. »

Impasse Boileau, il a fait édifier dix maisons contiguës comprenant chacune trois pièces et une cuisine, ayant comme dépendances une cave et

un jardin. Elles ont coûté 36,000 francs (1).
M. Cacheux les a cédées au prix coûtant à la
*Société de Passy-Auteuil pour les habitants ou-
vriers.* M. Cacheux est partisan de la vente par
annuités de petites maisons. Le propriétaire de
l'immeuble auquel le locataire acquéreur a versé
une certaine somme a en main une sorte de garantie. L'acquéreur profite de la plus-value acquise
chaque année par les immeubles, plus-value certaine. Le locataire, certain de devenir propriétaire
de sa maison, en prend soin.

M. Cacheux, qui a obtenu de si bons résultats
sur une petite échelle, a fini par céder à l'ambition de voir faire grand. Se laissant entraîner sur
la pente fatale du socialisme d'État, il a adressé
une pétition au gouvernement pour demander
qu'il fût accordé aux constructeurs sérieux soit
une subvention de 2,000 francs par logement
complet d'ouvriers, soit 4,000 francs à titre de
prêt pour chaque habitation au taux de 3 p. 100
l'an, ladite somme remboursable en trente ans.
Cette proposition, inoffensive en apparence, est
dangereuse : elle impose un sacrifice pécuniaire
à l'État, elle encouragerait les revendications socialistes, et une fois engagé dans cette voie il serait

---

(1) M. Cacheux calcule que des maisons isolées reviennent
à 6,000 francs au minimum ; lorsqu'on les groupe, on peut
les obtenir à un prix moins élevé.

impossible de refuser aux villes de province les
subventions dont l'État aurait gratifié *les communes*. M. Cacheux avait essayé de se procurer
des capitaux plus considérables par un appel au
public, en fondant un *crédit foncier populaire*,
qui aurait consacré la moitié de son capital à
acheter des terrains et à construire quelques maisons; il aurait émis des obligations de 100 francs,
rapportant 5 p. 100, qui auraient été prises et
libérées par les acquéreurs des terrains et des
maisons au moyen de petits versements. L'appel
n'a pas abouti.

D'accord avec MM. *Jean Dollfus*, fondateur des
sociétés ouvrières de Mulhouse, *Emile Müller*,
ancien président de la Société des ingénieurs,
architecte des cités ouvrières de Mulhouse, *Jules
Siegfried*, fondateur de la cité havraise et des
cités ouvrières de Bolbec, etc., M. Cacheux
cherche à fonder la *Société parisienne des habitations économiques*, qui construira des habitations à bon marché (5,000 francs par maison,
vendues par 14 annuités de 500 francs ou 20 annuités de 400 francs). Les statuts limiteront à
4 p. 100 le produit des actions.

Au moment où j'écris, la seule tentative posi-
tive qui ait été tentée récemment, c'est celle de la
*Société anonyme des habitations ouvrières de
Passy-Auteuil*. Ce qui est précieux dans cette
œuvre, c'est le caractère, la qualité des adminis-

trateurs et des actionnaires qui se sont associés pour l'exemple, pour la propagande autant que pour le succès.

C'est l'application du système consistant à construire des maisons que les ouvriers peuvent acquérir par annuités.

Les bases de cette Société ont été jetées par cinq personnes, M. de Plusman, M. Meyer, M. Dietz-Monin, M. Paul Leroy-Beaulieu, et le docteur Blanche, à la fin de 1880. Elle a pour objectif l'élite des ouvriers et ne s'adresse pas comme locataires aux couches inférieures.

Fondée au capital de 200,000 francs, elle a limité à 4 p. 100 par an l'intérêt maximum de son capital. Elle peut donc fixer à un prix peu élevé le loyer de ses maisons, loyer qui varie de 438 à 480 francs (amortissement compris) outre une somme de 500 à 1,000 francs à payer en entrant. Elle a construit à Passy-Auteuil de petites maisons comprenant cave, bûcher, trois pièces avec cuisine; elle les loue, en comprenant dans le prix du loyer un amortissement qui permet au locataire de devenir propriétaire au bout d'un certain nombre d'années (1).

_____

(1) M. Layollée exprime des doutes sur le système des maisons isolées et sur le système de l'ouvrier de Paris propriétaire. Ce qui est praticable à Lille et à Mulhouse l'est peut-être moins à Paris. Alors que, par suite de la rareté et de la cherté des terrains, les classes aisées se rési-

Nous arrivons maintenant aux divers projets dont le conseil municipal de Pari· s'est occupé dans les dernières années et dont le plus récent remonte à 1885. Ces projets, pour des raisons trop longues à énumérer, n'ont pas abouti : quelques-uns portent sur leur figure, si je puis m'exprimer ainsi, les causes mêmes de leur insuccès : ils sont purement et simplement absurdes.

Mais avant cela, je voudrais indiquer une suggestion faite par M. Langlois, dans une étude intéressante publiée dans la Revue *le Correspondant*. Il demande que l'État prête sur l'argent des caisses d'épargne aux sociétés anonymes ou aux particuliers, qui construiraient des habitations ouvrières, jusqu'à concurrence des deux tiers de la valeur de chaque immeuble. De cette façon il rendrait service aux constructeurs sans imposer aucun sacrifice aux contribuables et ses avances

---

gnent forcément à l'état de locataires, il y a quelque témérité suivant lui à croire que l'ouvrier de Paris pourra aisément, en vertu d'une combinaison quelconque, devenir propriétaire. L'ouvrier de Paris n'a point, comme l'ouvrier d'une filature ou d'une mine, la perspective d'un travail continu dans la même résidence, il n'a pas le même intérêt à se fixer, il est même obligé à des déplacements plus ou moins fréquents. Ce n'est que par exception qu'il pourra devenir propriétaire (Voir un rapport fait à la Société d'encouragement pour l'industrie nationale par M. Lavollée en 1882).

ne courraient aucun risque, puisqu'elles seraient inférieures à la valeur de l'immeuble.

Cette proposition avait été faite dès 1882 par M. Paul Leroy-Beaulieu, qui ne cesse d'attirer l'attention sur les inconvénients de laisser absorber par l'État les deux milliards de petite épargne déposés dans les caisses d'épargne; le Trésor en est le banquier et les fonds servent à grossir la dette flottante. On pourrait donner un emploi utile à une petite partie de ces sommes, en les rendant à la circulation sous forme de crédit aux constructions ou à l'agriculture.

Le conseil municipal de Paris, où l'élément démocratique prédomine presque exclusivement et qui est entaché d'idées socialistes, s'est occupé à diverses reprises depuis trois ans de la question des logements. Une commission administrative a été nommée, en janvier 1883, par le préfet de la Seine, afin d'étudier les questions relatives à la création, à Paris, de logements à bon marché. Voici la liste des propositions et pétitions qui ont été adressées au conseil municipal :

1. *M. Manier*, conseiller municipal. — Expropriation, au profit de la ville de Paris, du sol compris dans l'enceinte fortifiée, en indemnisant les propriétaires au moyen d'obligations communales hypothécaires amortissables.

2. *Républicains communalistes du XIVe arrondissement*. — Pétition demandant la mise

à l'ordre du jour de la proposition précédente.

3. *M. Fiaux*, conseiller municipal. — Construction, par la Ville de Paris, de maisons sur les terrains de la zone militaire, y compris les fortifications de l'enceinte continue, qui seraient démolies.

4. *M. Decamp*. — Démolition de l'enceinte fortifiée et création d'un boulevard circulaire sur son emplacement.

5. *M. Plainchamp*. — Remplacement du mur d'enceinte de Paris par une nouvelle limite plus étendue, création d'une nouvelle ligne de boulevards extérieurs, et vente des terrains avec obligation de ne construire que des maisons d'un modèle déterminé et, au besoin, fixation d'un maximum des loyers par étage et par quartier. — Établissement d'un chemin de fer métropolitain.

6. *M. Le Rouge*. — Construction, par la Ville, de maisons de trois étages, sur les terrains qui longent les fortifications *intra muros*, au moyen des ressources provenant : 1° d'un emprunt, de 300 millions ; 2° d'un impôt de 2 francs par tête, sur toute personne qui vient à Paris d'une distance de plus de 25 kilomètres.

7. *M. Lalanne*. — Emprunt de 16 millions, à 4 p. 100, par la Ville au Crédit foncier, dans le but d'acheter huit terrains de 1 million chacun, et de construire sur chacun de ces terrains un

groupe de maisons de 1 million de francs. — Mise en adjudication, par la Ville, de la location, pour quarante ans, des terrains communaux à raison de 5 p. 100 de la valeur du terrain, sous condition de construire des habitations ouvrières.

8. *M. Amouroux*, conseiller municipal, au nom du *Comité radical socialiste du XX⁰ arrondissement*. — Construction, par la ville de Paris, de maisons ouvrières sur les terrains communaux, au moyen de ressources financières provenant d'un emprunt. — Faculté donnée aux locataires de ces immeubles d'en devenir propriétaires par l'amortissement du capital engagé au moyen du payement des loyers.

9. *Réunion de citoyens du XIV⁰ arrondissement*, — Établissement de services publics *inaliénables d'habitations* à l'usage des travailleurs, sur les parties du sol appartenant encore aux communes, à Paris, notamment, sur celui que la ville possède dans tous les quartiers et sur celui qu'elle peut acquérir.

10. *Parti ouvrier socialiste. — Propositions de l'Union fédérative du Centre*. — Affectation de l'excédent du budget en préparation, à la construction, par la ville de Paris, de logements destinés aux ouvriers. — Établissement d'un impôt de 20 p. 100 sur les logements restés inoccupés pendant plus d'un mois.

11. *M. Terrier*. — Demande d'exonération

d'impôts pour les constructions, et affranchissement des droits d'octroi pour les matériaux employés à la construction de maisons ouvrières.

12. *M. Minder.* — Création de Sociétés qui s'engageraient à acquérir des terrains pour y édifier, à l'usage des ouvriers, des constructions rationnelles, moyennant le prêt, par l'État, ou la Ville, ou le Crédit foncier, de 80 p. 100 de la somme représentant le prix de revient des immeubles, à des conditions normales.

13. *M. Olivier.* — Création d'une Société au capital de 2 millions pour la construction : 1° de petites habitations ouvrières dont les locataires pourraient, moyennant diverses combinaisons, devenir propriétaires au bout d'un certain temps ; 2° de maisons à étages permettant de louer des chambres à 100 francs et des logements à 250 fr.

14. *M. Eugène Bailly.* — Formation, en vue d'acquisition ou de construction d'immeubles, d'une Société anonyme à capital variable dont les actions, émises à 100 francs, pourraient être souscrites par les ouvriers qui formeraient une Société coopérative d'un nouveau genre.

15. *M. Vandier.* — Projet de loterie au capital d'un milliard en dix millions de billets à 100 fr., payables 10 francs par trimestre dans le but de construire des maisons aux prolétaires parisiens dont le budget ne dépasse pas 2,500 francs par an.

16. *M. Pavillon.* — Projet de loteries trimes-

trielles de 2 millions de billets à 1 franc pendant cinq ans, dont le produit net, évalué à 20 millions, serait affecté à l'achat dans les environs de Paris, d'un terrain de 30 hectares sur lequel on construirait un village de 1,500 maisons. Le prix des locations (1 fr. par jour) serait exclusivement affecté à l'entretien de la cité ouvrière, en secours à ses habitants et à la création d'une caisse de *retraites viagères* pour tout locataire qui aura habité trente, vingt et dix ans la cité.

17. *M. Claude Nicolas.* — Projet de construction de familistère.

Cette énumération est assez curieuse, il me semble : nationalisation du sol à la Henry George et loterie s'y mêlent agréablement.

La *Banque populaire* offrit également de construire des immeubles pour ouvriers valant cent cinquante millions; mais elle demanda une garantie de 4 0/0 d'intérêt sur les capitaux déboursés.

La Commission administrative tint plusieurs séances, et au cours de ses travaux, elle exprima le désir de voir l'administration entrer en pourparlers avec le gouvernement en vue d'une action commune. Ces négociations ont donné naissance à un projet de convention entre l'État et le *Crédit foncier de France* à intervenir et contenant une disposition spéciale à la ville de Paris (1). Un projet

(1) Il avait été question d'un arrangement s'appliquant à

de convention ayant principalement pour objet la garantie qui serait donnée par la Ville de Paris au *Crédit foncier de France* jusqu'à concurrence de 50 millions de francs fut élaboré. Le Crédit foncier s'engageait à prêter sur première hypothèque, dans des conditions indiquées (c'est-à-dire de 65 à 75 p. 100 de la valeur à un taux inférieur à celui de ses prêts ordinaires), et avec une garantie déterminée de la Ville à toute personne bâtissant des maisons dans lesquelles la moitié au moins de la surface habitable sera affectée à des logements ne dépassant pas un loyer annuel de 300 francs.

La ville exemptait, d'après ce projet, les propriétaires de petits logements, des droits de voirie, du remboursement des frais de viabilité, et elle exemptait en outre les matériaux de construction du payement de droits d'octroi. Pour des maisons de 5,000 francs, on a calculé que ces droits représentent 300 francs, tandis que les droits de voirie sont de 180 francs, les taxes de viabilité de 540, soit ensemble 1,020 c'est-à-dire un cinquième de la dépense et une charge de 20 p. 100 sur un revenu de 250 francs.

toute la France, à intervenir entre le Crédit foncier et l'État, pour la construction de maisons de famille d'une valeur de 3 à 10,000 francs, — projet pour lequel le Crédit foncier prêterait 20,000,000 de fr. sur hypothèque avec engagement de l'État pour le payement semestriel de l'amortissement. —

L'État approuvait la convention à intervenir entre la ville et le Crédit foncier et de plus il exemptait les terrains servant à la construction de ces maisons ou les maisons elles-mêmes une fois construites pendant 20 ans du droit de première mutation, de l'impôt foncier et de l'impôt des portes et fenêtres.

Le projet était très compliqué quant aux détails d'exécution. Remanié à plusieurs reprises, il n'aboutit pas et fut repoussé. La question, encore pendante, peut être considérée comme plus ou moins enterrée.

D'autres propositions ont été étudiées ou votées soit pour la mise en adjudication de la concession à long terme de terrains appartenant à la Ville pour y construire des logements à bon marché, soit pour la construction par la Ville de quatre maisons-types renfermant des logements à bon marché.

La première proposition votée par le conseil n'a pas donné les résultats qu'il en attendait. Cet échec a été dû à la rigueur excessive du cahier des charges et aussi au choix de l'emplacement fait par l'administration. C'est au mois de mars que la Ville mit en adjudication la concession de baux à 75 ans d'échéance portant sur des terrains de 2,881 mètres qu'elle possède rue de Tolbiac, — chaque terrain de 680 à 700 mètres était offert au prix de 100 francs, mais les conditions du cahier des charges formaient une série de servitudes à décourager tout entrepreneur. La moitié de la surface devait être consacrée à des logements à bon marché entre 150 francs et 300 francs. Il n'y a rien de plus naturel que l'échec absolu de cette première tentative, que les pères conscrits parisiens peuvent attribuer à leur inexpérience pratique. Le projet ne tenait pas debout.

Un correspondant de la *Wiener Allgemeine Zeitung* à Paris, M. Gruneke, a eu le mérite d'imaginer une combinaison extraordinaire, qu'il a soumise au Conseil municipal de Paris. Voici en quoi elle consiste. M. Gruneke, a formé avec quelques personnes une Société anonyme au capital de cent mille francs, qui se propose de construire à Paris, pour une somme de 250 millions de francs, des maisons contenant des logements à bon marché, qui deviendront la propriété de la ville à l'expiration d'un délai de 75 ans, sans le concours, sous quelque forme que ce soit, ni de la Ville ni de l'État, et sans que leur responsabilité soit engagée en quoi que ce soit.

Le capital social n'a pour but que de subvenir aux frais de l'entreprise et de la constitution; il n'a droit qu'à un intérêt invariable de 5 p. 100. Dès que le conseil municipal aura voté le projet et accepté ou modifié les statuts et nommé les trois

membres devant faire partie du conseil d'administration, la Société demandera aux pouvoirs publics l'autorisation d'émettre pour 250 millions
d'obligations, ou mieux des bons hypothécaires
amortissables à la valeur nominale de un franc
chacun. Ces bons seront garantis par les terrains
et maisons appartenant à la Société. L'émission
se fera par l'entremise du Crédit foncier. Ces valeurs seront remboursables en 75 ans au moyen
de tirages; les lots varient de 200,000 francs à
2 francs, de sorte qu'aucune obligation ne peut
être remboursée au-dessous de 2 francs. Au bout
de 75 ans, la Société est dissoute et la Ville de
Paris se trouvera propriétaire de tous les immeubles construits pour la somme de 250 millions,
plus du fonds de réserve pouvant être évalué à la
même somme. Les maisons à bon marché contien-
dront des logements variant de 180 à 400 francs
et des chambres de 80 à 120 francs.

Les rapporteurs de la commission des logements
à bon marché ont recommandé l'adoption du
projet au conseil municipal. Cela ne coûte rien,
et on a l'air de vouloir quelque chose. Ce qui m'a
bien étonné, c'est de voir figurer, dans la liste des
associés de M. Gruneke, des noms de personnes
qu'on avait tout lieu de croire sérieuses et réflé-
chies.

La chronologie me force à terminer ainsi cet
aperçu des projets soumis au Conseil municipal

par une véritable curiosité : je n'y puis malheureusement rien (1).

(1) Les combinaisons ingénieuses n'ont pas manqué. Je
signalerai celle que M. *Coste*, l'un des lauréats *du concours
Pereire*, a préconisée sous le nom d'épargne locative. Elle
est exposée dans son volume : *Les questions sociales con-
temporaines* (page 433).

CHAPITRE V

Depuis longtemps déjà, la question des habitations ouvrières est résolue pour ce qui concerne
les groupes de population qui travaillent dans les
usines établies hors des villes. La plupart des exploitations minières et métallurgiques ainsi que
les grandes usines rurales, filatures, tissage, etc.,
qui emploient régulièrement un nombre considérable d'ouvriers, ont pour annexes les habitations
nécessaires à ces ouvriers et à leurs familles. Ces
créations de villages, que l'on observe dans les
régions industrielles du Nord, de l'Est et de l'Ouest,
font partie des dépenses de l'outillage et de la
main-d'œuvre. Les patrons ont intérêt à attirer (1)

(1) Voir plus loin le chapitre que nous avons consacré
aux habitations construites en Allemagne par les chefs
d'industrie pour leurs ouvriers.

et à fixer à proximité des établissements industriels les ouvriers dont ils ont besoin et à les installer dans des conditions favorables à leur hygiène, à l'entretien moral et matériel de leur famille. C'est l'intérêt bien entendu de l'industrie qui a créé ces groupes d'habitations ouvrières et qui assure l'extension de ce système partout où la nature et l'importance de l'établissement le rendent applicable.

Il me reste à donner quelques renseignements sur ce qui a été fait en province. Il est assez difficile de réunir des informations abondantes. J'ai eu recours à l'obligeance de correspondants des départements, et je rapporterai presque textuellement les termes de leurs réponses. Cela donnera un peu plus de variété.

On verra que dans quelques villes la province a singulièrement devancé la capitale, qu'il y a eu des tentatives fort intéressantes, dont certaines ont eu un plein succès. Les plus anciennes ont été inspirées par l'exemple de ce qui s'était fait à Mulhouse; ce sont des Alsaciens comme M. Siegfried, qui, s'expatriant après l'annexion, ont importé l'institution de cités ouvrières au Havre. On verra que dans une ou deux circonstances la municipalité est venue en aide avec une garantie d'intérêt. D'autre part, à Orléans, l'initiative est partie d'ouvriers eux-mêmes.

En ce moment, M. Picot et ses amis ont en-

trepris courageusement une croisade en province
pour propager les idées qu'il a émises dans son livre et pour populariser l'exemple de l'Angleterre.

Lille.

Plus que beaucoup d'autres cités manufacturières, Lille appelait une réforme dans les logements. On se souvient de l'impression produite
par la description, éloquente à force d'être navrante, que fit M. Blanqui, des caves dans lesquelles était entassée ou plutôt enfouie toute une
population d'ouvriers (1). A cette époque (il y a
environ quarante ans) Lille était limité dans
l'étroite enceinte de ses fortifications, et son industrie toujours grandissante, en même temps
qu'elle provoquait l'immigration d'un nombre
croissant d'ouvriers, réclamait pour ses usines la
plus grande part de l'espace disponible : l'habitation humaine était sacrifiée à l'installation des
filatures et des tissages. La démolition des fortifications et l'extension de la ville permirent de
chercher un remède à l'ancien état de choses, qui

(1) Voir le rapport déjà cité de M. Lavollée ainsi qu'une
histoire de la Compagnie immobilière de Lille écrite par
M. Violette. Voir sur l'état actuel des habitations ouvrières
de Lille dans la revue la Réforme sociale des 15 mars,
1er et 15 avril 1887, trois articles par M. Alfred Renouard.
On ne saurait dire que la situation d'une grande partie de
la population ouvrière sous le rapport du logement soit
bien brillante ; elle vit entassée dans des chambres mal
aérées, mal tenues et qu'elle paie fort cher.

était devenu presque un scandale public, et tous les dévouements concoururent avec l'intérêt municipal pour hâter l'amélioration du logement. En 1865 fut projetée une Société, au capital de 2 millions « dans le but de construire, avec le concours de la ville, des maisons exclusivement destinées aux ouvriers. »

La constitution de la Société dépendait du concours de la ville. Ce concours ne fit pas défaut, plusieurs fondateurs de la Société, entre autres M. Violette et le président actuel, M. Dequoy, faisant partie du Conseil municipal. Par une délibération en date du 14 juillet 1865, la ville déclare garantir à la Société, pendant sa durée de cinquante ans, un intérêt de 5 p. 100 sur le capital employé aux constructions jusqu'à concurrence de 2 millions.

La Compagnie Immobilière de Lille fut ainsi constituée par acte du 7 novembre 1867, au moyen d'une souscription de 600,000 francs, somme qui fut jugée suffisante pour commencer les opérations, et à laquelle s'ajouta une subvention de 100,000 francs à titre gratuit, accordée par l'empereur.

Dès 1873, la Société, qui s'était rendue propriétaire de deux grands lots de terrain dans la zone annexée, avait construit 233 maisons. Depuis cette époque, un troisième lot a été acheté, ce qui porte à 318 le nombre des maisons que la

Société a mises à la disposition des ouvriers, dans des quartiers salubres, avec des aménagements bien appropriés et à des conditions de location ou de vente qui sont avantageuses. Le prix de location d'une maison à un étage, pouvant loger une famille, est de 17, 50 à 20 francs par mois. Les logements loués en ville par les ouvriers ne se composent le plus souvent que d'une chambre, dans des conditions très insuffisantes à tous les points de vue et au prix de 8 à 12 francs par mois. La population des trois groupes de maisons s'élève à 1810 personnes. Deux maisons seulement sont habitées par des célibataires; tout le reste est habité par des familles plus ou moins nombreuses. D'après les chiffres ci-dessus, la moyenne d'habitants par maison serait entre cinq et six. La plus grande partie des maisons est occupée par des ouvriers des filatures de lin et de coton; puis viennent quelques ouvriers du bâtiment et des ateliers de construction, et enfin des employés de l'octroi, des chemins de fer et des tramways. Non seulement il n'y a jamais de maisons inoccupées, mais encore la proportion des locataires qui deviennent acquéreurs est toujours croissante. En 1873, sur 233 maisons, 52 étaient vendues et le reste était habité par des locataires. Actuellement, sur 318 maisons, 201 sont vendues à ceux qui les occupent. D'après les statuts, les maisons ne peuvent être vendues par la Société qu'au prix de revient, et elles sont payables au dixième d'avance, avec les frais d'enregistrement et le surplus, par fractions, au mois ou à la quinzaine, pendant une période de quinze ans au maximum et avec faculté d'anticipation. Le nombre considérable des achats prouve que le prix (3,000 francs) pour les maisons ordinaires est en rapport avec les ressources qu'une famille d'ouvriers peut économiser sur le salaire quotidien. Pour que ces maisons conservassent le caractère et l'affectation spéciale qui leur étaient attribués au profit des ouvriers, il fallait stipuler qu'elles ne seraient revendues ou sous-louées par les acquéreurs que sous certaines réserves et moyennant des conditions plus ou moins restrictives. D'un autre côté, l'on pouvait craindre que les mutations de propriétés s'effectuant nécessairement après décès ou par suite de vente volontaire ou forcée, ne vinssent jeter quelque trouble dans l'ensemble de l'opération et dénaturer quelque peu l'œuvre primitive. Depuis la fondation de la Société, douze maisons ont été revendues, sans qu'il en résultât le moindre inconvénient pour le fonctionnement général du système.

La Société avait commencé ses opérations avec un capital souscrit de 600,000 francs et avec une subvention de 100,000 francs. Il est stipulé dans les statuts que les actions de 500 francs recevront un intérêt annuel sur les produits nets résultant du produit des locations et des intérêts dus par les acquéreurs de maisons, sous déduction des frais d'administration et d'entretien, et du service des emprunts éventuels. Quant au surplus des bénéfices et au produit des ventes de maisons, ils sont destinés, d'après les statuts, au remboursement successif des actions de 500 francs, le Conseil d'administration conservant toutefois la faculté d'appliquer le produit des ventes à de nouveaux achats de terrain et à de nouvelles constructions.

Depuis l'origine de la Société, l'intérêt annuel de 5 p. 100 a été régulièrement payé aux actionnaires, sans qu'il y ait eu lieu de recourir à la garantie de la ville, et s'il n'a pas été remboursé d'actions, c'est que le conseil d'administration a usé de la faculté d'emploi qui lui a été réservée par les statuts, en construisant de nouvelles maisons au fur et à mesure qu'il recevait le produit des ventes(1). C'est ainsi que, sans émission d'actions

(1) Les conditions de vente et de location sont des plus simples. Le prix de location est calculé à raison de 8 p. 100 sur le prix de vente : sur ces 8 p. 100, 5 p. 100 sont attribués aux actionnaires et 3 p. 100 affectés aux frais d'assurances, d'impôts divers, entretien, réparations et dépenses de gestion. Le payement de quinze annuités de loyer donne au locataire la possession de la propriété qu'il habite, mais l'ouvrier peut tout d'abord s'en déclarer acquéreur dès qu'il a payé en loyer le dixième du prix de la construction : dès lors le prix de son loyer est successivement réduit à 5 p. 100 de la somme restant à payer,

supplémentaires, sans emprunt, il a pu construire successivement, avec le capital primitif de 600,000 francs renouvelé par les ventes, pour 1,146,000 fr. d'immeubles. Le remboursement des actions n'est, d'ailleurs, exposé à aucun risque en présence de l'actif immobilier qui demeure la

et il peut même abréger la durée de son bail par des payements anticipés et partiels.

Le tableau suivant établit d'une façon précise les conditions de vente :

	Prix de vente par maison.	Premier acompte à payer de suite (plus les frais d'acte).	Payements à effectuer successivement pour devenir propriétaire.
MAISONS	fr.	fr.	fr.
à 1 étage	2.700	270	21 par mois pendant 13 ans 6 mois.
plus grandes à 1 étage.	4.200	420	35 — — 12 — 3 —
— —	4.500	450	35 — — 13 — 6 —
— —	4.000	460	35 — — 11 — »
à 1 étage, avec caves.	5.000	500	40 — — 13 — »
à 2 étages, avec caves.	8.000	800	70 — — 11 6 —
— —	8.700	870	70 — — 12 6 —

Les conditions de location sont exactement stipulées dans un second tableau que voici :

	Prix annuel du loyer.	Mode de payement du loyer.
MAISONS	fr.	fr.
à 1 étage.	208	17 50 par mois ou 8 fr. par quinzaine.
à 1 étage.	216	18 par mois.
plus grandes à 1 étage.	336	84 par trimestre.
— —	360	90 — —
— —	388	92 — —
à 1 étage, avec caves.	400	100 — —
à 2 étages, avec caves.	640	160 — —

propriété de la Société ; il est simplement ajourné, du consentement des actionnaires.

M. Lavollée fait remarquer que le but des fondateurs a été complètement atteint. Un nombre relativement considérable de familles d'ouvriers sont logées dans des conditions de salubrité et de bien-être qui étaient inconnues il y a vingt ans. L'habitation dans tous ses détails s'est sensiblement améliorée à Lille : l'exemple donné a trouvé des imitateurs. Il y a eu un grand service rendu, et il est très important d'ajouter qu'il ne coûte rien à personne. Au contraire, au point de vue financier, l'entreprise rémunère convenablement.

Cependant le dernier groupe (110 maisons dont la réception n'a été faite qu'en 1881), moins bien situé que les autres et comprenant des maisons d'un prix de revient plus élevé, ne donne pas les résultats qu'on en attendait et le conseil ne sent pas la nécessité de continuer à édifier de nouvelles habitations (1).

Le bureau de bienfaisance de Lille a bâti un groupe important de maisons, pour lesquelles la réduction de loyer est appliquée à titre de secours. C'est de l'assistance publique en faveur des ouvriers indigents.

(1) Un certain nombre d'ouvriers devenus propriétaires préfèrent se retirer dans une habitation plus modeste et louer leur maison à d'autres ouvriers, souvent à des débitants de boisson.

Édifié en 1860, ce groupe a porté d'abord le nom de cité Napoléon, il s'appelle aujourd'hui cité philanthropique. Il forme entre quatre rues et en pleine ville un immeuble important érigé sur près d'un hectare de terrain, comprenant 276 chambres, louées par mois 5 fr. (rez-de-chaussée), 4? fr. 50 (1er étage), 45 fr. (2e étage), 35 fr. 80 (3e étage), ceux-là seuls sont admis dans la cité qui sont inscrits sur la liste des indigents et ceux qui peuvent prouver de l'insuffisance du salaire hebdomadaire en raison du nombre de leurs enfants. L'administration considère qu'il y a insuffisance matérielle, lorsqu'en additionnant le chiffre des salaires du père, de la mère et des enfants pendant une semaine et en divisant le total par le nombre des membres de la famille, elle ne trouve pas un quotient égal à 5 fr.

Le ministre de l'intérieur a accordé une subvention de 100,000 fr. en 1860, le préfet du Nord envoya une somme importante pour acheter des meubles. D'après M. Alfred Renouard, secrétaire général de la Société industrielle de Lille (1), la

---

(1) Dans la *Réforme sociale* du 15 avril 1887, on trouvera des détails très instructifs sur 150 maisons ouvrières bâties à Loos par MM. Thiriez, filateurs. Il y a notamment des maisons à 10 fr. 50 par mois (payables par quinzaine 5 fr. 25) construites sur un terrain de 4 m. 40 de largeur et 25 mètres de profondeur, avec cave, rez-de-chaussée avec une grande pièce et petite cuisine, premier étage avec

physionomie extérieure de la cité est des plus
riantes. Les chambres sont suffisamment grandes
et bien agencées.

On peut estimer que la cité philanthropique
permet de loger environ 1,000 indigents. Le chiffre
des indigents inscrits au bureau de bienfaisance
de Lille va en augmentant (1877, 6,148 familles,
24,017 individus; 1880, 6,951 familles, 29,243 individus; 1886, 7,113 familles, 31,098 individus),
un tiers environ en dix ans.

L'immeuble a coûté 700,000 fr., il rapporte
1 p. 100 qui est régulièrement absorbé par les
réparations, contributions, frais de gaz, hono-
raires du concierge. M. Renouard trouve qu'au
point de vue moral le but est atteint en raison
du grand nombre de candidats à la location des
chambres. Les habitants actuels, craignant de se
voir dépossédés de leur demeure, observent le
règlement à la lettre, mais il est évident pour
tous, ajoute M. Renouard, qu'en raison du petit
nombre de personnes auxquelles l'immeuble permet de subvenir, la construction a coûté beaucoup trop cher et ne saurait être prise comme
modèle.

A mon avis, c'est un exemple à éviter. Il con-
firme les préventions des économistes contre la

deux chambres. La retenue du loyer est faite sur la paye
de quinzaine.

19.

construction par l'État (puisque les plans ont été approuvés par l'autorité, après examen de la commission des bâtiments civils).

Quant à l'effet démoralisant de la gratuité de secours, voici un exemple typique donné par M. Renouard :

Le service médical est assuré. Un médecin donne des consultations tous les jours et visite les malades à toute réquisition. Les médicaments, bandages, etc., sont délivrés gratuitement par le Bureau de bienfaisance. A ce propos nous ferons remarquer que tout récemment on a dû stipuler que l'abus des médicaments serait au nombre des causes d'expulsion. Pour donner une idée de ce qui advenait à ce sujet, nous mentionnerons que les distributions de vin de quinquina, par exemple, ne servaient dans certaines familles qu'à organiser une petite fête le dimanche avant le café (ce qui a amené les médecins à remplacer ce vin par le vin de gentiane, trop amer pour qu'on puisse songer à en faire un régal), que l'huile de ricin était surtout utilisée pour allumer les lampes ou pour oindre les souliers des ouvrières des filatures de lin au mouillé, etc. Bien plus, dans ces derniers temps, on avait constaté dans le voisinage la présence d'une épicerie, qui se chargeait d'acheter à bas prix aux ouvriers les médicaments pour les revendre à son tour avantageusement à titre de droguerie.

On trouve encore à Lille la cité Saint-Maurice fondée en 1854 par un certain nombre d'industriels et de propriétaires des faubourgs de Fives et de Saint-Maurice, afin d'assurer aux ouvriers un logement convenable et à bon marché. L'acte de société remonte au 11 juin 1855, il constate un apport de 400,000 fr. fait par une société anonyme, représenté par 4,000 actions de 100 fr.; ses locaux ont été mis à la disposition des ouvriers en 1856.

Le nombre actuel des locataires est de 101, représentant une population de 400 âmes. Les 64 maisons se divisent en 37 maisons à 15 fr., 6 à 16 fr., 2 à 17 fr., 4 à 18 fr., 6 à 23 fr., 6 à 32 fr., un corps de bâtiments contenant 48 chambres au prix de 3 à 10 fr. par mois.

Le résultat financier est nul, les actionnaires n'ont jamais touché un dividende, la majeure partie des revenus passe en réparations, frais divers de gestion, éclairage, contributions.

Société anonyme Saint-Quentinoise à Saint-Quentin.

Cette Société a été fondée dans le but de créer des habitations d'ouvriers; elle construit des maisons pour une seule famille; elle les loue ou elle les vend avec toute facilité de payer un amortissement, variable selon les moyens de l'acquéreur, ajouté au prix du loyer. Un premier groupe de seize maisons a été mis en vente ou en location avec promesse de vente ; chacune de ces maisons est bâtie entre cour et jardin, sur un terrain d'une contenance d'environ 123 mètres carrés, se compose d'une cave, de deux pièces au rez-de-chaussée, d'un grenier, lieux d'aisances et d'un petit appentis. Le prix des maisons sans mansardes est de 2,500 francs, avec mansardes 150 francs de plus.

Société anonyme des maisons ouvrières à Amiens.

A Amiens, il s'est constitué, il y a plusieurs années, une Société anonyme des maisons ouvrières, au capital de 300,000 francs. En 1881, les neuf dixièmes du capital étaient remboursés, et l'on évaluait à 15,000 francs le bénéfice final de la Société, bénéfice qui résulte, il est vrai, de la plus-value des terrains et qui doit être d'ailleurs affecté à des travaux d'utilité générale pour les maisons d'ouvriers. L'emploi fructueux de ce capital de 300,000 francs a procuré à des familles d'ouvriers le bénéfice de meilleurs logements et la faculté de devenir propriétaires de leur foyer, grâce aux conditions de payements fractionnés et échelonnés qui sont inscrites dans les contrats. La Société d'Amiens avait acheté 160,000 mètres à 3 fr. 50 et à 4 francs le mètre. Les maisons construites n'ont occupé que 8 à 10,000 mètres, et chacune

d'elles, vendue aux ouvriers, n'a été grevée, quant
au terrain, que du prix d'achat; mais la Société, en
créant un quartier nouveau, en perçant des rues,
a donné une grande plus-value à la portion de terrain qui restait disponible, et elle a pu vendre
10, 15 et même 20 francs le mètre ce qui avait
coûté 3 et 4 francs. De là le bénéfice. Cette opération a été conduite avec autant d'intelligence que
de désintéressement. Le capital engagé ne s'est
réservé que l'intérêt de 5 p. 100 jusqu'à remboursement; le profit de la revente avantageuse d'une
partie des terrains demeure destiné à l'amélioration des habitations ouvrières. L'État et la ville
retirent de la création de cette propriété immobilière un supplément d'impôts. Cette dernière considération a son importance.

Reims. — Union foncière.

Au Congrès de Reims, en 1881, M. Eustelle a
donné des renseignements sur le fonctionnement
de l'Union foncière, fondée en 1870 par des employés et des ouvriers de la ville. Société coopérative de construction de maisons pour les ouvriers,
elle a commencé ses opérations en 1873. Non
seulement elle a édifié des maisons sur de vastes
terrains acquis par elle dans les faubourgs, mais
elle construit aussi sur des terrains appartenant à
ses sociétaires; elle achète d'anciennes maisons

dans la ville, les met en état, s'il y a lieu, et les revend ; elle transforme et répare les habitations ; en un mot, elle s'efforce de procurer des logements sains, économiques et agréables. Il faut, pour faire partie de la Société, verser une mise d'entrée de 3 francs, non remboursables, et acquitter une cotisation annuelle de 25 francs au minimum, rapportant d'ailleurs 5 p. 100. La Société reçoit en outre des dépôts à conditions débattues entre le prêteur et l'administration. Une disposition des statuts permettant, dans le cas où il n'y aurait pas de demandes de maisons émanant des sociétaires, de disposer des fonds en caisse pour tout autre genre de construction et sur bonne garantie, a donné un curieux résultat : l'Union foncière a construit une crèche pour le compte de la Société protectrice de l'enfance, présentant le spectacle d'une société coopérative ouvrière venant en aide à une Société philanthropique bourgeoise, dans une création destinée aux enfants des ouvriers. La Société possédait 48 maisons, ayant coûté chacune de 4,500 à 6,000 francs et ayant toutes des jardins. L'annuité à verser pour devenir propriétaire en vingt ans varie entre 350 et 450 francs. En 1881 l'Union foncière comptait 450 membres possédant environ 180,000 francs. Tout sociétaire peut retirer le montant de son avoir sur sa simple demande, tout en conservant le droit de le reverser quand cela lui sera possible, ce qui lui permet de trouver dans la Société une banque de dépôt. Celle-ci est en même temps une caisse d'épargne, car elle se charge d'aller recueillir à domicile la moindre économie (minimum 1 franc). Enfin une caisse spéciale de secours annexée à la société permet de venir en aide aux sociétaires qu'un événement imprévu ou un accident empêche de pouvoir verser leur annuité.

Il m'a paru intéressant de faire connaître l'existence de cette société rémoise qui mérite vraiment d'attirer l'attention.

Société anonyme rémoise pour l'amélioration des logements à bon marché.

Fondée par l'initiative privée avec des actionnaires de bonne volonté, sans aucune subvention ni faveur, pas plus de la Ville que de l'État, opérant avec ses seules ressources, à ses risques et périls, elle a pour objet de créer ou d'améliorer de petits logements selon les prescriptions de l'hygiène et de donner à ses locataires, aux mêmes prix que dans les maisons de cette catégorie de la ville, le nécessaire d'un logement sain, aéré, avec l'isolement absolu de chacun ; d'y établir les divisions réclamées par la propreté et la morale. Pour éviter les effets de la spéculation et assurer la continuité de leur œuvre qui est de faire mieux que les spéculateurs, pour employer les termes

d'un des promoteurs, les actionnaires se sont engagés à ne pas prélever plus de 4 p. 100 de dividende, auxquels on ajoutera l'impôt foncier,
l'assurance, le balayage, le ramonage, la vidange
des fosses, puis 2 p. 100 du capital employé pour
l'entretien, les non-valeurs et les frais d'administration.

La Société rémoise a un capital social de
500,000 francs. Elle loue et ne vend pas. Elle a fait
construire aux deux extrémités de la ville, dans
des terrains lui appartenant, avenue de Betheny
80 logements, chemin de Bezannes 24 logements.
Les pavillons sont de 8 logements complètement
indépendants avec entrées distinctes, sans aucune
communauté que la fosse d'aisances, dont la vidange
est faite par le propriétaire ; mais chacun a son
closet chez lui.

On m'écrit que, malgré le loyer très peu élevé,
la Société a des désagréments avec la plupart de
ses locataires : payements en retard, même expul-
sions judiciaires, plaintes contre les capitalistes,
mauvais esprit chez beaucoup qui n'eussent pu
prétendre à un pareil comfort. On a des désagréments en guise de remerciements. En présence de
la crise industrielle, la Société a baissé ses prix, il
y a un an ; cependant il y a des vacances, alors
que Reims contient tant de logements insalubres.
Les prix varient de 10 à 15 francs par mois.

La Société compte 158 actionnaires ayant versé

375,000 francs. En 1884, il n'a rien été distribué comme intérêt.

L'industrie des tissus à Reims subit le contre-coup de la crise.

Nancy. — Société immobilière.

J'ai reçu de Nancy la lettre intéressante que voici : « La municipalité de Nancy n'a rien fait pour améliorer les logements des ouvriers et des pauvres, sauf les travaux d'assainissement tels qu'égout et fontaines servant à tout le monde. Il y a douze ans une *Société immobilière* s'est constituée au capital de 200,000 fr. pour construire des maisons destinées à être vendues aux ouvriers et payées par annuités, selon la méthode usitée à Mulhouse. La Société a construit environ 55 maisons contenant chacune de 4 à 5 pièces et coûtant de 4,500 à 7,000 fr. selon les quartiers. Elles sont à rez-de-chaussée ou à rez-de-chaussée et étages pour les plus chères. Toutes ces maisons ont été achetées par des ouvriers ayant déjà fait quelques épargnes et pouvant disposer d'une certaine somme en prenant possession de ces immeubles. La Société a toujours donné 5 p. 100 à ses actionnaires. Depuis trois ans elle a cessé de construire, parce que la crise qui sévit à Nancy comme ailleurs a déterminé une diminution assez sensible dans la population ouvrière, qui jusque-là s'était régulièrement

accrue chaque année. D'ailleurs plusieurs entrepreneurs avaient également construit des maisons
ouvrières et le besoin ne s'en faisait plus sentir
aussi vivement que pendant les années qui suivi-
rent la guerre de 1870. Ces maisons n'étaient pas
destinées aux *pauvres*. A moins d'abandonner presque complètement la rémunération du capital, la
question est à peu près insoluble. Les pauvres
non seulement payent difficilement leur loyer,
mais encore détériorent rapidement les logements qu'ils occupent. Les réparations sont inces-
santes et absorbent rapidement les faibles produits
des immeubles. Il n'y a qu'un moyen pour leur
venir en aide, si l'on n'a pas de grosses sommes à
perdre, c'est de créer une caisse des loyers qui
vient ajouter quelque chose aux sommes que les
ouvriers consentent à y verser, soit quotidienne-
ment, soit à chaque paye. C'est un puissant encouragement à l'épargne que d'ajouter 1/4, soit même
1/10 des sommes que les ouvriers ont consenti à
remettre à la caisse pour leur loyer mensuel.

« L'obstacle le plus grave à l'acquisition des
maisons par les ouvriers est principalement l'énor-
mité des frais de contrat. Pour ces maisons ils
s'élèvent à près de 1,020. Comme les mutations de
propriété sont plus fréquentes chez les ouvriers
que chez les propriétaires plus aisés, il arrive que
ces frais rendent à peu près impossible cette acquisition dans les villes. Partout où ces sociétés ont

réussi, à Mulhouse par exemple, c'est que les patrons faisaient des sacrifices sérieux soit en intérêt, soit en capital, soit par l'achat de terrains en gros ; le bénéfice dû à la plus-value de ces terrains venait diminuer d'autant les sommes à payer par les ouvriers. L'œuvre n'a pas réussi à Nancy, parce que ces conditions n'ont pas été remplies. Les impôts dont sont grevées les maisons à Nancy sont également très élevés. Lorsqu'à l'intérêt du prix d'acquisition il faut ajouter l'impôt foncier, l'impôt des portes et fenêtres, l'impôt mobilier, l'impôt pour l'usage des égouts et l'assurance, on arrive à une somme inabordable non seulement pour les pauvres, mais pour la plupart des ouvriers qui ne sont pas l'élite, et il ne leur reste d'autres moyens, pour se loger, que de s'entasser dans des maisons à plusieurs étages avec une ou deux chambres au plus, ou bien dans des quartiers aussi mal famés que malsains. »

Le Havre. — Société Havraise des cités ouvrières. Une délibération du conseil municipal.

Au Havre, une société anonyme, la Société Havraise des cités ouvrières, s'est formée en 1871 au capital de 200,000 francs, sous l'influence directe de Mulhouse. Elle a construit 117 maisons, représentant une dépense dépassant 500,000 francs. Au 31 décembre 1884, les maisons de la cité havraise vendues par actes notariés s'élevaient à 56 et sur ce nombre 38 sont entièrement payées. La création de la cité Des Maillières est de date trop récente pour que quelques-uns des locataires aient pu faire l'acquisition des maisons qu'ils occupent. Il faut que le tiers de la valeur d'une maison ait été payé pour qu'on soit en droit de demander l'acquisition par acte notarié.

Le type des maisons est bien choisi, elles sont deux à deux pour profiter d'un mur mitoyen, elles ont quatre chambres, deux au rez-de-chaussée, dont une servant de cuisine et de chambre à manger, deux au premier étage, un jardin sur le devant et une petite cour derrière, qui sert de débarras. Le terrain est revenu au Havre à 5 francs le mètre, tandis qu'il n'avait coûté qu'un franc à Mulhouse. Les constructions sont aussi plus chères en Normandie qu'en Alsace, et les maisons, tout en y étant plus petites, coûtent 3,000 à 3,600 francs ; les acqué-reurs ont la faculté de se libérer à leur choix suivant un tableau d'amortissement indiquant la quantité des versements à effectuer pour solder le prix d'une maison de 3,000 francs dans un délai variant de 1 à 20 ans à la volonté de l'acqué-reur (1).

(1) Je dois ces renseignements à l'obligeance de M. Jules Siegfried, député et ancien maire du Havre, auteur d'un livre sur *la Misère*, couronné par l'Institut de France (Académie des sciences morales).

Voici ce tableau d'amortissement :

Termes de libération.	Versement annuel.	Versement mensuel.	Proportion par 100 fr. et par un.
1 an.	3 150.00	262.50	105.00
2	1 613.40	134.45	53.78
3	1 101.60	91.80	36.72
4	846.00	70.50	28.20
5	693.00	57.75	23.10
10	388.20	32.35	12.94
15	288.95	24.05	9.63
20	240.70	20.05	8.02

Voici les conditions de vente des maisons de la cité havraise : un premier versement de 300 francs, payé comptant, pour une maison de 3,000 francs et devant servir à payer les frais de contrat. Un payement mensuel de 24,05 par mois pour devenir propriétaires en 15 années ou de 20,05 en 20 années suivant le tableau ci-dessus. Faculté à l'acquéreur, en dehors du payement mensuel et obligatoire, de hâter sa libération envers la Société par des versements en compte courant; ces versements productifs d'un intérêt de 5 p. 100 ne pourront être inférieurs à 50 francs. En cas d'inexactitude dans les payements mensuels, la Société aura le droit de reprendre possession de l'immeuble en remboursant à l'acquéreur tout ce qu'il aura pu verser en plus de 20 francs par mois pendant toute la durée de son occupation. L'assurance, les impositions foncières et celles des portes et fenêtres sont à la charge de l'acquéreur. Aucune construction ne doit être édifiée dans le jardin; la maison ne peut être exhaussée d'un étage. L'acquéreur ne peut revendre ou sous-louer pendant les dix premières années sauf le consentement par écrit du vendeur. La Société ne prélève aucun bénéfice et ne retire que 5 p. 100 du capital engagé. Le Conseil municipal du Havre, pour encourager cette tentative, a voté à ladite Société une subvention de 25,000 francs.

L'état sanitaire des maisons est satisfaisant, — la mortalité y a diminué.

La municipalité du Havre est très active et elle a pris énergiquement en main la canalisation des égouts. Elle a adopté, le 16 décembre 1885, les conclusions suivantes du rapport présenté par la commission des finances :

« Le Conseil municipal du Havre,

« Désirant favoriser la construction de logements à bon marché,

« Décide que la ville garantira à une Société immobilière, fondée pour une durée de 20 ans, et dont les statuts lui auront été préalablement soumis, un intérêt pendant ladite période, sur les sommes employées, jusqu'à concurrence d'un capital de 500,000 francs, à la création d'habitations économiques d'un prix variant de 4,000 à 8,000 francs.

« Une délibération ultérieure déterminera, de concert avec ladite Société, les conditions concernant la salubrité de ces habitations, le taux des locations par rapport au prix de revient, et enfin la faculté pour les occupants de devenir propriétaires de ces immeubles au moyen de versements successifs. »

On s'est fondé sur l'exemple de la ville de Lille.

Avant de quitter le Havre, signalons le Cercle Franklin du Havre, fondé au capital de 200,000 francs et destiné à développer le bien-être social, intellectuel et moral de ses membres. Il est la reproduction de la pensée qui a fait créer le cercle Mulhousien, les *Working men's Clubs*. On a voulu offrir aux ouvriers et à leurs familles des distractions d'un ordre plus élevé que celles qu'ils trouvent dans les tentations du cabaret.

Société des cités ouvrières de Bolbec (Seine-Inférieure).

L'initiative individuelle a fondé à Bolbec, en Normandie, une Société des cités ouvrières, au capital de 100,000 francs en 1878. Cette Société a pour but de construire des maisons d'ouvriers, de les vendre ensuite payables en une série d'annuités comprenant l'intérêt et l'amortissement.

Rouen.

La démolition d'une grande partie du légendaire quartier Martainville a donné l'idée à quelques philanthropes de fonder une Société, en vue de

créer de petits logements, non seulement destinés
aux ouvriers, mais aussi aux petits employés que
leurs occupations retiennent en ville toute la
journée, auxquels leurs émoluments ne permettent de mettre qu'une somme minime à leurs
loyers, ce qu'ils ne peuvent faire qu'en se logeant
très loin du centre, souvent même dans la banlieue
de Rouen. Cet éloignement les force à déjeuner
en ville; ce déjeuner hors du foyer leur coûte fort
cher et les entraîne souvent à des habitudes de
café fort nuisibles à leurs intérêts et à ceux de
leur famille.

Cette Société s'est fondée; elle compte parmi ses
membres M. Duchemin, M. Picot; elle a acheté
au centre de l'ancien quartier Martainville un
vaste terrain sur lequel elle va construire un
groupe de logements qui paraît bien conçu et qui
réalise autant que possible le but du logement à
bon marché et évite les inconvénients que l'on reproche à la trop grande agglomération d'individus
sur un même point.

La Société a pris le titre de Société anonyme
immobilière des petits logements au capital de
200,000 francs en actions de 500 francs, dont les
fondateurs ont déjà réalisé la moitié.

L'immeuble qu'il s'agit de construire rappellera
les maisons élevées à Londres, grâce à la donation Peabody : trois étages divisés en logements
loués 200 à 250 francs; point de corridors d'accès,

des escaliers clairs et aérés aboutissant à de larges paliers. Les fondateurs ont compris qu'une entreprise de ce genre devait être faite suivant les plus stricts principes commerciaux, que l'argent devait rapporter un intérêt rémunérateur, que le dividende régulier était le secret à l'aide duquel les sociétés anglaises étaient parvenues à des résultats prodigieux.

M. Picot a donné quelques détails sur la Société immobilière. Cette Société a consacré tous ses soins à l'étude des plans; elle a envoyé un architecte et un ingénieur examiner sur place ce qui avait été fait en Angleterre et en plusieurs points de la France; elle a retiré de cet examen des données pratiques d'une haute valeur.

Ils ont élevé un seul corps de bâtiment, mais cet immeuble se compose de six maisons distinctes, desservies chacune par un escalier spécial. Comme à Londres, les corridors ont été proscrits, l'indépendance des locataires a été soigneusement assurée; chaque logement composé de deux ou trois pièces, rarement d'une seule pour les célibataires, a son *water-closet* très clair et très aéré, et des tuyaux spéciaux descendant au rez-de-chaussée toutes les poussières et ordures dans une petite fosse hermétiquement fermée d'où elles sont enlevées ensuite par le concierge. Au milieu des six maisons est une grande cour plantée, distribuant généreusement à tous les habitants l'air, la lumière et servant à la promenade.

La Société espère, après le « groupe d'Alsace-Lorraine » qui contient cent logements, en élever d'autres. Ses calculs lui permettent de croire qu'elle distribuera 4 p. 100 à ses actionnaires. S'il en est ainsi, elle trouvera des capitaux et continuera son œuvre.

Près de la moitié des logements a été louée d'avance, bien que les locataires ne puissent entrer avant le mois d'avril 1887. Les ouvriers rouennais chassés du centre de la ville par les expropriations payent des loyers élevés; les nouveaux logements leur seront donnés au cœur de la ville; l'avantage qu'ils trouveront ne résidera pas dans le prix du nouveau loyer, mais dans les conditions exceptionnelles d'hygiène, de salubrité, d'air, de lumière et d'espace qu'aucune famille ouvrière n'a connues.

Orléans. — Société immobilière ayant pour but de développer l'esprit d'épargne en facilitant l'accession à la propriété.

En 1879 deux ouvriers ne disposant d'aucun capital et sans autre appui que le concours de quelques hommes désintéressés conçurent la pensée de constituer une Société de construction, qu'ils dénommèrent Société immobilière d'Orléans, dans le double but de multiplier les petits logements afin de parer aux difficultés créées par le renché-

rissement des loyers et surtout de procurer à l'ouvrier père de famille un logement salubre dont il
pût devenir propriétaire dans un délai maximum
de 25 années, délai qu'il peut abréger en antici-
pant les versements, selon que ses charges le lui
permettent et que ses habitudes d'ordre le lui
facilitent. Le but principal de la Société est de
rendre l'ouvrier propriétaire de sa maison ; aussi en
a-t-elle fait le sous-titre de son institution ; il est
imprimé en tête de ses statuts : « développer l'esprit d'épargne en facilitant l'accession à la propriété. » L'*Immobilière d'Orléans*, société anonyme
à capital variable, s'est constituée au capital no-
minal de 200,000 francs et au capital effectif de
76,900 francs divisé en 769 actions de 100 francs
souscrites par les petites bourses en très majeure
partie. Ce capital d'origine de 200,000 francs a été
réalisé au fur et à mesure des besoins ; il a été
successivement élevé de 200,000 à 300,000 francs,
puis de 300,000 à 400,000 francs, montant actuel
du capital souscrit et versé. Ce capital est rémunéré au taux de 5 p. 100, nets d'impôts, sans
préjudice de la constitution d'une réserve égale
au dixième du capital social. Et, ce qui surprendra
peut-être au premier abord, ces 400,000 francs
auront suffi pour pourvoir aux achats de terrains
et à l'édification de 215 maisons (203 à 1ᵉʳ étage
dont quelques-unes avec mansardes, 5 à 2 étages
et 7 à simple rez-de-chaussée) d'une valeur col-

lective, terrains compris, d'environ 2,200,000 francs.
La différence entre le capital social et la somme
dépensée a été couverte par la vente de terrains,
les versements de garantie, un commencement
d'amortissement, les versements anticipés et surtout par l'emploi de moyens hypothécaires.

Ces 215 maisons sont toutes pourvues d'un
acquéreur; la Société ne spécule pas et ne construit pas à l'avance; elle traite sur plan et à forfait.
Jusqu'à ce jour tous ceux qu'elle a accueillis remplissent parfaitement les engagements contractés;
cinq ou dix à peine ont besoin d'être légèrement
stimulés.

L'économie des opérations de la Société est
d'ailleurs fort simple. L'ouvrier qui se présente
comme acquéreur se trouve dans l'une des deux
situations suivantes : ou il a réalisé quelques
économies égales au prix du terrain, ou bien ses
ressources n'ont pas encore atteint ce modique
degré d'avancement. Dans le premier cas, la
Société lui vend un terrain qu'il paye comptant, et
fait avec lui un marché par lequel il prend la Société comme constructeur de la maison à édifier;
des plans lui sont soumis, les prix sont établis à
forfait, mais le preneur a toujours la faculté, en
cours d'exécution, de modifier à son gré les détails
de la construction et la disposition intérieure; ce
qu'il fait retrancher est diminué du prix total du
devis, ce qu'il ajoute lui est compté en supplément.

Ce mode d'opérer oblige l'acquéreur à consentir, au profit de la Société, à une hypothèque sur la maison construite. Il se libère en payant annuellement 7,10 p. 100 du prix total pendant 25 ans, ce qui assure l'amortissement complet du capital et l'intérêt à 5 p. 100; il peut en outre effectuer à toute époque des payements par anticipation et diminuer par suite la durée de sa libération. Il est d'autre part invité à améliorer les conditions susénoncées qui lui ont été faites en consentant un emprunt que les notaires de la Société ont pu jusqu'ici procurer au taux de 4 1/2 p. 100 au lieu de 5 p. 100, ce qui réduit l'annuité due pour intérêts et amortissement à 6,75 p. 100 sur une somme égale à moitié au moins du prix de l'immeuble. Ce prêteur prend sur la maison une première inscription hypothécaire; la Société consent à venir seulement en second rang. L'Immobilière trouve profit à ce mode de procéder, qui la fait rentrer immédiatement dans une somme supérieure à la moitié du prix de la construction et lui permet d'entreprendre des opérations nouvelles.

Lorsque l'ouvrier ne peut acquérir le terrain, la Société l'accueille néanmoins; elle restreint le versement de garantie à la plus minime proportion. Parfois même sa seule honnêteté a été acceptée comme une garantie suffisante. Si l'ouvrier a des habitudes régulières bien constatées, elle traite avec lui, lui loue une maison disposée à son usage

20.

et insère dans le bail une promesse de vente ; s'il se plaît dans sa maison, il la conserve et se libère comme dans le cas précédent en payant annuellement, pendant 25 ans, 7,10 p. 100 du prix total. Ce second système lie la Société, mais il n'oblige pas irrévocablement l'ouvrier qui pendant les 12 premières années du bail reste maître de le résilier malgré la promesse de vente y insérée.

Les maisons de la Société Immobilière d'Orléans, élevées sur caves, sont conçues dans la pensée que l'acquéreur prendra un locataire et qu'il se procurera de la sorte le moyen certain et facile de remplir ses engagements.

Les principaux types édifiés par la Société sont les trois suivants : 1° maison à 1 étage ; son prix est de 4,000 francs auxquels il convient d'ajouter 500 francs de terrain, soit 4,500 francs. L'acquéreur a à verser annuellement, selon qu'il a payé ou non le terrain, 284 ou 320 francs. La valeur locative de l'immeuble est de 130 francs pour le rez-de-chaussée et de 170 francs pour le premier étage.

2° Maisons à premier étage, un peu plus grandes, avec cuisine au rez-de-chaussée et, à l'extérieur du bâtiment, buanderie. Sa valeur est de 6,000 francs en plus du prix du terrain. Le versement annuel à effectuer, si le terrain est payé, est de 426 francs. La valeur locative de l'immeuble représente 420 francs, 200 francs pour le rez-de-chaussée,

220 francs pour le premier étage. La même maison, moyennant un supplément de 2,000 francs, peut être augmentée d'une mansarde; la valeur locative est accrue de 180 francs et portée à 600 francs.

3° Maison à premier étage coûtant 10,000 francs.

La Société croit avoir atteint les limites extrêmes du bon marché pour ses constructions. Les résultats économiques obtenus sont dus dans la plus large mesure à l'exiguité des frais généraux, qui n'ont jamais atteint 1 p. 100 des travaux exécutés. Les fonctions d'administrateur de l'Immobilière sont gratuites, et cependant quatre ou cinq membres du conseil d'administration consacrent régulièrement plusieurs heures par jour à la direction de la Société et à la surveillance des travaux.

Les frais de premier établissement ont été couverts dès la première série de constructions par un bénéfice réalisé sur trois terrains d'angles.

La Société n'est pas une charge pour la ville d'Orléans : elle n'a pas été exemptée du payement des droits de voirie, ni d'aucun impôt, ni de l'octroi; elle a pu offrir à la ville le sol des rues et contribuer pour moitié aux dépenses de viabilité.

« Nous croyons avoir fait œuvre moralisatrice en démontrant à l'ouvrier que la propriété est accessible pour lui en récompense d'habitudes de travail et d'épargne. »

Le succès relatif a dépassé les espérances.

M. Goineau, administrateur de la Société, a bien voulu me communiquer le texte du rapport du conseil d'administration de la Société immobilière d'Orléans à l'assemblée générale du 13 mars 1887.

Il en résulte que le nombre des constructions atteint actuellement le chiffre important de 220. Le dernier rapport en indique 212; c'est donc une augmentation de 8 maisons seulement, ce qui parait indiquer qu'actuellement, à Orléans, le nombre fort élevé de maisons construites, depuis moins de dix ans, est en rapport avec les besoins de la population; la situation était loin d'être semblable en 1879, époque à laquelle vous vous êtes constitués.

En conséquence, les terrains disponibles que la Société possède encore aujourd'hui exigeront pour se couvrir de constructions, selon toutes probabilités, un temps plus long qu'il n'était à prévoir au moment de leur acquisition.

La fermeture de l'usine Saint-Eloi a arrêté les demandes de constructions dans la rue aux Os, où 4 maisons restent à construire. D'autre part, les ateliers du chemin de fer de l'Etat dont la sortie, malheureusement pour la Société, s'effectue par la rue de Vierzon, n'ont pas pris toute l'extension attendue. De là, un ralentissement pour la Société dans les demandes de constructions aux Acacias. Cette cité dont l'essor fut surprenant par sa rapidité s'achèvera lentement ; 24 emplacements sont dépourvus d'acquéreurs. La rue de l'Immobilière et la Cité des Fleurs seront prochainement achevées ; deux maisons d'angle seulement restent à construire.

La réserve, en raison du ralentissement des constructions, n'a acquis qu'un faible accroissement de très bon augure en présence des difficultés de toutes sortes occasionnées par la crise générale industrielle qui n'est pas sans embarrasser quelques-uns des acquéreurs et locataires acquéreurs.

La réserve au 31 décembre 1886 est de....	39 421 fr. 44
Elle était en 1885 de...	39 291 fr. 92
Soit une augmentation pour l'année 1886 de.	129 fr. 52
En 1885 les Frais Généraux avaient été de.	3 380 fr. 53
Ils ne se sont élevés en 1886 qu'à.........	2 762 fr. 88
Soit une économie de....................	617 fr. 65

Le conseil d'administration a proposé de fixer pour l'exercice 1886 l'intérêt à allouer aux actions au taux de 5 p. 100, diminués toutefois, selon la propre décision prise en assemblée générale de mars 1886, de l'impôt 3 p. 100 perçu par le Trésor sur les valeurs mobilières.

Le conseil suit de la façon la plus constante la régularité des paiements des acquéreurs et locataires acquéreurs. Chez la plus grande généra-

lité, il rencontre la meilleure volonté, et parvient
à obtenir l'exécution des engagements contractés ;
deux ou trois cas à peine se présentent avec mauvais vouloir et la Société se trouvera contrainte
de faire valoir ses droits. Il n'était pas possible
dans une masse de 220 individus que la Société
ne rencontrât pas quelques difficultés et quelques
mécomptes sans gravité d'ailleurs.

Le ralentissement des constructions n'a pas
rendu nécessaire l'utilisation de la totalité des
ressources. Le capital social, élevé au chiffre de
450,000 fr. par délibération de 1885, est souscrit
jusqu'à concurrence de 412,000 fr. soit une ressource à souscrire de 38,000 fr. En outre, sur les
emprunts à contracter sur gages hypothécaires, il
reste encore une ressource de 50,000 fr.

Cet exemple excellent est susceptible d'imitation
partout en province et peut-être bien dans la
capitale.

Au 31 décembre 1884, le capital versé était de
380,500 fr., la réserve de 35,420 fr., les frais généraux de 3,600 francs. Les actionnaires ont touché
5 p. 100. Les acquéreurs étaient débiteurs de
578,000 francs.

Lyon.

A Lyon, un ingénieur-constructeur, M. Satre,
a construit un groupe de 6 maisons, ayant cha-

cune 3 à 5 pièces, avec cave, sous-sol, et un water-closet, grenier ainsi qu'un petit jardin contigu.

Voici quelques détails donnés par M. Satre, dans un tableau ci-contre.

Les six familles qui occupent actuellement ces logements,

NUMÉROS DES MAISONS.	PROFESSION DES LOCATAIRES.	SALAIRES ANNUELS de la FAMILLE.	SURFACE CONSTRUITE.	SURFACE du JARDIN.
1	Employé au chemin de fer...	3550 fr.	35 m. c.	39 m. c.
2	Ouvrier à l'usine à gaz......	2250	35 —	39 —
3	Employé des ponts et chaussées..................	1725	30 —	34 —
4	Ouvrier à la manufacture de tabac...................	1700	38 —	39 —
5	Ouvrier mécanicien........	2150	35 —	33 —
6	Ouvrier scieur menuisier....	1050	38 —	39 —
	Totaux...............			

Capital engagé :

1° Achat du terrain 403 m. c. 35, à 35 fr. le mètre....   25 484.25
2° Dépenses de construction des six maisons.......   44 321.00

Total du capital engagé.... ....   69 805.25

M. Satre a fait une tentative qu'il se propose de continuer si la crise industrielle vient à diminuer ou à disparaître, en profitant des leçons de l'expérience pour réaliser certaines économies. Malgré la cherté relative du terrain, il est décidé à maintenir le jardin séparé pour chaque famille, qui se composent de 32 personnes et enfants, comme suit :

NOMBRE D'HABITANTS DE CHAQUE MAISON.				PRIX de la LOCATION.	NOMBRE DE PIÈCES.		
PÈRE et MÈRE.	Vieillards, grands-pères et grand'mères	ENFANTS.	TOTAL.				
2	2	3	7	600 fr.	5 p., rez-de-ch.,	2 étages.	
2	0	2	4	450	3 —	—	1 —
2	1	3	6	336	3 —	—	1 —
1 veuve	2	1	4	360	4 —	—	1 1/2 —
2	0	4	6	360	3 —	—	1 —
2	0	3	5	300	3 —	—	1 —
11	5	16	32	2400 fr.			

Revenu brut annuel.................................. 2400 fr.

Dépenses à déduire.
- Impôts des portes et fenêtres..... 116.35
- Assurance incendie, ramonage... 11.25
- Déclaration annuelle des loyers.... 6.00
- Extraction des fosses et petites réparations annuelles, timbres, etc. 45.40

179 fr.

Revenu net...................... 2227 fr.

Soit un revenu de 3,13 p. 100 sur le capital engagé de 69 805 fr. 25

Disons un revenu minimum de 3 p. 100

peut prendre l'air chez elle, étendre le linge, faire pousser quelques légumes ; grâce au jardinet, les enfants jouent sous les yeux de la mère de famille et ne vont pas chercher dans la rue de pernicieuses habitudes.

« Depuis quatre ans, les loyers de M. Satre sont

parfaitement rentrés; sur 7 500 francs, il n'a pas eu 100 francs de non-valeur.

« Les habitations ouvrières constituent, dit M. Satre, le moyen de faire la plus grande somme de bien non seulement sans le moindre sacrifice, mais en faisant le fameux placement du père de famille. Il faut se garder en général de traiter ces questions d'habitations ouvrières trop administrativement, notamment se garder de confier ces travaux à un entrepreneur général, qui, en sous-traitant avec les spécialistes de chaque corps d'état, n'a d'autre but que de réaliser les plus gros bénéfices, et cela au détriment de la construction. Il faut que ceux qui s'en occupent y mettent du leur et suivent ces constructions comme si c'étaient les leurs. Un excellent et consciencieux architecte est nécessaire. Au début de nos constructions, nous pensions que l'architecte faisait tout trop confortablement. Aujourd'hui nous reconnaissons qu'il avait absolument raison. »

L'ingénieur lyonnais croit qu'il vaut mieux de ne pas tomber dans la cité ouvrière, la caserne à beaucoup d'étages, parce que le bon ouvrier sérieux n'aime pas ce genre d'édifice qui pour lui sent un peu la maison du pauvre guenillard et secouru.

A Lyon, trois hommes de cœur, MM. Gillet, Aynard et Mangini ont réuni à eux seuls 200,000 fr. pour la construction des maisons ouvrières. Ils n'ont pas fait appel au public.

En versant le cinquième du capital souscrit, ils ont commencé un groupe d'immeubles et se sont adressés au crédit pour parfaire ce qui leur était nécessaire. La caisse d'épargne de Lyon possède des réserves qu'elle peut placer pourvu qu'un intérêt de 4 p. 100 lui soit garanti. Les fondateurs ont fait avec elle un traité qui leur a permis de quintupler leur capital et leur donnera les moyens de construire cinq groupes.

M. Mangini s'est mis à la tête des travaux; il a construit avec une économie dont sa haute compétence lui a donné le secret. Les murs sont en machefer aggloméré et le ravalement en plâtre. On a élevé en 6 mois un groupe de 6 maisons renfermant 60 logements. Comme à Rouen, il n'y a pas de corridors et, du palier, on entre dans l'appartement. Les logements ont trois pièces de dimensions très grandes et de 3 m. 30 de hauteur.

Bordeaux. — Les maisons de M. F. Patto.

A Bordeaux, M. Patto est propriétaire de logements à bon marché situés à proximité du boulevard de ceinture de la ville de Bordeaux. Les logements sont au nombre de 19, séparés par deux hangars. La superficie totale occupée par les logements, la cour, les jardinets est de 1748 mètres. La construction commencée vers 1861 a été terminée en 1863. Elle a été faite d'une façon absolument économique.

Les logements sont loués à des artisans ou à des boutiquiers. L'aménagement intérieur est approprié à la profession du locataire.

La gérance de l'ensemble des immeubles a été confiée à une femme, la principale locataire habitant le n° 405 depuis 25 ans. Elle est chargée de percevoir les loyers, d'effectuer les petites réparations, de louer les logements. Il lui est alloué 4 p. 100 de commission et un rabais sur son propre loyer de 25 p. 100. La probité et la moralité du gérant sont une condition indispensable de la bonne administration de ces sortes de logements. C'est la cheville ouvrière de l'opération. Il faut être à l'affût au jour de paye des ouvriers, afin de leur réclamer le prix du loyer.

Les logements en question n'ont qu'un rez-de-chaussée.

Depuis 1872, M. Patto a retiré un produit net équivalent à 5,60 p. 100 du capital dépensé. L'intérêt a tendance à s'élever dans son cas. Il recommande d'employer le mode de payement des loyers par mois et d'avance.

Nîmes.

La Société d'économie populaire de cette ville du Midi s'est occupée à diverses reprises de la question des logements ouvriers. J'extrais du procès-verbal du 12 février les détails suivants :

« Autour de Nîmes on peut avoir des terrains à 2 et 3 francs le mètre. D'après le plan soumis par le vice-président de l'*Abeille nîmoise*, il faudrait bâtir sur une superficie de 83 mètres pour obtenir une maison de quatre pièces, avec cour et jardin revenant à 2,450 francs.

« Il y a trois systèmes qu'on peut suivre : s'adresser à une Compagnie comme à Mulhouse ; ou bien verser ses économies entre les mains de la Société de consommation à laquelle on se rattache, et quand le capital est suffisant, on construit ; ou bien encore prêter aux ouvriers en hypothéquant la maison en garantie.

« Un quatrième système serait d'appliquer les fonds de réserve des Sociétés de consommation à la construction des maisons ouvrières. D'après des calculs minutieux, l'amortissement d'une maison revenant à 2,450 francs serait obtenu au 4 p. 100 par un loyer de 220 fr. 35 pendant quinze ans, ou de 180 fr. 27 pendant vingt ans. L'amortissement d'une maison revenant à 2,738 francs serait obtenu par un loyer de 246 fr. 20 en quinze ans ou de 221 fr. 46 en vingt ans. Si cet amortissement était payé pendant vingt-huit ans, il équivaudrait au prix d'un loyer ordinaire.

« Les avantages des cités ouvrières sont nombreux, il faut relever surtout la propreté, le confort et le relèvement de la vie de famille.

« Une objection est formulée par un membre de la Société d'économie populaire : convient-il que l'ouvrier devienne propriétaire, alors qu'il ne le devient qu'à un âge avancé, au moment où il risque de laisser à ses enfants une propriété immobilière à liquider? Les industries se déplacent en vingt ans. Être propriétaire devient alors une charge. Il serait peut-être plus sage de construire et de louer à prix réduits. C'est la tendance actuelle de la Société de Mulhouse ; car la stabilité de l'ouvrier tient à la stabilité de l'industrie qui le fait vivre.

« La Société d'économie populaire de Nîmes, en approuvant le rapport qui vient de lui être soumis sur les cités ouvrières, et en appréciant la valeur des objections qui ont été formulées, nommée à une commission de cinq membres chargée d'étudier la question au point de vue pratique et local. »

Grenoble.

Les autorités municipales et les particuliers les plus au courant de ces questions affirment qu'il n'y a jamais eu de tentative dans cette ville. A Grenoble comme dans toute l'ancienne province du Dauphiné, les maisons se vendent au détail, c'est-à-dire étage par étage, et même par demi-étage, ce qui permet aux classes ouvrières de devenir assez facilement propriétaires. C'est la même chose dans la capitale de l'Écosse, à Édimbourg.

LA
QUESTION DES LOGEMENTS EN ALLEMAGNE

CHAPITRE PREMIER

LES ASPECTS DIVERS SOUS LESQUELS ON A ENVISAGÉ LA QUESTION DU LOGEMENT EN ALLEMAGNE.

LES ÉCONOMISTES. LES SOCIALISTES. L'AIDE DE SOI ET L'INTERVENTION DE L'ÉTAT. — ATTITUDE DE LA MUNICIPALITÉ DE BERLIN. — LE RAPPORT DE M. ENGEL, DIRECTEUR DU BUREAU DE STATISTIQUE DE PRUSSE, 1872. L'ENQUÊTE DU VEREIN FUR SOCIALPOLITIK EN 1886. — ABSENCE DE LÉGISLATION UNIFORME, S'ÉTENDANT A TOUT L'EMPIRE. LOIS ET RÈGLEMENTS LOCAUX.

Le mérite d'avoir attiré l'attention publique sur la question du logement en Allemagne revient à Victor-Aimé Huber (1).

(1) Nous empruntons une partie de ces données à l'ouvrage *Die moderne Wohnungsnoth, Signatur, Ursachen und Abhulfe*, de M. Engel. Leipzig, 1873. Le Verein für Sozialpolitik a publié deux volumes, *Die Wohnungsnoth der ärmeren Classen in deutschen Grossstädten*, ainsi que le compte rendu sténographique des débats qui ont eu lieu à Francfort-sur-Mein le 24 septembre 1886 (Leipzig, 1886-1887).

(1) Né en 1800, mort en 1869, littérateur distingué, qui a beaucoup écrit sur l'Espagne, a été professeur et jour-

C'était vers 1840, alors qu'on se préoccupait de la condition des classes laborieuses et indigentes en France et en Angleterre. Il y a presque toujours une véritable simultanéité dans l'étude de certains problèmes sociaux : elle surgit dans différents pays presque au même moment. Parfois c'est à la suite du retentissement qu'a obtenu un livre, ou bien à la suite d'une croisade entreprise par des hommes de cœur; d'autres fois c'est sous le coup de commotions politiques, au lendemain de guerre ou de révolution ; d'autres fois une sorte de souffle passe sur l'Europe, souffle libéral ou souffle réactionnaire. En ce moment, grâce à l'influence de M. de Bismarck et de son opportunisme étatiste, le vent est à l'intervention de l'État. Cette question si ardue du logement est agitée, puis abandonnée; elle passionne l'opinion; il y a un réveil de la conscience publique, qui se traduit d'ordinaire par un double mouvement, le vote de quelques lois, la prise de quelques arrêtés municipaux, et par des efforts de l'initiative privée, qui réussissent plus ou moins bien, mais qui portent infiniment plus de fruit que ne le font les

naliste, a combattu contre le socialisme sous les drapeaux du parti conservateur, puis s'est séparé de celui-ci, le trouvant trop égoïste. Dans les quinze dernières années de sa vie, Huber s'était retiré dans le Harz, où il avait fondé une société de crédit mutuel, etc. Huber a laissé toute une série de publications, *Sociale Fragen*.

lois et règlements. Il existe peu de matières qui
prêtent autant à la déclamation creuse et à la
fabrication de formules sans consistance. La
question du logement est une des faces de ce
qu'on est convenu d'appeler la question sociale,
c'est-à-dire que c'est une des difficultés de l'existence, et, comme tout le reste, il n'y a pas de
remède unique, de soulagement absolu à espérer.
Car pour la faire disparaître, il faudrait pouvoir
supprimer la misère, donner à chaque individu
des ressources suffisantes en même temps qu'on
lui inculquerait des habitudes de propreté, de
décence, de respect de la propriété d'autrui. Il
faudrait pouvoir supprimer l'ivrognerie, la débauche, la maladie. Ce serait très beau, mais,
étant données les circonstances, cela n'est ni possible ni probable. On doit se borner à un idéal
moins ambitieux, chercher à améliorer progressivement et ne pas désespérer. Pour obtenir des
résultats durables, il faut compter sur les grands
ressorts du progrès, sur le sentiment de la responsabilité et sur la liberté individuelle. En outre,
en faisant tomber les entraves qui gênent l'industrie, en diminuant le fardeau fiscal, les formalités légales, on facilitera aux classes ouvrières
les moyens d'atteindre un niveau de bien-être
supérieur.

Huber, avec la chaleur éloquente qu'il mettait
à tout ce qu'il faisait, fit ressortir la condition

21.

déplorable des habitations occupées par les ouvriers et les petites gens dans les districts manufacturiers et dans les grandes villes ; il s'attacha
à démontrer que c'était là une des causes principales de la triste situation physique, économique
et morale d'une grande partie de la population.
Il mit en même temps sous les yeux de ses compatriotes l'exemple de l'étranger, les efforts tentés
en France, en Angleterre et en Belgique. Suivant
la remarque du Dr Engel, l'ancien directeur du
bureau de statistique de Prusse, Huber a été en
Allemagne l'initiateur d'une véritable littérature,
qui a atteint de vastes proportions, sur la question du logement et les réformes.

Il me paraît valoir la peine de relever quelques-unes des opinions exprimées en Allemagne
depuis un demi-siècle sur cette matière si grave.
Elles ne différeront pas de celles que nous avons
pu recueillir ailleurs. Il n'y a pas une grande variété de points de vue, et une fois que l'on a
passé en revue les idées des économistes, celles
des socialistes révolutionnaires et celles des socialistes d'État, on a épuisé la liste.

Le congrès des économistes allemands s'est
occupé à diverses reprises de la question. C'est
sur ses instances que le « Verein für das Wohl der
arbeitenden Klassen in Preussen » (Association pour
l'amélioration du sort des classes ouvrières en
Prusse) a publié en 1865 un volume contenant

des essais de Huber, Senftleben, de l'architecte Klette, de Parisius, etc. Ce volume était le fruit d'une commission nommée par le septième congrès des économistes allemands. Il forma la base de la discussion au congrès de Nuremberg (1865). Celui-ci vota, après des débats fort animés, toute une série de résolutions.

La première demandait la suppression des obstacles que la législation pouvait mettre à la construction de logements à bon marché, la liberté de l'industrie du bâtiment et la revision des règlements de police.

On recommandait ensuite aux associations de construction de se borner à une exploitation commerciale, à exclure la bienfaisance et l'assistance; aux associations de construction fondées sur le principe de l'assistance de soi, de construire de petites maisons et de les céder à leurs membres sur la base de payements échelonnés en vue de l'amortissement.

En 1867, on s'occupa du même sujet au congrès de Hambourg, et l'on se mit d'accord sur la thèse suivante :

On ne pourra résoudre la question du logement dans les villes, que si l'on réussit à obtenir la construction des logements, en tenant compte des exigeances hygiéniques à déterminer par l'État — dans la mesure des besoins — *par la spéculation privée*. Les efforts des particuliers, des associations, des autorités doivent avoir cet objet en vue.

En 1871, les socialistes de Berlin tinrent une réunion dans laquelle on agita la question du logement, qui était passée à ce moment à l'état de crise aiguë. La réunion déclara que la condition critique du logement et la hausse des loyers dans les grandes villes était la conséquence de l'état social actuel, qui permet aux détenteurs du sol d'exploiter par la rente du sol le peuple qui travaille, et de construire des maisons non pour les besoins des peuples, mais en vue d'une spéculation perverse. Ce n'est que par l'État socialiste dans lequel la terre est propriété collective et dans lequel, suivant les besoins du peuple, les associations de production des travailleurs bâtissent des logements, et non par des palliatifs, qu'on pourra mettre un terme à l'insuffisance, à l'insalubrité et à la cherté des logements ainsi qu'aux maladies qui en résultent.

En 1873, les socialistes délibérèrent sur une pétition qu'on devait adresser au Reichstag et qui devait contenir les points suivants :

1° Toute commune devra être forcée par voie législative de fournir des logements suffisants à ses ressortissants et autant que possible, des habitations isolées;

2° Toute commune sera autorisée à exproprier les terrains non bâtis, quel qu'en soit le propriétaire, en vue de construire des logements, des maisons d'écoles, et elle pourra exercer ce droit d'expropriation même hors de son territoire.

3° L'État fournira les ressources financières suffisantes sous forme de papier-monnaie.

4° Ce papier-monnaie sera fondé sur les terrains et les immeubles. Chaque commune recevra les sommes nécessaires, sous forme d'une avance sans intérêt, avec obligation de rembourser à longue échéance.

5° Quiconque a des prétentions à un logement payera une prime de loyer annuelle convenable et devra habiter lui-même le logement.

6° Les communes restent propriétaires des terrains et des immeubles. Elles ne doivent cependant troubler aucun de leurs locataires dans la jouissance des locaux, tant que les conditions de la location sont remplies.

Comme mesure transitoire :

7° Toute commune est obligée de fournir un abri provisoire à ceux qui n'en ont pas, jusqu'à achèvement des logements.

Ces propositions, de même que l'idée d'adresser une pétition, furent vivement combattues.

À une grande majorité, on déclara que ces propositions étaient réactionnaires, que leurs auteurs voulaient tromper le peuple de Berlin, et qu'on rejetait tout ce fatras. On invitait les ouvriers à se joindre à l'association des ouvriers

allemands, afin de résoudre en commun sur le
terrain de la liberté la question sociale.

M. Engels, le collaborateur de Marx et le théo-
ricien du socialisme révolutionnaire, a réédité
avec une préface nouvelle trois brochures qu'il a
publiées dans le temps sur la question du logement. Il y attaque ce qu'il appelle la solution
bourgeoise, qui cherche à rendre l'ouvrier propriétaire de sa maison. En Allemagne, d'après lui,
le nombre d'ouvriers de la petite industrie qui
possèdent leur maison et un petit jardin, est très
considérable; nulle part cependant le salaire n'est
aussi misérable. C'est que l'infâme capitaliste peut
trouver la main d'œuvre à meilleur marché dans la
proportion de ce que l'ouvrier et sa famille produisent sur leur champ; comme ils ne peuvent vivre
de l'exploitation agricole seule, ils se contentent
de fort peu de chose pour joindre les deux
bouts.

Cet état de choses a son contre-coup sur l'ouvrier
des villes et contribue à maintenir très bas le
taux de sa rémunération. Au temps jadis, la propriété de la maison a pu être un bienfait pour le
travailleur, aujourd'hui c'est une cause d'asservis-
sement pour lui-même et un malheur pour la
classe ouvrière tout entière. (*Sozialdemokrat*, Zurich, 15 et 22 janvier 1887).

Suivant M. Engels, l'insalubrité et la cherté
des logements sont l'accompagnement nécessaire

de l'organisation sociale actuelle et ne disparaî-
tront qu'avec celle-ci (1).

A la même époque 1871-1873, les associations
ouvrières fondées sur l'initiative de MM. Hirsch
et Duncker tinrent une réunion à laquelle assistèrent un millier de personnes. On protesta et
contre l'arrêté signé de la municipalité et du président de police, déclarant qu'il n'y avait pas de
crise de logement, et contre les résolutions des
socialistes proclamant le sol propriété collective
et détournant par la crainte les classes qui possèdent, d'engager leurs capitaux dans la construction de logements d'ouvriers.

M. Max Hirsch, le conseil des Gewerkvereine,
proposa le programe suivant, en vue de résoudre
le problème du logement. Nous demandons, dit-il :

Aux ouvriers, 1° d'apprécier un logement salubre et convenable à l'égal d'un des plus grands
biens pour eux et leur famille; nous leur demandons donc propreté, ordre, de préférer toujours
la bonté du logement à sa proximité;

2° De fonder des associations de construction
pour acquérir leurs maisons, au moyen de cotisations hebdomadaires ou mensuelles, ce qui constitue la meilleure caisse d'épargne.

Aux patrons, notamment aux grands fabricants
et aux sociétés anonymes :

(1) Voir *Zur Wohnungsfrage*, von F. Engels, Zwolte Auf-
lage, Zurich, 1887, Verlag der Volksbuchhandlung.

1° D'introduire une journée de travail moin avec un repos plus long au milieu de la journée pour le dîner, ce qui permet à l'ouvrier de demeurer plus loin;

2° D'assister les associations de construction par des avances à longue échéance, par la vente de terrains dans des conditions de prix modérées;

3° De construire, le cas échéant, des logements salubres, qu'on louerait à long bail avec facilité d'acheter en amortissant.

A la commune et à l'État. 1° Des mesures énergiques en vue d'assurer la salubrité des habitations d'ouvriers, l'interdiction de logements humides, trop bas, de rues et de courettes trop étroites, l'enlèvement des ordures, etc.

A cet effet la création de commissions de salubrité impartiales avec pouvoir exécutif.

2° Abrogation des dispositions de police qui entravent la construction de petites maisons et réforme du régime des hypothèques dans un sens libéral.

3° Diminution considérable des droits de timbre énorme sur les mutations et dégression progressive dans l'impôt sur le loyer et l'impôt foncier.

4° Favoriser les sociétés de construction, les entreprises pour la construction de petits et moyens logements en donnant à bail emphythéotique des terrains publics et en accordant des crédits hypothécaires, puisés dans l'indemnité de guerre française.

4° Construction de maisons pour loger les milliers de fonctionnaires de l'État et des communes qui subissent la disette de logements supportée par les ouvriers et contribuent à l'augmenter.

On ajourna le vote, mais on adopta une motion demandant aux autorités de faire le nécessaire, au moment du terme prochain, pour fournir un asile provisoire sans dommage pour leur santé et leur honneur, aux gens qui se trouveraient sans logement.

En 1872 eut lieu une nouvelle réunion, dans laquelle on entendit un homme dont le nom seul représentait tout un programme, Schulze-Delitzsch. Parlant des moyens d'atténuer le mal, il cite les efforts faits par quelques grands industriels, en vue de construire des logements pour leurs ouvriers, mais il n'en attend que des résultats relatifs. « Nous devons insister, dit-il, pour transporter la question hors du domaine des tentatives humanitaires sur le terrain économique général. Les associations de construction ont entrepris d'envisager la question à ce point de vue. »

« A Berlin, continue-t-il après avoir fait un historique des Building societies, de grandes entreprises seules peuvent porter remède à la crise, mais elles doivent être armées de grands moyens. Nous ne pouvons attendre dix ou douze ans que les capitaux aient eu le temps de s'accumuler, il nous faut de suite des capitaux considérables, si nous voulons arriver au but désiré. Il s'agit ensuite d'une grosse spéculation. Il faut acheter dans les environs immédiats de Berlin des terrains considérables, c'est l'œuvre de la spéculation, car c'est un champ où les ouvriers sont incompétents. Il faut essayer d'attirer les capitaux en grande masse et dans une forme telle qu'ils se chargent des risques de l'entreprise. On ne saurait les imposer à l'ouvrier. Au début, le capital doit s'en charger, le risque incombera plus tard à l'ouvrier, lorsqu'il prendra charge de la maison comme propriétaire. Si l'on veut obtenir le concours des capitalistes en grand pour ces constructions, il faut leur accorder les conditions auxquelles ils consentent en général à fournir l'argent. Il ne faut pas perdre de vue que le capitaliste ne s'engagera qu'avec une partie de sa fortune, non pas avec la totalité. De plus en formant les associations, on devra préserver leur indépendance vis à vis des entrepreneurs, leur permettre de défendre leurs intérêts. Il faudra séparer soigneusement l'association des capitaux comme entrepreneurs et l'association des personnes comme clients. Mais ces deux groupes devront se tendre la main une fois qu'ils seront organisés, et alors la grande question qui nous préoccupe sera bien près d'être résolue. »

L'objet des deux groupes d'association est strictement déterminé. Les capitalistes associés prendront pour eux le champ de la spéculation, l'acquisition et le morcellement des terrains ; les ouvriers associés organiseront la récolte des petits capitaux entre eux ; leur association entrera en relation avec l'autre, au moyen d'un contrat librement consenti, relativement à la construction et à l'acquisition de maisons d'ouvriers.

« Les propriétaires de terrains aimeront mieux traiter avec des associations responsables et solidaires qu'avec des individus isolés, ne prêtant pas de surface. L'entrepreneur ne peut se charger du soin de rassembler les petits capitaux, que les associations ouvrières réunissent par cotisations mensuelles ou hebdomadaires.

« A qui faut-il donner la préférence, au système des maisons détachées (cottages) ou à celui des grandes maisons à locataires multiples ? Je donne naturellement la préférence au cottage, qui devient petit à petit la propriété de la famille. Mais avec les prix énormes du terrain dans la ville et dans les environs immédiats, le système des cottages ne saura prédominer. Mais même pour l'établissement de grandes maisons de location, pour leur construction salubre et commode, l'association exercera une grande influence. »

Schulze Delitzsch répond, à la question de savoir si les capitaux seront assez aimables pour favoriser l'exécution de ce projet, qu'il ne faut pas s'en inquiéter et commencer par former des associations. Lorsqu'on veut attirer le capital, il ne faut pas attendre qu'il vienne nous trouver, il faut savoir créer quelque chose sans lui. Les méfiances des capitalistes finissent par disparaître. C'est ainsi que les associations de crédit mutuel disposent de 50 millions de thalers (1872) de capital étranger. « Organisez-vous et prouvez par là que l'esprit de *self-help* règne parmi les ouvriers allemands... Le capital viendra vers vous, non par des considérations humanitaires, mais parce que vous l'attirerez par un placement solide et sain. »

La municipalité de Berlin a été appelée à se prononcer sur les moyens de remédier à la disette des logements, qui était devenue aiguë après la guerre. Dans un mémoire adressé au ministre du commerce et des travaux publics par le bourgmestre et les échevins de la capitale, nous trouvons de remarquables passages. Après avoir constaté que la situation mérite d'attirer toute l'attention possible, « il faut éviter à tout prix une intervention directe de l'autorité dans le mouvement économique; bien, plus il faut absolument laisser la spéculation privée satisfaire la demande de logement, car une participation immédiate de l'État ou des communes à l'activité des constructions amènerait les conséquences les plus fâcheuses. D'autre part, à notre avis, il est de notre devoir de supprimer tous les obstacles qui s'opposent à un développement normal et sain du logement, d'agir partout où les installations faisant partie de notre ressort et nos attributions nous en fournissent l'occasion. La cause principale de la cherté des logements, c'est le prix élevé du terrain à Berlin. L'agrandissement de Berlin se fait par l'addition d'immeubles à plusieurs étages, bâtis à la périphérie. » Il est indispensable, étant données ces circonstances, de faciliter les communications à bon marché. Il faut prendre les mesures afin de permettre aux personnes travaillant dans le centre de la·ville, d'établir leur habitation à une certaine distance : à cet effet, faciliter l'établissement de moyens de transport, la construction de lignes de tramways. Cependant les autorités de l'État n'ont pas prêté le concours que réclamait la municipalité. Le réseau de tramways ne suffira pas, il sera nécessaire de construire un chemin de fer circulaire, avec des embranchements qui pénétreront dans le centre, afin d'ouvrir à l'habitation des Berlinois de nouveaux districts.

Comme conclusion, le *magistrat* demandait que le gouvernement intervînt pour faire achever le tronçon de Schöneberg à Charlottenbourg, pour augmenter le nombre des gares sur le chemin de fer de jonction.

Il avait fait remarquer qu'il serait meilleur marché de bâtir hors de la ville, parce que les règlements de police n'y avaient pas d'effet.

Un an plus tard M. Hobrecht, bourgmestre de la capitale, demanda au conseil communal de céder des terrains appartenant à la ville, à une Société philanthropique qui voulait construire des logements à bon marché. En motivant sa proposition, il insista sur ce que la commune était hors d'état d'intervenir directement par la construction d'habitations. Toute tentative de ce genre serait sévèrement punie d'elle-même. Elle ferait monter les revendications à l'infini, elle paralyserait l'activité des constructions par l'industrie privée, elle encouragera l'individu à se croire déchargé d'une responsabilité économique, qui est le grand ressort du progrès moral.

La commune peut agir indirectement, en écartant les entraves, en allégeant les restrictions règlementaires. Le président de police avait promis de reviser dans un sens libéral les règlements sur les constructions nouvelles. A côté de l'ouverture de rues, du développement de moyens de communication, M. Hobrecht crut pouvoir recommander la cession de terrains communaux, situés aux portes de la ville ; cette cession prendrait la forme d'un bail emphytéotique avec obligation de construire immédiatement.

Le conseil communal mit moins d'empressement que ne l'avait cru le bourgmestre, et si nous ne trompons pas, le projet de M. Hobrecht n'eut pas de suite.

En 1872, il se tint à Eisenach des conférences pour discuter un certain nombre de questions économiques; c'était le germe d'où devait sortir la Société de politique sociale, qui a servi d'organe et de parlotte aux socialistes de la chaire, aux *étatistes* des universités et des administrations publiques.

La question du logement figurait à l'ordre du jour de la réunion; le D' Engel, directeur du bureau de statistique de Prusse, avait été chargé de présenter un rapport. Berlin traversait une crise extraordinaire sous le rapport de la disette des logements : nombre de familles, formant ensemble 1200 personnes, avaient dû, au printemps de 1872, bivouaquer dans la rue ou chercher un asile dans les bâtiments municipaux. M. Engel était sous l'impression très vive de ce fait, de même qu'il concevait des dangers dans l'instabilité des ouvriers changeant sans cesse de logement. Il se plaint des exigences, de la tyrannie des propriétaires, qui ne veulent pas consentir des baux à long terme avec leurs locataires, même bourgeois. Cela l'amène à reprendre un projet du D' Stolp, en vue de former des associations de locataires qui achèteraient les immeubles où ils logent et amortiraient successivement le capital. Au lieu de dividende en argent, ils bénéficieraient de leur loyer.

Comme il est imbu d'idées particulières, il ne

considère pas les maisons et les logements comme
des marchandises ordinaires; il trouve que la
spéculation immobilière a également des traits
spéciaux. Il y a une sorte de monopole, qui s'est
formé et qu'il faut combattre à l'aide d'associations qui affranchiront leurs membres.

Passant en revue successivement les divers facteurs qui peuvent atténuer le mal, le Dr Engel
attend fort peu de la législation. Les projets des
socialistes avec leur papier-monnaie et l'obligation de fournir des logements à tout le monde
sont absurdes. Il ne croit pas beaucoup à l'efficacité des allègements d'impôts. L'administration
de l'État, l'autorité centrale, peut davantage en
agissant sur les règlements sanitaires, en envoyant des inspecteurs, en aidant à la construction des voies de communication. En sa qualité de
patron qui emploie beaucoup de travailleurs, l'État
peut suivre l'exemple des particuliers et construire des maisons où il logera ses fonctionnaires.
Cela vaudra mieux que l'indemnité de logement
qu'il leur accorde. En 1872, 8 p. 100 des fonctionnaires civils en Prusse étaient logés par l'État,
contre une retenue de 10 p. 100 sur leurs appointements dans les grandes villes, de 5 p. 100 dans
les petites villes.

Pour les communes, M. Engel est d'avis qu'elles
ne doivent pas construire elles-mêmes; l'effet en
serait déplorable et paupérisant. Cependant elles

aussi pourraient fournir des logements à leurs
employés. Si elles le font, elles seront en droit
de demander aux sociétés anonymes de suivre cet
exemple et de pourvoir aux besoins de leur per-.
sonnel.

Arrivant ensuite à l'action de l'initiative privée,
M. Engel est assez dur pour les sociétés de construction philanthropiques ou autres, il leur reproche de vouloir tout entreprendre et de ne pas
arriver à de bons résultats. Le plan qui lui tient
à cœur, c'est celui dont nous avons parlé plus
haut, l'association des locataires se transformant
en sociétés anonymes de propriétaires. Il trouvait
que les 66,854 locataires payant des loyers entre
375 et 3,750 francs, ensemble 65 millions de francs
en 1872, avaient un champ d'expérience considérable. Comme ce projet n'a pas eu grande application jusqu'ici, il nous paraît inutile d'insister
davantage.

M. Brentano, professeur à l'université de
Strasbourg, dont les remarquables études sur
l'Angleterre sont fort appréciées, traite du logement dans son livre : *Die gewerbliche Arbeiter-
frage.* Il demande une législation sanitaire plus
vigoureuse, qui empêche la mise en location de
logements insalubres, ainsi que l'encombrement.
Les patrons (grands fabricants) peuvent y contribuer en construisant des habitations pour leur
personnel, les communes doivent imiter l'exemple

22

des villes anglaises, les capitalistes en prêtant leur concours, les ouvriers en formant des associations de construction. L'État enfin doit participer à la réforme en empêchant la construction de toutes les habitations que ne répondent pas aux exigences de l'hygiène et de morale, en donnant aux communes le droit d'exproprier les quartiers insalubres, enfin en encourageant les patrons, les sociétés anonymes, les communes, à construire des maisons d'ouvriers et cela au moyen de garanties d'intérêts qui seront purement nominales, en donnant du crédit à bon marché aux associations ouvrières de construction. Si, en dépit de tout, il n'y a personne qui veuille construire, il faut que l'État se charge de bâtir des maisons d'ouvriers pour la location ou la vente.

« Contre une coopération semblable de l'État, il ne saurait être fait d'objection, sous quelque point de vue que ce soit. »

Cela nous paraît en effet assez complet comme théorie de l'intervention de l'État et de la commune. Nous avons accentué suffisamment notre opinion en cette matière, nous n'insisterons donc pas.

Arrivons à l'enquête que le *Verein für social Politik* a faite de son initiative privée en 1885-1886. Le Verein für social Politik a été fondé en 1872 par les socialistes de la chaire, qui voulaient combattre les doctrines de l'économie politique telle qu'elle est comprise en France et en Angleterre par les adhérents de la vieille école libérale, et qui voulaient substituer le principe de l'intervention de l'État au principe de la concurrence. Depuis 1879, cette Société a eu le vent pour elle, elle a navigué sur les mêmes eaux que le chancelier de l'empire. Les moyens d'action qu'elle a eus à sa disposition ont été des publications et des discussions publiques (1).

Le Verein compte dans son sein des hommes fort distingués, le professeur Nasse, de Bonn, le professeur Conrad, de Halle, le professeur Schmoller, de Berlin ; l'un des plus remarquables est M. Miquel, bourgmestre de Francfort-sur-Mein depuis bientôt sept ans, l'un des deux chefs du parti national libéral, un administrateur et un financier de premier ordre, auquel nous n'avons qu'un seul reproche à adresser, c'est la tendance profondément *socialiste d'État* qui le domine. M. Miquel est un partisan de la municipalisation des installations locales, du rachat des tramways par la ville : suivant lui, la collectivité exploite et gère davantage dans l'intérêt général que les particuliers ou les sociétés anonymes. M. Miquel a une

(1) Elle a publié une série de monographies sur la réforme de la législation des sociétés anonymes, les enquêtes agricoles en France, en Angleterre, en Italie, les réformes des taxes locales, l'impôt sur le revenu, la situation des petits propriétaires et des paysans en Allemagne.

grande confiance dans la vertu des règlements de police et des arrêtés municipaux. Il compte sur la docilité de ses compatriotes vis-à-vis de l'autorité, docilité beaucoup plus grande que celle à laquelle nous sommes habitués ailleurs.

Sur la proposition de M. Miquel, le comité du Verein für social Politik résolut de réunir et de publier une série de mémoires sur l'état des logements dans les grandes villes d'Allemagne. Il désirait obtenir la description de l'état actuel et l'exposé des tentatives faites en vue d'améliorer la situation. Le côté de la question qui l'intéressait relativement le plus, c'était de savoir si la législation existante donnait aux autorités des armes suffisantes pour combattre le mal. Un questionnaire fut élaboré et adressé aux collaborateurs de cette enquête : ce furent surtout les fonctionnaires municipaux, chargés du service de statistique (Berthold, Hasse) ou de l'assistance publique (Flesch) qui se chargèrent de la réponse.

. On eut ainsi une série d'études se rapportent à Berlin, Breslau, Hambourg, Francfort, Leipzig, Chemnitz, Osnabrück, Crefeld, Essen, Bochum, Dortmund, Elberfeld, Strasbourg, Londres et Paris.

M. Miquel rédigea la préface, de même qu'il présenta le rapport à la réunion du Verein für social Politik, tenue le 24 septembre à Francfort-sur-Mein. M. Miquel ne repousse aucune coopération ; il admet qu'il n'y a pas de solution unique ni de panacée universelle ; il est d'avis qu'il faut faire la place convenable à l'initiative privée, qu'elle soit animée d'intentions humanitaires ou du désir de gagner de l'argent ; mais comme il la trouve insuffisante, il compte bien plus sur l'action paternelle et coercitive de la collectivité, de l'État et de la commune. M. Miquel est un administrateur de premier ordre, qui a remis en bon état les finances de. Francfort et qui a contribué à embellir, à assainir la ville ; c'est aussi un légiste, qui a confiance dans le pouvoir de la loi et des arrêtés municipaux ; il croit que l'État peut faire beaucoup pour améliorer la condition du pauvre et de l'ouvrier, qu'il doit le protéger contre l'exploitation, contre l'incurie du patron ou du propriétaire d'immeubles. Il ne s'aperçoit pas du revers de la médaille, du renchérissement éventuel des logements, de l'arrêt dans l'activité des constructions, des inconvénients multiples de cette ingérence de l'État ou de la commune.

M. Miquel peut donner la main d'une part aux hygiénistes les plus militants, de l'autre aux avocats de l'intervention en matière de contrat, les plus acharnés. Il veut assimiler le loyer au prêt d'argent, et comme celui-ci a fait l'objet d'une législation spéciale contre l'usure, il conseille d'étendre la même mesure au loyer, d'empêcher le propriétaire de demander un prix excessif du logement que l'ouvrier se trouve dans la nécessité de louer.

Il réclame une loi de l'empire sur les appartements de location. La compétence de l'empire lui paraît indiscutable en cette matière et fondée sur la constitution. Cette loi serait divisée en deux parties : la première traiterait du contrat de location, des droits et des devoirs réciproques et des conséquences de la non-exécution du contrat. N'y aurait-il pas lieu de protéger le locataire par une clause étendant la signification d'usure au loyer exagéré? On laisserait à l'appréciation du tribunal de décider si le loyer est excessif, usuraire (*fair rent*, comme en Irlande). M. Miquel prétend limiter davantage le droit de rétention du propriétaire sur le mobilier du locataire qui ne paye pas. On forcerait par là le propriétaire à se faire payer à intervalles plus rapprochés, à accorder moins de crédit. L'assistance publique consacre des sommes importantes à dégager les mobiliers des locataires insolvables ou à leur en acheter de nouveaux. La seconde partie s'inspirerait du principe suivant : les différentes parties de l'immeuble ne peuvent être employées qu'à la destination pour laquelle elles ont été autorisées en vertu des règlements sur la police des constructions. Il faudra interdire de faire servir comme habitation des bâtiments dangereux pour la santé en raison de leur situation, de leur cons-

truction, etc. Les communes auront le droit
d'expropriation, avec des dispositions les proté-
geant contre des indemnités exagérées. Cette loi
s'occupera ensuite de l'encombrement dans les
logements ; elle empruntera à la législation et aux
arrêtés sur les garnis certaines prescriptions concernant le minimun de cube d'air. Du moment
que la loi le règle dans l'intérêt des gens qui
demeurent à l'auberge, elle doit le faire à fortiori
dans l'intérêt des familles qui demeurent dans des
maisons de location. Il ne faudrait pas cependant
se montrer trop exigeant, mais marcher lentement
en avant, laisser un délai d'un ou deux ans jusqu'à la mise en rigueur complète de la nouvelle loi.

M. Miquel suppose que sa loi soit votée : il n'y
aura plus à pénétrer dans les maisons qui auront
le nombre normal d'habitants. Le reste de la population devra chercher asile hors de la commune
ou dans les maisons nouvelles que la spéculation
s'empressera de construire, puisqu'il y aura une
demande permanente.

Croyez-vous que la spéculation se montrera si
bonne personne que cela ? Est-ce que le propriétaire d'un terrain n'y regardera pas à deux fois
avant de construire des logements d'ouvriers,
alors qu'il s'expose à des poursuites pour usure si
le loyer est considéré comme démesuré, à une
réglementation incessante sur la mesure des
chambres, le nombre des habitants ? Ces exigences

renchériront le coût de la maison, et dégoûteront probablement de bâtir. M. Miquel croit au contraire qu'il stimulera l'esprit d'entreprise, la spéculation et la tournera davantage vers la construction de maisons à bon marché. On construira davantage et les loyers baisseront, en même temps que les ouvriers seront plus occupés et que leurs salaires hausseront.

M. Miquel ne croit pas qu'il soit possible d'imposer aux grands industriels, à ceux qui emploient beaucoup d'ouvriers, l'obligation de fournir des logements convenables aux travailleurs qu'ils ont attirés; cependant on pourrait demander aux entrepreneurs de construction d'installer des baraquements provisoires en planches pour les masses d'ouvriers qui travaillent temporairement dans une localité.

Enfin il est très partisan de la construction d'habitations par l'État et les communes pour leur personnel de fonctionnaires.

Il faudrait organiser tout un système de surveillance, des inspecteurs sanitaires et des commissions de salubrité.

M. Leuthold, *Bergamts-Direktor* à Freiberg (*Saxe*), s'est chargé de faire le catalogue détaillé des dispositions législatives desquelles on peut attendre une amélioration de la triste situation des logements dans les grandes villes. C'est un programme très complet, qui occupe quarante pages

et qui réjouira le cœur à beaucoup de braves *inter-*
ventionnistes.

On a vu qu'il n'existait pas en Allemagne de loi
générale et uniforme sur les logements. En outre
la législation particulière des différents États ne
donne pas aux autorités des moyens suffisants
pour agir contre l'occupation de logements encombrés ou insalubres. Il existe presque partout
des règlements dus à l'État, aux provinces ou aux
communes, et ces règlements prennent de plus
en plus en considération le côté sanitaire. Pendant très longtemps, ce qui a surtout préoccupé
l'autorité locale ou nationale, c'est de prévenir
les dangers d'incendie et d'assurer la solidité des
matériaux, la sécurité de la construction; les idées
d'hygiène sont de date beaucoup plus récente.
Dans les petites villes et les campagnes, il n'y a
pas de prescriptions légales; dans les grandes
villes, les règlements s'appliquent surtout aux
constructions nouvelles et ne touchent pas les
immeubles construits antérieurement. En outre
la police des constructions n'a de contrôle que
sur la construction de la maison et non pas sur la
façon de l'habiter, une fois achevée. Pour cette
dernière surveillance, les organes et les attributions font presque partout défaut. Les règlements
sur les constructions nouvelles peuvent défendre
l'habitation dans les caves, dans des pièces trop
basses, — mais il n'y a pas de pouvoir pour

empêcher de le faire, du moins entre les mains de l'autorité municipale.

La police, dans quelques localités, a cependant cru devoir s'attribuer certains droits et certains pouvoirs dérivés du terme même de police sanitaire, et elle a pris des mesures contre des logements notoirement insalubres, contre l'entassement démesuré dans les auberges et maisons de location. Mais ce sont des efforts isolés, qui ont eu surtout en vue les garnis de bas étage. Jusqu'ici dans aucun État allemand, il n'y a de loi sur l'habitation des logements, armant l'autorité de pouvoirs étendus et lui permettant de créer les organes exécutifs nécessaires (1); seul le grand duché de Bade a donné aux préfets (*Kreisräthen*) quelques attributions concernant les logements (de location) insalubres (ordonnance du 27 juin 1874).

Les règlements sur les constructions nouvelles ont la tendance à devenir de plus en plus sévères. Berlin a été doté d'un nouveau code sur les constructions (Bau-Polizei Ordnung für den Stadtkreis Berlin) arrêté par le président de police et homologué par l'autorité supérieure après que l'autorité municipale avait refusé d'y donner son approba-

(1) Pour les détails les plus complets sur l'administration sanitaire en Allemagne, je renvoie au volume de M. le Dr A.-J. Martin « Administration sanitaire civile à l'étranger, » pages 1 à 127, tome Ier chez Masson, Paris, 1884.

tion. Le nouveau règlement exige plus d'air, plus de lumière, plus de sécurité contre les incendies. A l'avenir trois quarts seulement du terrain pourront être bâtis ; les cours intérieures devront avoir 60 mètres carrés au moins ; la hauteur des maisons sera déterminée par la largeur de la rue, celle des bâtiments de derrière et de côté par l'étendue de la cour. Le permis d'habiter ne sera donné que six mois après achèvement de la maçonnerie brute.

On construira mieux, disent les adversaires du nouveau règlement, mais on construira plus cher et moins.

A la présidence de police de Berlin, la deuxième division est chargée de l'enregistrement des plaintes concernant les maisons insalubres, des visites de ces maisons et des changements qu'on doit y apporter. En 1881, la présidence de police est intervenue dans 310 cas ; en 1882 dans 241 ; en 1883 dans 189 ; en 1884 dans 217 (1).

L'inspection des logements au point de vue sanitaire a lieu sur les ordres de la deuxième division en cas de plaintes de la part des locataires ou bien si les commissaires de police du district signalent

(1) Voir pour la législation Verwaltungsbericht des königlichen Polizei Präsidiums von Berlin, 1871-1880. W. Möser, Berlin, 1882 ; — Baupolizei Ordnung vom 15 Januar 1887, von Parey, Syndicus der Berliner Architekten Vereinigung, 1887).

un cas particulier d'insalubrité; lorsqu'il y a demande d'autorisation d'ouvrir un cabaret ou de prendre des enfants en pension. La commission sanitaire, fonctionnant à Berlin, signale les maisons où il y a eu des cas répétés de maladies contagieuses, et elles sont inspectées (1).

Après cet aperçu de l'état de la législation, revenons à l'enquête du Verein für socialpolitik.

Celui-ci a tenu une réunion à Francfort-sur-Mein, au mois de septembre 1886, dans laquelle on a discuté la question du logement. Le débat fut précédé d'un rapport de M. Miquel. M. Miquel constate qu'il existe une grande analogie dans la condition des différentes villes : d'après lui, la *Wohnungsnoth* (disette de bons logements à bon marché) est à peu près permanente, avec des périodes d'intensité plus ou moins grande. La situation est plus mauvaise dans les villes qui grandissent rapidement. Cependant on ne saurait dire d'une façon absolue que la condition des logements soit pire aujourd'hui que dans le passé. Loin de là, les rues sont plus larges, il y a des égouts, des conduites d'eau; les villes ne sont plus enserrées dans l'enceinte de fortification. Les municipalités ont fait beaucoup pour améliorer la salubrité générale des villes.

(1) En 1879, 230 logements ont été évacués pour défectuosité dans la construction, 67 pour raisons sanitaires; en 1880, 280 pour le premier motif et 78 pour le second.

D'autre part, les exigences plus grandes de l'édilité ont rendu plus coûteuse la construction de logements d'ouvriers. Les progrès effectués ont coûté de l'argent, et le poids des impôts a augmenté.

Les ouvriers persistent à demeurer dans le centre de la ville, à proximité de leurs ateliers, près des grands marchés, près d'occasions de salaires supplémentaires pour leurs femmes et leurs enfants. Dans la plupart des grandes villes, la population a grandi plus rapidement que le nombre des terrains bâtis et habités. Le système des casernes de location est devenu la règle. Le nombre des logements à loyer très bas a diminué.

Dans beaucoup de villes, une partie considérable de la population demeure dans des chambres qu'on ne peut chauffer, — le quart, sinon la moitié loge dans une pièce qu'on peut chauffer, avec ou sans cabinet accessoire. A Berlin, en 1880, 0,9 p. 100 logeaient dans des pièces qu'on ne pouvait chauffer, 43 p. 100 dans une seule pièce à feu, 22,7 p. 100 des appartements se composaient de deux pièces *chauffables* : 72 p. 100 de la population résidait dans de petits logements. La proportion de ses salaires que la classe ouvrière consacre au loyer est considérable, elle va jusqu'à 30 p. 100 du gain annuel, et varie d'ordinaire entre 20 et 29 p. 100. Cela conduit au système des sous-locations, au partage des habitations avec des logeurs à la nuit, et par suite à

23

l'entassement. A Berlin en 1880, sur 198,640 logements, 22,890 étaient encombrés. En admettant l'encombrement si plus de quatre personnes logeaient dans deux pièces, 1/3 des habitants de Berlin étaient logés dans ces conditions. A Breslau, les petits logements (moins de trois pièces à chauffer) forment les 4/5 de la localité et renferment les trois quarts des habitants.

A tous ces inconvénients vient s'ajouter l'instabilité des classes ouvrières, les déménagements fréquents.

M. Miquel indique les moyens d'atténuer le mal, — nous n'y reviendrons pas, en faisant remarquer toutefois qu'il adoucit un peu ses réclamations, notamment en ce qui concerne l'usure en matière de loyer.

La discussion n'a pas été bien instructive. Le professeur Schmoller a exposé que, d'après lui, il y avait place pour de grandes sociétés anonymes, qui se chargeraient de gérer les propriétés immobilières et que cette forme de l'association des capitaux présentait de grands avantages. Elle administrerait mieux et plus humainement que le petit propriétaire endetté, besoigneux, obligé de demander des loyers exorbitants et incapable de faire la moindre réparation. Un représentant des propriétaires demanda des allègements d'impôts et protesta contre l'exagération des théories de M. Miquel. M. de Reitzenstein conseilla d'étudier les moyens de développer les associations de construction. M. Flesch se plaça au point de vue strictement interventionniste. Avec une loi sévère sur les logements, la migration dans les villes sera moins facile.

Il me paraît inutile de prolonger une analyse qui n'apprendrait rien de bien nouveau. Une communication fort intéressante fut faite par M. de Bodelschwingh, un prêtre plein d'une admirable initiative, qui a créé une foule d'œuvres pratiques excellentes à Bielefeld. Nous aurons l'occasion d'en parler plus loin.

Ce long résumé des opinions qui se sont fait jour en Allemagne montre qu'elles ne diffèrent pas beaucoup de celles que nous avons recueillies ailleurs. Sous quelques rapports cependant, elles ne manquent pas d'une certaine originalité.

CHAPITRE II

Berlin est l'une des capitales européennes dont la population s'est le plus rapidement accrue. En 1840, elle ne comptait que 300,000 habitants, en 1850 elle en avait déjà 600,000, 826,000 en 1871, 966,000 en 1875. Aujourd'hui elle en renferme 1,300,000. C'est une progression annuelle d'environ 4 p. 100, qui dépasse celle de Londres et de Paris. Sur ce chiffre, 40 p. 100 seulement des habitants sont nés à Berlin même ; l'accroissement de la population est le résultat de l'émigration incessante de la province. Celle-ci a été stimulée par la transformation de Berlin en capitale de l'empire, par la concentration des grandes administrations de l'État, par le développement du commerce et de l'industrie. Le nombre des fabriques va en grandissant et le contingent de la population ouvrière est excessivement considérable. On sait que le parti socialiste y dispose d'une grande masse d'adhérents.

L'attraction des grandes agglomérations d'hommes est un fait connu. On afflue vers la capitale dans l'espoir d'y trouver de l'occupation et un gagne-pain plus facilement qu'en province, et, une fois qu'on s'y est établi, on se décide malaisément à s'en retourner, même si la lutte pour l'existence y est aussi pénible qu'à la campagne ou dans les petites villes. La proportion de ceux qui quittent Berlin chaque année est très faible. Une capitale n'est pas moins recherchée par les éléments dangereux et fainéants d'une nation. Le voleur, le mendiant de profession et la fille y trouvent des ressources qu'ils n'auraient pas ailleurs; aussi, n'y a-t-il rien de surprenant dans le chiffre de 21,000 personnes ayant subi des condamnations, connues de la police et vivant à Berlin, que donne le rapport de la présidence de police pour 1880. Ce chiffre a dû augmenter dans l'intervalle. Il y avait également 1,200 personnes vivant à Berlin et soumises à la surveillance de la police. Celle-ci connaissait le domicile seulement du tiers, et cela malgré le système perfectionné de l'inscription des locataires, qui fonctionne en Allemagne. Tout propriétaire, tout locataire principal, toute personne ayant des domestiques, est tenu de faire inscrire au bureau de son district le nom, l'âge, etc., de quiconque loge dans sa maison ou dans son appartement. Ces renseignements sont centralisés dans un ser-

vice de la présidence de police, où, moyennant
25 centimes, on peut se renseigner sur l'adresse
de quiconque habite Berlin. La contravention, la
non-inscription, est punie d'une amende de 37 fr. 50
au maximum. Le service de la sûreté est rendu
plus facile par cette obligation imposée aux habitants. Mais cela n'empêche pas les gens qui ont
intérêt à se cacher, de dissimuler leur présence.
Il leur suffit de trouver asile chez des amis qui ne
les fassent pas inscrire à la police, de changer
souvent de logement, de sortir le soir ou la nuit,
et le monde du crime à Berlin n'agit pas autrement sous ce rapport que celui des autres capitales. Il est impossible d'évaluer le nombre de
voleurs, d'escrocs, de gens à existence louche
qui vivent dans une grande ville. La statistique
exacte est impuissante à en faire le recensement.
On connaît approximativement le nombre des
gens qui ont subi des condamnations, celui des
filles inscrites ; il est de 4,000 à Berlin. Pour le
reste, on en est réduit aux conjectures. Il est tout
aussi difficile de réunir des informations précises
sur les mœurs, sur l'organisation du monde du
crime. De temps à autre, un procès retentissant
vient jeter de la lumière sur les habitudes, les
accointances des malfaiteurs, ou bien un écrivain
en quête de pittoresque, accompagne une descente de police dans un bouge mal famé, et livre
le lendemain une description plus ou moins ty-

pique à un journal ou à une revue. Il n'y a guère qu'un homme de la partie, un juge d'instruction ou un employé de la police, qui soit en mesure de fournir au public un tableau exact des dessous de la société.

Un auteur qui connaît admirablement la matière dont il parle, évalue à environ 30,000 le nombre des malfaiteurs de toute catégorie « de la haute et de la basse pègre ». On connaît à Berlin peu de familles criminelles, composées de parents qui élèvent systématiquement leurs enfants pour le vol. Cela n'empêche certainement pas l'influence de l'hérédité de se faire sentir; si les enfants tournent mal, la faute en est au milieu bien plus qu'aux enseignements directs, qui sont fort rares.

Berlin souffre de l'insalubrité et de l'encombrement des logements pour le moins autant que les autres capitales d'Europe et d'Amérique, et cela malgré la vigilance de la police et un grand nombre de règlements concernant l'hygiène, la construction des maisons. 75,000 logements à Berlin, abritant 270,000 personnes, se composent d'une seule pièce. La densité de la population sur certains points est énorme; elle est fort nuisible à la santé morale et physique des habitants. Les descriptions faites par M. le docteur du Mesnil, M. d'Haussonville et M. Maxime Du Camp, des quartiers misérables de Paris s'appliquent également à Berlin : c'est la même saleté, le même dénûment. Peut-être plus qu'en France trouve-t-on en Allemagne l'habitude de prendre un ou deux coucheurs à la nuit, qui s'étendent par terre ou partagent au besoin le lit du mari et de la femme.

Ces bouges servent de logement à la population pauvre, à l'ouvrier honnête et à sa famille, au voleur de profession. L'influence moralisatrice de l'école est très souvent impuissante à combattre l'effet corrupteur de ces habitations encombrées, où toutes les promiscuités existent. Le vice et la débauche, la brutalité s'y apprennent tout seuls. A Berlin, le nombre des adolescents qui pratiquent le vol est très considérable. Les gamins enlèvent les objets, jouets ou friandises, dans l'étalage des boutiques, s'emparent de pigeons ou de chiens. Les petits sapins qu'on vend à Noël, pour en faire des arbres de Noël, exercent une fascination extraordinaire sur les voleurs précoces. A côté de la mansarde démeublée et du ruisseau, certains cabarets mal fréquentés servent d'académies du crime. Berlin abonde en débits de boissons de toute nature, plus de 6,000, soit 1 pour 200 habitants. Ici, comme ailleurs, la profession de débitant est le dernier refuge pour des gens qui n'ont pas réussi et qui préfèrent un métier facile. Comme les malfaiteurs ont besoin de communiquer entre eux, c'est au cabaret qu'ils se

rencontrent et se donnent rendez-vous. La classe
inférieure fréquente de préférence les débits d'eau-
de-vie. La police en tolère l'existence, parce qu'il
lui convient que les classes dangereuses aient des
lieux de réunion connus d'elle. Le cabaretier lui
sert parfois d'auxiliaire, le plus souvent il est
muet et ne sait rien. C'est tout au plus s'il y a à
Berlin deux douzaines de cabarets dont la clientèle se recrute exclusivement dans le monde du
crime. Ces cabarets sont tous dans le sous-sol,
ils n'ont pas d'écriteau flamboyant, et le soir la
lumière arrive au dehors, tamisée par des rideaux.
Les habitués sont des voleurs de profession, des
indicateurs de coups à faire ou des receleurs.
Tout ce monde s'entretient à voix basse, boit et
joue au cartes. Les disputes sont rares ; dès
qu'une querelle risque de devenir bruyante, les
voisins interviennent pour empêcher tout scandale. Parfois, la porte s'ouvre, une tête se glisse
et crie : « *Lampen!* » A ce mot, un sauve-qui-
peut général par toutes les issues ; l'hôtelier ra-
masse rapidement les verres, et, lorsque la police
arrive, le local est vide. A Berlin comme à Francfort, les cabarets de cette catégorie ont une chaîne
d'avant-postes ; ce sont de pauvres diables qui,
pour quelques sous, montent la garde et prévien-
nent en courant qu'il y a des gens suspects à
l'horizon. Lorsque la descente de police est com-
binée de manière à ce que les issues soient cer-

nées et qu'on saisisse quelque malfaiteur contre lequel un mandat a été lancé, celui-ci se rend d'ordinaire sans opposer de résistance. Il obéit tranquillement à l'agent de police. Il est bien rare qu'il se défende à coup de couteau. La violence n'est d'ailleurs pas habituelle aux malfaiteurs berlinois : ils préfèrent la ruse et l'adresse. Les meurtres sont rares dans la capitale. Ces cabarets ont d'ordinaire une chambre sur la cour dans laquelle on se livre parfois à des orgies, et où le champagne n'est pas inconnu.

Les gens sans asile trouvent à se loger à Berlin, moyennant 12 c. 1/2, mais quels logis! sous terre, dans des caves, ou dans d'anciennes remises. C'est là que les voleurs de profession viennent recruter des apprentis, auxquels on commence par abandonner certaines besognes faciles : faire le guet par exemple, emporter le butin. Peu à peu, si l'apprenti fait preuve de bonnes dispositions, il avance en grade. En même temps il est affublé d'un sobriquet, qui remplace son véritable nom.

En soixante-quinze ans, de 1810 à 1886, la population de Berlin s'est accrue de 162,000 à 1,312,000 habitants, à la disposition desquels il existe 26,293 logements. A Paris, en 1884, on comptait, pour 2,239,000 habitants, environ 80,000 maisons avec 755,000 locaux d'habitation. La densité de la population par immeuble est singulièrement plus considérable dans la capitale de la Prusse, où elle dépasse 66 personnes, qu'à Paris, où elle est moitié moindre. A New-York, où elle est considérée comme très forte par les Américains, elle n'est que de 16 personnes ; à Philadelphie, de 7 à seulement. Ces chiffres ne donnent qu'une notion très peu précise, car on additionne toutes les maisons, celles des ouvriers et les hôtels de la classe riche. La moyenne obtenue peut servir d'indication générale, à la rigueur, mais elle ne tient pas compte de l'encombrement qui existe.

En 1864, Berlin ne comptait que 633,000 habitants. En vingt-deux ans, le nombre en a doublé, principalement par l'immigration, dont nous n'avons pas à faire ressortir les causes, tant elles sont connues (avantage de la situation géographique, développement des voies de communication, de l'industrie, centralisation de la vie politique, commerciale, intellectuelle dans la capitale). De 1881 à 1886, près de 130,000 personnes sont venues s'établir à Berlin. L'augmentation due aux naissances est à Berlin un facteur considérable, car le taux (42 par 1,000 de la population) dépasse celui de Paris et de Vienne. L'excédent des naissances sur les décès est de 12 par 1,000 à Berlin.

L'activité des constructions ne semble pas très considérable à Berlin. En 1872, il a été édifié 309 nouvelles maisons ; en 1874, 608 ; en 1875,

717 ; — de 1876 à 1881, le chiffre s'en est successivement abaissé de 670 à 523, 508, 358, 248, 214 ;
en 1882, il est remonté à 278 ; en 1883, à 306. A
Paris, en 1883, l'Annuaire de la Ville indique
2,501 constructions nouvelles. La population dans
la capitale de l'Allemagne, progresse plus rapidement que le nombre des locaux d'habitation.
Pour que les démolitions, les reconstructions, les
déménagements puissent se faire sans gêne dans
une grande ville, il est nécessaire qu'il y ait un
certain nombre de locaux inoccupés, qui soient à
louer. A Berlin, dans les dernières années, ce
nombre est allé en décroissant. En 1879, 7 p. 100
des logements étaient vides ; en 1880, 6 p. 100 ; en
1884, 3 p. 100 ; en 1886, 2 p. 100. Certains règlements municipaux sur les constructions, de nombreuses grèves de maçons, l'arrêt pendant longtemps de la spéculation, ont contribué à cette
stagnation. On se plaint vivement à Berlin du
nombre peu considérable de logements nouveaux
pour les ouvriers et les petits employés. Le grief
me paraît beaucoup plus justifié qu'à Paris, où la
population augmente relativement dans des proportions plus faibles et où, de 1879 à 1884, le
nombre des petits logements s'est accru de 42,901
(8 p. 100). On construit à Berlin surtout pour la
classe moyenne.

A plusieurs reprises, la disette des logements
est devenue aiguë ; en 1856, il a fallu ouvrir la

caserne Witting à 800 familles.; en 1873, 163 familles campèrent hors de la porte de Cottbus et
s'y construisirent une cité de planches.

Le phénomène qu'on constate dans la plupart
des grandes villes : la migration de la population
du centre vers les extrémités, la transformation
des maisons du centre en magasins et en bureaux,
se rencontre à Berlin. Certains quartiers, notamment ceux de l'ouest, sont occupés par les gens
aisés ou riches, tandis que les ouvriers et les indigents habitent quelques autres parties, notamment les faubourgs. Il n'y a pas de quartiers
ouvriers proprement dits. Un signe distinctif, auquel on reconnaît en quelque sorte les districts
les moins riches, c'est la prédominance des sous-
locations et, avant tout, des logeurs à la nuit.
Beaucoup de ménages pauvres prennent des pensionnaires à la semaine ou à la nuit pour diminuer les charges du loyer. En 1880, sur 256,000 ménages, près de 40,000 (soit plus de 15 p. 100)
avaient des locataires à la nuit; la plus forte proportion s'en trouvait dans les quartiers de Stralau,
de la Louisenstadt, dans les faubourgs de Ro-
senthal et d'Oranienbourg. On comptait des ménages avec 34 sous-locataires, avec 11, 10, etc.
Plus de 6,000 ménages avaient 1, 2 pensionnaires.
Cette coutume a de graves inconvénients, lorsque,
par exemple, dans une pièce, couchent le père, la
mère, les enfants et quelques étrangers.

Tandis que les logements souterrains, les caves, ont presque disparu à Paris, à Londres, qu'ils y forment l'exception, il en est autrement à Berlin; 100,000 personnes logeaient dans 23,000 caves ou souterrains. La police et les autorités municipales ont édicté divers règlements concernant ces locaux malsains, de manière à les garantir autant que possible contre l'humidité et à assurer une certaine hauteur. Dans la majorité, la hauteur du plafond variait entre 2 mètres et 2^m,50. Quelques-unes de ces caves sont à une grande profondeur sous le niveau de la rue.

En 1880, dans 3,230 logements, on ne pouvait faire de feu; ils abritaient 10,000 personnes; dans 127,509 logements d'une pièce, renfermant 478,000 personnes, on pouvait allumer du feu; 67,000 logements renfermaient deux pièces *chauffables* et 302,000 personnes. 100,000 personnes logeaient dans 23,000 caves, 161,000 au rez-de-chaussée, 15,000 à l'entre-sol, 214,000 au premier, 214,000 au second, 19,700 au troisième, 128,000 au quatrième, 39,000 sous les toits.

Beaucoup de maisons ne répondent pas aux exigences actuelles des hygiénistes; elles sont sombres, sales, mal aérées; le nombre des locataires est trop considérable; une seule maison renfermait en 1882, 487 personnes, — dont 170 enfants, — réparties en 141 ménages. Dans les dernières années, les rapports des médecins de l'Assistance publique constatent cependant une amélioration.

En 1886, les 20,428 maisons avec 322,172 locaux d'habitation et autres, dont 315,000 étaient loués comme logements, représentaient une valeur locative de 192 millions 1/2 de marks (240 millions de francs), ce qui représente un loyer moyen de 611 marks (763 fr. 75). Comparativement à 1876 (744 marks), il y a une diminution assez considérable dans la moyenne. D'autre part, nous voyons que, depuis 1840, les tout petits loyers ont une tendance à disparaître; en 1840, 18 1/2 p. 100 des logements se louaient jusqu'à 112 fr. 50 par an; en 1860, seulement 7 p. 100 et, en 1880, 3 1/2 p. 100. De même, les loyers entre 112 fr. 50 et 187 fr. 50 se sont réduits de 31 à 13 p. 100 du total; ceux de 187 fr. 50 à 375 fr. ont augmenté de 24 à 37 p. 100; ceux de 375 à 750 francs, sont allés de 14 à 22 p. 100, dans l'intervalle de 1870 à 1880. Les loyers au-dessous de 375 fr. représentaient près de 55 p. 100 de la totalité (150,000 logements sur 274,000), alors que, en 1884, il y avait à Paris 472,000 logements au-dessous de 300 francs, d'après M. Yves Guyot. En 1886, à Berlin, sur 322,000 habitations, 175,000 se louaient jusqu'à 375 francs, 65,000 entre 375 et 750 francs. On sait que, moins le revenu est élevé, plus forte est la proportion absorbée par les dépenses indispensables du logement et de la nourriture. Le budget de l'ouvrier est grevé d'une dépense pour le loyer, qui varie entre le quart et le cinquième du revenu annuel. Il arrive même que l'habitation absorbe plus de 25 p. 100 du salaire. C'est là une des raisons qui déterminent les ménages ouvriers à chercher des sous-locataires, sur lesquels ils se déchargent d'une partie de cette dépense (1).

(1) Le salaire des femmes varie de 10 à 11 marks par semaine. On en rencontre de plus bas, notamment dans la fabrication des gants, 7 à 8 marks. Les salaires moyens les plus élevés, 14 à 17 marks, sont rares dans l'industrie du métal et dans l'industrie textile. — plus fréquents dans la confection et la mode.

On compte à Berlin 60,000 ouvrières dont plus de la moitié travaillent dans l'industrie du vêtement, 5,000 dans l'industrie textile, 4,000 dans l'industrie du papier, autant dans celle du cuir et autant dans le commerce, 3,000 dans les débits de boissons et hôtelleries. Pour l'industrie du vêtement, le salaire moyen est 12 m. (15 fr.) par semaine.

Les salaires de l'ouvrier sont plus élevés, — si une ouvrière en lingerie gagne 12 m., l'ouvrier en gagne 20 à 22, — lorsque l'ouvrière gagne 7 1/2 ou 9 marks, l'homme touche 15 marks.

Si nous feuilletons les statistiques publiées par la municipalité de Berlin, nous voyons, dans l'industrie de la pierre, le sculpteur gagner 50 fr. par semaine, le compagnon tailleur de pierre 37 fr. 50, le simple ouvrier 20 fr. — l'ouvrier bijoutier gagne entre 25 francs et 75 francs, un contremaître chez un argentier gagne 250 francs par mois, — dans le bronze, le contremaître gagne 200 francs par mois, le simple ouvrier 100 francs.

D'après les budgets d'ouvriers publiés à diverses re-

M. Berthold indique quelques-unes des causes de la difficulté du logement; ce sont les mêmes qu'à Paris, Londres et New-York. La population se presse vers les grands centres où elle espère trouver du travail; les démolitions d'anciennes maisons qui font place à des gares, à des magasins, à de grands édifices publics ou particuliers, les embellissements de la ville, la percée de rues larges, de places, sont des facteurs importants, qui diminuent le nombre des habitations à bon marché. A Berlin, on ne construit que fort peu de logements nouveaux d'un prix modeste. La question du logement passable ou mauvais est une

prises par la municipalité, nous voyons un ménage sans enfant, l'homme est ouvrier dans une fabrique de lampes, la femme va en journée,

ouvrier, salaire hebdomadaire 15 m. ..	780 m.
femme...................................	474 m.
	1,254 m.

Ils dépensent 462 marks pour la nourriture, 100 marks pour le vêtement, 370 marks pour le logement, 81 marks pour le feu, 26 marks pour la société de secours mutuel, etc. Ce sont des gens sobres (ils prisent), ils mettent de côté 155 marks par an.

Un ménage qui fait des cigares, gagnant 24 marks par semaine et 1,352 marks par an ensemble, dépense 720 marks de nourriture, 230 marks de vêtement, 192 marks de logement, 80 marks de feu (avec 3 enfants).

Voir pour plus de détail Paul Ballin, *der Haushalt der Arbeitenden Klassen.*

question de salaires ; beaucoup d'ouvriers sont hors d'état de se loger d'une façon plus confortable, faute de ressources. Un autre inconvénient, c'est que le travailleur ne sait jamais s'il conservera son logement; les locations se font à Berlin pour les grands logements à un an, pour les petits au mois ou à la quinzaine. L'encombrement est considérable : plus d'un cinquième des habitations ouvrières renferme un trop grand nombre de personnes. En 1880, plus de 200,000 personnes se trouvaient dans le cas de coucher à 4 ou 5 dans une seule pièce.

La municipalité de Berlin et l'État n'ont pas cru qu'il fût de leur compétence de construire des logements à meilleur marché. La ville s'est bornée à la création d'asiles de nuit qui ont reçu, en 1880, 117,000 individus; en 1881, 140,000 ; en 1883, 71,000. Mais l'État et la municipalité ont cru qu'il leur appartenait de venir en aide aux habitants en développant les moyens de transport, — chemin de fer métropolitain, tramways, lignes d'omnibus, billets à très bon marché pour les ouvriers. Dès 1871, l'autorité locale, dans un Mémoire adressé au gouvernement, insistait sur la nécessité urgente de faciliter les communications. Cependant, la population a moins profité qu'on ne l'avait espéré de ces facilités. Les ouvriers sont retenus par le voisinage de l'atelier, par le meilleur marché des articles de consommation

quotidienne, par la possibilité de prendre leurs
repas à domicile, ainsi que par l'attraction
qu'exerce toujours une grande ville avec ses
nombreuses distractions à la portée de toutes les
bourses. Dans un centre populeux, la femme de
l'ouvrier trouve le moyen de gagner un salaire,
qui sert à compléter le budget commun, en allant en journée ou en prenant de l'ouvrage chez
elle ; elle doit y renoncer, si elle vit trop loin du
centre.

La municipalité de Berlin s'est préoccupée de
conserver à la ville ses promenades; au fur et à
mesure que l'on y bâtissait davantage, les cours et
les jardins ont disparu; les maisons se sont serrées
les unes contre les autres. Avec une louable activité, la municipalité a fait l'acquisition de terrains
qu'elle a convertis en squares, en jardins publics,
de manière à assurer aux habitants des emplacements où l'air circule, où les enfants prennent
leurs ébats. La canalisation souterraine de la ville
a été poursuivie avec persévérance : en 1875,
57 maisons seulement communiquaient avec l'é-
gout; près de 16,000, en 1884, étaient reliées à
l'égout et tenues d'évacuer par cette voie les eaux
sales et le reste. Avec les progrès de la canalisation, la santé générale est devenue meilleure.
En 1885, plus de 18,500 maisons recevaient l'eau
de la ville. Une bonne canalisation et de l'eau en
abondance sont deux éléments puissants d'assai-

nissement. Jusqu'en 1883, la Ville a dépensé près de 50 millions de francs pour la construction des égouts, 13 millions pour l'achat de terrains destinés à l'irrigation et 6 millions 1/2 pour l'installation des canaux, pompes, etc. De 1874 à 1884, les dépenses totales se sont élevées à 65 millions de francs, qui ont été couverts par des emprunts. Les dépenses annuelles pour l'entretien des canaux, le payement des intérêts et amortissement sont de 5 millions 1/2 de francs environ. Comme nous le disions plus haut, les travaux de canalisation souterraine ont diminué dans une proportion sensible de chiffres des décès dus à la fièvre typhoïde.

Les efforts, tentés par des Sociétés plus ou moins philanthropiques pour construire des logements à bon marché, n'ont pas produit de résultats sérieux à Berlin. Il semble que ces Sociétés ne sont pas suffisamment inspirées de principes commerciaux et de vues pratiques. Une Société possède 24 maisons avec 242 logements et 28 ateliers ; l'autre, 130 logements et 28 ateliers.

En 1886, il s'est fondé à Copernick, près de Berlin, une Société de construction qui veut bâtir des logements salubres et à bon marché pour ses membres, notamment pour ceux qui sont ouvriers. Les actions de 250 francs se libèrent par des versements de 50 centimes par semaine. Le bénéfice résultant de la location sera distribué aux membres.

Ceux-ci pourront obtenir des avances hypothécaires de la Société (1).

(1) Nous trouvons dans le volume de L. Formey, médecin du Roi et *Oberstaats medicus* « Versuch einer medicinis-
chen typographie von Berlin », (Berlin, 1796, p. 73), un tableau du logement à la fin du siècle dernier. « Les misérables habitations que l'homme du peuple occupe à Berlin
contribuent beaucoup aux maladies des classes ouvrières,
et les nombreuses constructions à Berlin sont un véritable
malheur pour celles-ci. Quiconque abat une vieille maison
habitée par des ouvriers, édifie à la place une belle maison et l'installe en vue de logements pour les gens aisés.
C'est pour cela qu'il y a à Berlin de grands appartements
à profusion et à bon marché ; les petits logements deviennent de plus en plus rares et coûteux ; le pauvre trouve
avec peine un abri pour lui et les siens. Il se restreint donc
de plus en plus et se contente d'une pièce dans laquelle
il exerce son métier, dans laquelle il vit et dort avec
toute sa famille. Vu le prix élevé du bois à brûler, il
bouche avec soin en hiver toutes les ouvertures qui pourraient donner accès à l'air extérieur, et ces personnes
vivent dans une atmosphère qui menace d'asphyxie tous
ceux qui entrent dans une semblable chambre. » Foley
recommande la question à l'attention de ses concitoyens.

CHAPITRE III

La citation, que nous avons faite plus haut d'un discours de Schulze-Delitzsch, suffit à montrer qu'on a toujours attaché un grand prix en Allemagne au groupement des petits capitaux en vue d'une œuvre commune, comme la construction et l'achat de maisons d'habitation. Il ne semble pas que ce mouvement, qui a produit de si merveilleux résultats en Angleterre et aux États-Unis, ait été aussi fécond de l'autre côté du Rhin. Nous rencontrons dans le volume : *die Grundzüge der Arbeiter wohnungsfrage* par M. *Erw. Reichhardt* (Berlin 1885), d'intéressants détails sur le fonctionnement des associations de construction en Allemagne.

Vers 1860-1865, on a songé pour la première fois à fonder des entreprises de dépôt et d'avances

mutuelles qui devaient permettre à l'ouvrier de
se rendre acquéreur de sa maison. L'un des premiers essais a été tenté à Hambourg, en 1864, où,
avec l'aide de quelques capitalistes bien disposés,
on a construit 48 maisons, dont une partie sont
devenues la propriété des membres de la « *Ham-
burger Häuserbau Genossenschaft.* » Depuis lors
l'entreprise a perdu son caractère particulier (1).

Avant 1868, la situation légale des associations était difficile; elles n'avaient pas le droit de
s'occuper de transactions immobilières. La législation fit tomber ces entraves en 1870, au lendemain de la guerre, lorsque l'Allemagne était en
proie à une sorte de fièvre de spéculation. Par
suite de l'émigration des ouvriers de la campagne

(1) En 1878, il a été créé, sous la présidence de l'armateur
bien connu, M. Sloman, une société de construction, qui
limite son bénéfice à 4 0/0 et qui construit des maisons à
bon marché, payables par annuités — ce sont des maisons
coûtant 3,750 francs, se louant 200 francs par an (cave,
grenier, cuisine, 3 pièces, jardin de 300 mètres). Le locataire peut devenir propriétaire en versant au moins 7 fr. 50
par mois ; lorsqu'il a versé 1,500 francs la maison est en-
registrée à son nom, l'argent dû est laissé en hypothèque
à 4 1/2 et 5 0/0. On a construit 194 maisons ; les actionnaires reçoivent leurs 4 0/0. Le contrat passé avec les aspi-
rants propriétaires est rigoureux, il interdit les sous-locations, la prise chez soi de logeurs.

Mais ce n'est d'ailleurs pas la véritable building society,
formée par l'accumulation de petits capitaux, c'est plutôt
l'imitation de ce qui s'est fait à Mulhouse.

vers les villes, les loyers avaient subi une hausse
exagérée. Le moment semblait donc favorable à
l'organisation d'associations de construction : il
s'en constitua un assez grand nombre qui se
proposèrent de convertir les sociétaires en propriétaires. Bien peu ont survécu et fleurissent.
Quelques-unes sont devenues des sociétés de locations. Ce qui a été funeste, c'est qu'elles sont
nées lorsque la spéculation avait gagné jusqu'à
la classe ouvrière, dont les salaires étaient fort
élevés. On contractait à la légère des obligations
qui ont fini par être pesantes; on avait payé le
terrain très cher, et lorsque la crise éclata, beaucoup de sociétés se trouvèrent fort embarrassées.
Trouvant l'accumulation des capitaux par l'épargne trop lente, elles avaient eu recours au crédit
hypothécaire dans une trop forte proportion, —
cela leur était facile, avec le principe de la soli-
darité. Les intérêts hypothécaires ont fini par
absorber tous les bénéfices, parfois même les sociétaires ont dû s'imposer des sacrifices et au lieu
de rien recevoir, payer chaque année une quote-
part pour amortir la dette. Le personnel des
membres était instable, beaucoup quittaient les
sociétés. Le nombre de celles-ci ne cesse de varier;
d'après le rapport annuel de Schulze-Delitzsch
en 1883, il en existait 35. Il semble que l'ouvrier
allemand n'est pas encore parvenu à un degré
d'instruction économique qui lui fasse apprécier

les associations de construction, à l'égal de son concurrent anglais. Celles qui ont eu le plus de succès durable ont récolté une grande partie de leurs membres hors des classes ouvrières elles-mêmes.

Une grande difficulté a été de se procurer un capital suffisant, dont on ne pût demander le remboursement. D'après la loi, tout sociétaire sortant peut réclamer ses versements avec préavis de trois mois.

On trouve les renseignements les plus complets dans l'ouvrage de M. Schneider, *Mittheilungen über deustche Baugenossenschaften* (1875).

Voici une liste de quelques associations :

Bauverein zu Insterburg, 1877, a construit 14 maisons avec 100 logements. Cinq maisons étaient vendues, loyers variant de 1,500 à 642 marks. — 243 membres.

Halle'sche Vohnungsverein s'est dissout après avoir vendu les 56 maisons qu'il a construites.

Arbeiterbauverein de Flensburg, fondé en 1878, sur le modèle des associations danoises. En 1883 il avait 517 membres, payant 50 centimes par

---

(1) La *Baugenossenschaft de Pforzheim*, fondée en 1872, par 200 ouvriers payant chacun 4 fr. 15 par mois, a construit 42 maisons. Dès 1876, elle ne paye plus de dividende, et elle finit par se liquider dans des conditions désastreuses. Un membre qui s'était intéressé pour 500 marks en a perdu 2,250 sans devenir propriétaire.

semaine ; il a construit une vingtaine de maisons.
On en rencontre à Brême, Munich, Rathenow.

Au milieu de l'année 1886, sous les auspices du
député au Reichstag, M. Schrader, de l'architecte
Wohlgemuth, et de quelques autres personnes,
on a fondé à Berlin une association de construc-
tion(*Berliner Baugenossenschaft*) qui a pour objet de
construire des maisons pour les ouvriers et les petits employés dans les faubourgs de Berlin. Le système adopté est celui d'un versement hebdomadaire de 50 centimes, donnant droit à une action
de 250 francs. Quiconque est depuis 6 mois sociétaire et possède au moins une action peut prétendre à une maison, lorsqu'on a achevé la construction. S'il y a plusieurs concurrents, on tire
au sort.

Le futur propriétaire doit tenir son immeuble en bon état, faire les frais de l'entretien et de
l'assurance contre l'incendie, payer en outre
6 p. 100, dont 4 vont au loyer et 2 p. 100 à l'amortissement; ces 2 p. 100 lui sont crédités. Au bout
de 12 ans, un tiers du prix est couvert, l'immeuble est enregistré au nom de l'acquéreur, et il
reste une hypothèque des deux tiers sur laquelle
il paye 4 p. 100. On a construit jusqu'ici une première maison à Adlershof, à un quart d'heure de
la gare de Gorlitz, — qui a coûté 6,000 marks
(7,500 francs). C'est une maison à deux étages
dont chacun a son entrée séparée et forme un

logement à part. Chaque appartement se compose de 2 belles chambres, d'une cuisine, cave et grenier. Dans un petit bâtiment séparé, on a construit une étable pour une chèvre, le cabinet d'aisances et un lavoir. Le payement annuel est de 360 marks (450 francs, dont 300 sont pour le loyer et 150 pour l'amortissement).

En cas de décès ou si l'acquéreur quitte la localité, l'association est obligée de racheter à un prix à débattre. Elle a le droit de reprendre la maison, si l'acquéreur est en arrière de plus d'un semestre, s'il néglige l'entretien ou s'il contrevient à certaines conditions concernant la sous-location.

Le nombre des membres au commencement de 1887 dépassait déjà une centaine.

En m'envoyant quelques renseignements, M. Schrader ajoutait : Les membres appartiennent pour la grande majorité aux classes ouvrières. La méfiance que les ouvriers témoignent à l'égard de toutes les entreprises dont l'initiative part des classes qui possèdent, en a retenu au début; ensuite on a voulu voir si on construisait vraiment de bonnes maisons, et combien de temps cela durerait jusqu'à ce qu'on pût en obtenir une. » Afin de venir au-devant de ceux qui possèdent un petit capital, l'association se déclare prête à bâtir pour ceux qui pourront verser le tiers du prix immédiatement. Grâce à ce changement dans les statuts, on espère se créer une clientèle parmi les employés subalternes et l'élite des ouvriers, parmi ceux qui disposent do petites économies (1).

M. de Bodelschwingh, un ecclésiastique qui a vécu de longues années à Paris sous le second empire et qui, revenu en Allemagne, s'est fixé à Bielefeld, en Westphalie, nous a exposé à Francfort, à la réunion de *Verein für Socialpolitik*, une entreprise récemment fondée en vue de permettre à des ouvriers de devenir propriétaires d'une maison et de quelques arpents de terre. Le nom du pastor von Bodelschwingh est fort respecté dans son pays, et cela à juste titre : c'est un homme de cœur et d'initiative, qui a fait beaucoup pour certaines catégories d'infirmes, notamment pour les épileptiques, en faveur desquels il a créé un vaste établissement aux portes de Bielefeld. C'est également lui le promoteur des colonies agricoles pour

(1) Il s'est fondé récemment à Dresde le *Dresdener Bauverein für Arbeiterwohnungen*, qui est ouvert à tout le monde. Il suffit de payer 6 fr. 25 par an, à fonds perdus. Pour les ouvriers, il y a des livrets (dix au maximum par ouvrier) sur lesquels on verse 62 centimes par semaine. Chaque participant a droit à un lot. Quiconque a versé 25 francs, et appartient depuis 6 mois à la société participe au tirage au sort des maisons au furet à mesure de leur achèvement. Afin de faciliter l'œuvre du Verein, le Ministère des finances de Saxe doit lui céder du terrain à raison de 3,750 francs l'hectare. — A Reichenbach, fonctionne une association qui compte 300 membres, a construit une demi-douzaine de maisons, occupées par 32 familles.

les vagabonds et les mendiants : il trouve que la
véritable charité est celle qui offre du travail. Ces
colonies dont on compte un assez grand nombre
répandu sur toute l'Allemagne, ont pour objet
d'offrir aux ouvriers sans travail, à ceux qui errent
sur la grande route et qui ont conservé cependant
l'envie de gagner honorablement leur pain, un
asile temporaire, les moyens de se procurer en
échange d'un labeur honnête des vêtements propres, des outils. Ce n'est pas là une panacée contre
le vagabondage, mais c'est un des instruments
qu'on peut employer pour l'atténuer. Avec l'exagération qu'on met en toute chose, on a cru que
le problème était résolu ; c'est une erreur, elle
n'enlève du reste rien au mérite de M. de Bodelschwingh. Celui-ci attache une grande importance
au logement de l'ouvrier : il considère que l'influence démoralisante de logements encombrés et
sales fournit des recrues au socialisme révolutionnaire ; il est convaincu qu'en améliorant l'habitation de l'ouvrier, on oppose une barrière aux
progrès des idées subversives (1). « Je pense que
toute subvention directe de l'État ou de la commune est plus nuisible qu'utile, elle décourage
l'entreprise privée et de plus elle donne à l'œuvre

---

(1) M. de Bodelschwingh a réuni les plans des principales entreprises faites en vue de construire des logements d'ouvriers. Sur 150 aucun ne convenait absolument
aux conditions du problème qui se posait à Bielefeld.

le caractère d'une aumône. En outre de pareilles subventions ne se produisant que d'une manière irrégulière, et à cause de leurs inconvénients, on les supprime très vite... Les entreprises les plus utiles, les plus prospères sont celles qui s'adressent à l'esprit d'initiative, d'aide de soi, des ouvriers. »

« Une excellente subvention que les communes et l'État peuvent accorder, c'est de faire une différence dans les exigences des règlements de bâtir entre les belles maisons des classes aisées et celles qui sont destinées aux ouvriers. »

« Il faut se garder de procéder d'une façon uniforme, il faut tenir compte des circonstances différentes de temps et de lieu. »

M. de Bodelschwingh et quelques-uns de ses amis, après avoir bien étudié la question, ont réuni un certain nombre d'ouvriers intelligents et énergiques, qu'ils savaient animés du désir de devenir propriétaires de leur maison. C'étaient de petits artisans ou des ouvriers de fabrique. Ils rejetèrent l'idée de grouper ensemble deux ou quatre maisons comme à Mulhouse, chacun voulait avoir tout autour de son foyer un jardin ou un champ. Presque tous demandèrent à pouvoir prendre un sous-locataire afin de diminuer les charges. Il y a certains avantages à ce que deux familles demeurent ensemble ; l'une des deux mères de famille peut toujours être à la maison et surveiller les enfants des deux ménages.

On acheta deux terrains à 10 minutes de la ville, l'un d'environ 1 1/4 d'hectare pour 7,500 marks l'autre de 4 hectares pour 32,000 marks. On ouvrit en même temps une caisse d'épargne de construction, accessible non seulement à ceux qui désiraient acheter une maison, mais à tous ceux qui voulaient y déposer leurs économies. Cette caisse d'épargne bonifie le même taux d'intérêt que la caisse d'épargne urbaine.

31 ouvriers, désireux d'acheter une maison, avaient versé 22,752 marks, d'autres déposèrent 11,313 marks. On dut emprunter le reste de la somme nécessaire, à la caisse d'épargne urbaine à 4 1/6 p. 100 (soit 38,558 marks). Avec le temps, on pense obtenir suffisamment d'amateurs de maisons ou des déposants pour être indépendant.

On exige le versement d'un douzième du prix du terrain et de la maison, — le payement mensuel anticipé du loyer plus une somme mensuelle destinée à l'amortissement et représentant par an 3 p. 100 de la valeur totale.

Au mois d'octobre 1886, 12 maisons avaient été construites, sur lesquelles 13,868 marks avaient été payés, au lieu de 5,000 marks exigibles.

Le loyer varie, il est fixé chaque année suivant les dépenses totales effectuées en intérêts et impôts ; en outre, on réunit un fond de réserve. Toute perte résultant des opérations de l'associaciation est portée au débit commun des sociétaires.

Afin d'assurer les débuts de l'association, M. de Bodelschwingh et ses amis ont formé un conseil de patronage qui administre d'accord avec un comité élu par les sociétaires.

L'acquéreur signe un contrat lui enlevant la faculté de construire de nouveaux bâtiments sur son terrain. En outre l'association se réserve le droit de préemption.

Dès le commencement, les demandes furent si considérables, qu'il fallut faire désigner les acquéreurs par le sort. On accorde une préférence aux familles chargées d'enfants. Au mois d'octobre 1886, 20 terrains avaient été acquis. L'amortissement aura lieu en 10 ans.

Un comité de cinq sociétaires et le conseil de patronage vérifient les comptes des constructeurs.

Au Danemark, les associations de construction ont pris un très grand développement. En dehors de Copenhague, M. Hansen, secrétaire de la chambre de commerce de Kiel, a constaté en 1877 qu'il en existait de florissantes dans neuf villes (1).

Dans la capitale même, on était parvenu par des efforts collectifs, depuis 1860, à fournir des......

(1) *Aalborg, Aarhuus, Helsingor, Holbek, Horsens, Kallundborg, Nykjöbing, Roeskilde, Svendborg.*

logements à 4 p. 100 de la population entière
(200,000 âmes), à 13 p. 100 des lasses indigentes.
Dans ce chiffre, il n'entre pas une maison construite par les fabricants pour leurs ouvriers ni
celles bâties par la spéculation.

Parmi les associations de construction, celle de
Copenhague occupe la première place. Elle doit
son existence principalement au Dr Fred. Ulrik
et a été fondée le 20 novembre 1865 par 230 ouvriers de la fabrique Burmeister et Wain (construction de machines et chantiers maritimes).

L'association a pour but la construction de maisons pour une ou deux familles, maisons dont la
propriété peut être acquise par les membres.

Peut devenir membre quiconque s'oblige à
payer pendant dix ans une cotisation hebdomadaire de 35 oere (50 centimes).

Chaque année on construit un certain nombre
de maisons, en proportion du total des cotisations
et des emprunts contractés.

Tous les ans un tirage au sort a lieu entre les
membres qui font partie depuis au moins six
mois de l'association, afin de désigner les propriétaires des maisons achevées.

Chacun de ceux-ci s'engage à payer annuellement une somme, qui au bout de 20 ans lui assure
la libre propriété de l'immeuble.

Celui qui à l'expiration de dix ans n'a pas obtenu de maison a le droit de retirer son capital

les intérêts accumulés où de continuer à le laisser en dépôt.

En cas de décès, le capital accumulé échoit immédiatement au profit des héritiers.

Au bout de cinq ans d'existence, l'association comptait un millier de membres. En 1882, le chiffre s'en élevait à 11,185, en 1884 à 12,643 dont la majorité était composée d'artisans, d'ouvriers, d'employés de toute catégorie. Elle possédait 523 maisons.

En 1881, on a recueilli 250,000 francs en cotisation; les sommes au crédit des membres s'élevaient à 1,800,000 francs environ, le fond de réserve à 117,000 francs. Les 581 maisons valaient près de 6 millions de francs; il avait été remboursé le cinquième environ. On a acheté un terrain pour y construire 200 nouvelles maisons. L'aspect du quartier formé par ces maisons, dont chacune a son jardinet, est des plus agréables.

(1) *Die Wohnungsverhältnisse in den grösseren Städten* par P. C. Hansen, 1883, Heidelberg.

CHAPITRE IV

La publicité qui s'est faite à juste titre autour de l'entreprise poursuivie avec tant d'énergie et de bonheur par Miss Octavia Hill ne pouvait manquer de stimuler à l'imitation ; nous connaissons plusieurs tentatives dans cet ordre d'idées, notamment à Leipzig et à Darmstadt.

Au moment où j'écris (avril 1887) on étudie à Berlin les voies et moyens pour l'exécution d'un projet formé par le *Centralverein fur das wohl der arbeitenden classen*, dont font partie MM. Gneist, Schmoller, Böhmert, Schrader. Il s'agirait de créer une société avec un grand capital, qui achèterait des maisons déjà existantes à Berlin et les transformerait en logements d'ouvriers. On peut se demander si la forme anonyme convient bien à une telle tentative, si l'on ne néglige pas le côté personnel, qui a tant contribué au succès de Miss Octavia Hill. La gestion rencontrera peut-être des difficultés qu'on ne soupçonne pas.

A Leipzig, en 1883, animé par l'exemple de Miss Octavia Hill et des résultats qu'elle avait obtenus, M. Gustave de Liagre acheta de concert avec douze personnes un grand immeuble, composé de trois corps de bâtiments, pour la somme de 135,000 marks. Chacun des associés versa 5,000 marks (65,000 marks); pour le reste de 70,000 marks on prit une hypothèque à 4 p. 100.

On dut se conformer aux usages du pays, et comme la plupart des ouvriers logent dans des casernes de location, acheter une maison de ce genre. M. de Liagre tenait à rémunérer le capital sur la base de 4 p. 100, ce qu'il n'aurait pu faire avec des maisons détachées. Pour le loyer, M. de Liagre l'établit en calculant 4 p. 100 du capital, soit 5,400 marks impôt, gaz et eau, 600 marks réparations et entretien 1,500 marks. L'immeuble contient 120 chambres. Le loyer comporte en moyenne 1 mark pour une chambre à une fenêtre, 1 m. 80 à 2 m. 20 pour une chambre à deux fenêtres. Aux familles nombreuses, on loue deux chambres pour 2 m. 50.

M. de Liagre et ses associés cherchent leurs locataires parmi les pauvres.

Il fait signer un contrat à l'entrée en jouissance en vertu duquel il peut donner congé tous les huit jours, le locataire seulement par trimestre; le loyer se paye par semaine et d'avance.

Pour faire nettoyer les couloirs, les escaliers, les cabinets, une fois par semaine, il s'adresse à

tour de rôle aux différentes femmes de la maison
et leur paye 62 1/2 centimes, Grâce à ce petit payement, il n'y a jamais de dispute sur la question
de savoir à qui c'est le tour.

Dans le sous-sol, il y a une pièce pour faire la
lessive; cela coûte toutefois 12 centimes par jour.
Il est interdit de faire du blanchissage en grand
dans les appartements. L'eau se trouve dans tous
les logements.

Lors d'un changement de locataire, M. de Liagre
inspecte pour voir si le poêle est en bon état et
s'il n'y a pas de vermine. Il se borne à cela et
ne fait badigeonner à neuf, que si le nouveau locataire a prouvé qu'il était propre, ordonné et exact,

Le choix d'un bon portier est fort important;
lui et sa femme sont les personnes de confiance
de l'administrateur. Il faut de la fermeté pour
maintenir l'ordre, car lorsque tant de pauvres gens,
dont l'horizon intellectuel est absolument borné,
vivent entassés ensemble, les querelles sont fréquentes; avec de la fermeté et de l'impartialité, on
acquiert de l'influence sur eux.

Au début, les premières fois qu'on est en contact
avec eux, on se heurte à une méfiance, qui dispa-
raît à la longue. Le pauvre ne comprend pas que
des personnes appartenant à une classe supérieure
de la société se donnent tant de peine pour améliorer son sort véritablement et d'une façon durable. Il faut beaucoup de patience pour faire

tomber cette barrière. L'encaissement hebdomadaire des loyers est un véritable bienfait pour le
pauvre, qui n'est jamais qu'une sorte d'enfant et
qui manque absolument de prévoyance. Il est
incapable de se fixer un budget à l'avance, il vit
trop au jour le jour pour cela. Il achète relativement tout trop cher, à cause du crédit qu'il faut
lui faire.

D'après le compte rendu de M. de Liagre, en
trois ans et demi, il n'y a presque pas eu de loyer
impayé, pas 1 p. 100 de perte. Il y a une grande
demande pour les logements.

La rémunération du capital se fait sans peine à
4 p. 100. Aujourd'hui que l'œuvre est bien organisée, il lui faut quelques heures par semaine pour
l'administration.

Trois dames de Leipzig se sont chargées d'encaisser les loyers, ce qui les met en contact forcé
avec les locataires, et elles croient n'avoir pas été
sans exercer une certaine influence sur eux.

A Darmstadt, l'association contre le paupérisme
et la mendicité est entrée dans la même voie en
1884. Elle possède aujourd'hui quatre maisons,
qui ont coûté 40,000 marks — on a dépensé
11,000 marks à les mettre en état. Le capital se
rémunère entre 3 1/2 et 4 p. 100 (1).

---

(1) Voir *Die Herstellung der Reinlichkeit in den Wohnungen
der Armen*. Darmstadt, 1886.
Pour Leipzig, la publication du *Verein für socialpolitik*.

Il existe en Allemagne des caisses d'épargne pour les loyers. Ce sont des institutions fondées afin de faciliter aux pauvres l'accumulation de la somme nécessaire au loyer et qui accordent une prime aux déposants. A Dresde, l'association pour la répression de la mendicité a fondé en 1880 une « Miethzins-Sparkasse ». En 1886, il y avait 605 déposants, et à ceux qui avaient moins de 300 francs de loyer à payer, on a bonifié une prime de 6 p. 100. Cela a absorbé 5,750 francs. Le dernier rapport annuel fait remarquer qu'une des causes des mauvais logements pour les pauvres est la suivante : les propriétaires ne sont pas disposés à améliorer des habitations dont le loyer rentre difficilement, et en outre, afin de se couvrir des pertes, ils demandent un prix plus élevé. Stimulés par l'association en question, un certain nombre de propriétaires se sont déclarés disposés à percevoir les loyers par semaine.

CHAPITRE V

Les industriels ont été amenés à construire des logements pour leurs ouvriers, et cela dans un intérêt bien entendu. Ils n'ont pas été dans la nécessité de le faire dans les grandes villes, où il y avait toujours abondance de main-d'œuvre, où les relations entre patron et ouvrier sont moins intimes que dans les petites villes ou dans les districts ruraux.

Il est de l'avantage du patron d'avoir les ouvriers logés à proximité de l'exploitation industrielle, de leur éviter une longue route le matin et le soir, et au milieu des habitudes instables de la population salariée, il lui importe de retenir les meilleurs travailleurs, de les garder auprès de lui, de leur voir faire souche de jeunes ouvriers, qui hériteront des aptitudes paternelles.

En France, dans une foule de localités, des habitations d'ouvriers ont été construites par des

sociétés industrielles (1), parmi lesquelles il suffit
de citer Anzin, le Creusot, Commentry, Blanzy,
Beaucourt. Elles se sont inspirées principalement
de ce qui s'était fait à Mulhouse, la ville qui a eu
le mérite d'être en quelque sorte le pionnier dans
la bonne voie. Il en a été de même à l'étranger,
en Angleterre, en Irlande, où les compagnies de
chemins de fer ont favorisé l'établissement de cités
industrielles auprès de leurs ateliers, soit en construisant elles-mêmes, soit en encourageant la
formation de building societies. Nous avons cité
l'exemple de sir Edw. Guinness à Dublin. En
Allemagne, les exemples abondent. D'après des
chiffres recueillis sur la Prusse, 70 exploitations industrielles avaient construit des maisons
(529), dont leurs ouvriers pouvaient se rendre
acquéreurs, 1,141 avaient construit 8,751 maisons
pour la location. Sur 4,850 exploitations industrielles, 34 p. 100 avaient pourvu directement

---

(1) En France, d'après le rapport du comte de Melun
(1875), dans les districts houillers du Nord, 18 établissements sur 23 avaient construit 7,000 maisons d'ouvriers,
ayant coûté 18 millions. Le loyer en était inférieur au
loyer habituel dans une très forte proportion. — A Decize,
on a vendu aux ouvriers 2,400 francs des maisons qui en
avaient coûté 3,000. Après 20 ans, huit étaient encore la
propriété d'ouvriers. Cinq avaient été transformées en débits de boissons et d'épiceries, le reste vendu avec bénéfice par les acquéreurs primitifs.

ou indirectement au logement de leurs ouvriers
(507,000 hommes et 102,000 femmes)(1).

L'État prussien est propriétaire de mines. Afin
d'asseoir le personnel de ses ouvriers, de lui procurer le bienfait de la stabilité et de la salubrité du
logement, il a construit un grand nombre de cités
et de colonies ouvrières. Il a édifié les maisons
pour son compte et les a données en location ; il
a vendu les maisons construites, il est venu en
aide par des subventions et l'abandon du terrain
aux ouvriers qui voulaient construire ou il leur a
simplement avancé de l'argent. Dans le bassin
houiller de Saarbruck, 3,742 maisons ont été construites ; de 1842 à 1872 les caisses des mineurs
ont contribué pour 2,062,000 marks, l'État a
avancé 1,897,000 marks, sur lesquels, en 1874,
814,000 avaient été amortis. Dans les mines silé-
siennes, de 1820 à 1872, plus de 450 maisons
comprenant des habitations pour 1,800 familles
ont été bâties de la même façon.

L'entreprise la plus considérable a été celle de
Krupp à Essen. Mais nous voudrions faire remarquer auparavant que la très grande majorité des
fabricants (1,141 sur 1,655 en Prusse) construisent des maisons de location et non pas des maisons à vendre par annuité. Cette répugnance

---

(1) Voir Preuss. stat. Zeitschr. 1878. Cité par E. Reichardt.
Grundzüge der Arbeiterwohnungsfrage.

s'explique de différentes manières : tout d'abord, on craint que les ouvriers une fois propriétaires ne cèdent la maison à des familles qui n'ont rien à faire avec la fabrique, que celles-ci prennent la place de gens travaillant dans l'usine ou la manufacture, que le nouvel acquéreur n'ouvre un débit de boisson ou pire encore, que l'encombrement par suite de sous-location n'envahisse la cité ouvrière.

Le libre exercice du droit de propriété sur les maisons peut avoir des inconvénients pour l'industriel. Celui-ci n'aime pas non plus à s'engager dans une vente à long terme avec son personnel. Cela n'empêche pas qu'un certain nombre d'industriels ont surmonté ces répugnances; ils sont venus en aide à leurs ouvriers dans les agglomérations rurales, soit en leur faisant l'abandon du terrain, soit en fournissant le matériel de construction ou par des avances d'argent. Dans le cas de simple location, on remarque que les loyers sont ordinairement assez bon marché, inférieurs au taux habituel dans le pays. Le fabricant retire du capital engagé une rémunération assez peu considérable, mais il bénéficie d'autre part en s'assurant la stabilité de la main-d'œuvre.

Les ouvriers se plaignent, il est vrai, d'être bien plus dépendants de leurs patrons, qui peuvent les mettre à la porte et de la fabrique et du logement qu'ils occupent,

Comme nous le disions, c'est l'établissement Fried. Krupp à Essen qui a relativement fait le plus pour loger son personnel d'ouvriers et d'employés. D'après le recensement de 1881, le nombre total des personnes occupées à l'établissement s'élevait à 19,605, dont 11,211 aux aciéries et 8,394 aux usines, mines, etc., le nombre des membres de famille (dont 13,083 enfants allant à l'école) à 45,776, soit un total de 65,381. — 18,698 personnes habitaient des maisons appartenant à la maison Krupp.

La ville d'Essen ne comptait en 1803 que 3,480 habitants, qui se livraient au commerce, à l'agriculture, à l'industrie, à l'exploitation des mines. La production houillère était restreinte aux besoins de la consommation domestique; on n'exportait presque pas. Avec les progrès de la technique, avec l'introduction de la machine à vapeur, les choses changent d'aspect, l'extraction augmente d'intensité et la ville grandit parallèlement.

De 1803 à 1843, la population s'élève lentement à 7,119 en 1852 à 10,475; en 1860 elle est de 18,435, en 1865 de 33,660, en 1873 de 56,365. Elle subit alors le contre-coup de la crise économique et reste stationnaire, en 1880 elle n'est que de 56,960. Depuis lors, il y a une nouvelle marche en avant et elle est à présent de 65,000.

Avec le développement de l'industrie de la

houille, l'industrie du fer grandit également. En 1810 se fonde l'entreprise Krupp, qui eut des commencements bien modestes. En 1848, elle ne possédait que 72 ouvriers, en 1855 693, en 1860 déjà 1690, en 1863 4,031, en 1866 7,455, en 1873 11,867. De 1873 à 1879 il y eut une diminution constante, en 1879 le chiffre était tombé à 8,264. Depuis lors il s'est relevé jusqu'à 11,000. On voit que la plus grande partie de la population appartient à la classe ouvrière. Cette agglomération considérable a naturellement exercé un effet sur la densité dans les maisons.

En 1820 on comptait en moyenne par maison 6,39 habitants.
1849	—	9,28	—
1864	—	15,30	—
1871	—	15,50	—
1880	—	13,06 (1)	—

En 1864, dans une seule rue du quartier ouvrier, 2,962 personnes (2) logeaient dans 124 petites maisons (23,89 par maison). Il y eut un manque d'habitations et une hausse des loyers. La situation s'est améliorée lorsque les aciéries Krupp ont com-

(1) J'emprunte ces chiffres à un travail de M. Wiebe, *die Wohnungsverhältnisse der ärmeren Volkskassen in Essen a. d. Ruhr.*

(2) En 1843 7,119 habitants 872 maisons 9 ouvriers chez Krupp.
	1858	17,165	—	1,319	—	1,047
	1864	31,327	—	2,045	—	6,693
	1871	51,840	—	3,322	—	8,810
	1881	59,169	—	4,214	—	10,598

mencé à construire de grandes colonies (1863).
Celles-ci se trouvent en partie dans la ville, en
partie en dehors, elles sont dans une position salubre, l'air et la lumière pénètrent dans les maisons, il y a de larges rues et des places plantées
d'arbres. En 1873, le laminoir Schulz, Knaudt et Cie
a suivi cet exemple et établi une cité ouvrière pour
ses ouvriers.

Ce n'est naturellement que le personnel des
aciéries Krupp et celui de la maison Knaudt qui
profitent de ces avantages, les autres ouvriers, notamment les mineurs, vivent disséminés dans toute
la ville, on les rencontre cependant surtout au
Nord, où ils habitent deux quartiers. Là plupart de
leurs maisons ont un petit jardin. Dans l'intérieur
de la ville, on trouve encore des rues si étroites
que les voitures ne peuvent pas y passer.

Sur les 65,000 habitants d'Essen, 40,000 appartiennent aux classes ouvrières. Il y a dans la ville
4,298 maisons dont 2,560 servent d'habitation aux
ouvriers. La plus grande partie en a été construite
depuis 25 ans, et bien que les règlements sur la
police des constructions ne répondent pas aux
exigences actuelles des hygiénistes, ils étaient
relativement suffisants et les maisons ne sont pas
insalubres par suite de vice dans la construction.

Les cités ouvrières sont pour la plupart à proximité de l'atelier, à 10 ou 20 minutes au maximum.
Ceux qui ne sont pas employés par Krupp cher-

chent à se loger aussi très près de l'exploitation industrielle dans laquelle ils travaillent.

Une famille d'ouvriers paye ordinairement 150 marks (187 fr. 50 par an) pour son habitation. Le salaire annuel moyen varie de 1,000 à 1,125 francs. L'industrie du bâtiment a été assez active dans les dernières années, et elle a livré un certain nombre de petites maisons.

L'accroissement rapide de la ville d'Essen de 1860 à 1870 a amené une crise du logement, mais ni l'État ni la commune ni des sociétés de construction ne sont intervenus. Ce sont ceux qui profitaient en première ligne de cette prospérité nouvelle, qui ont trouvé leur intérêt à agir, à fournir à leurs ouvriers de plus en plus nombreux des logements convenables et à bon marché. Aussi longtemps que son personnel trouvait à se loger en ville, Krupp n'a pas été obligé d'intervenir, mais avec l'extension de son entreprise il a cru de l'avantage commun de s'occuper du bien-être de ses employés et de ses ouvriers. C'est en 1863 qu'il débuta dans cette voie et jusqu'en 1873 il a bâti toute une série de colonies. En 1883 il était propriétaire de 3,208 maisons, servant à l'habitation de 16,200 personnes. De 1871 à 1873, il a construit des logements pour 2,358 familles. Afin de ne pas augmenter les dépenses, on s'est arrêté au système des maisons à plusieurs locataires, bien que théoriquement on eût préféré le cottage isolé.

Mais il aurait fallu pour cela une très grande
étendue de terrain, qui serait revenu fort cher ou
bien on aurait été obligé de construire à une très
grande distance de l'usine. En bâtissant des
maisons avec plusieurs logements (il y a des maisons, depuis 2 jusqu'à 16 logements) on a pu
opérer plus économiquement sous tous les rapports, notamment pour la distribution des eaux.
Les logements sont salubres, l'eau et la lumière y
pénètrent librement ; quoique la porte d'entrée soit
commune, chaque logement est absolument isolé.
Ils contiennent 2, 3 et 4 pièces. La colonie Alt-
Westend est la plus ancienne, elle remonte à 1863,
elle renferme 144 logements. Les pièces les plus
vastes ont 5 mètres sur 4,33, les plus petites 2,41
sur 4,33. La hauteur varie entre 2,83 et 2,50. Neu
Westend (1871) en renferme 108 ; les chambres y
sont plus spacieuses. — Nordhof (1871) 162 logements, Baumhof 72 logements, Schederhof (1873),
772 logements, Kronenberg (1874) est la cité la
plus vaste avec 1,398 logements.

Le prix d'un logement varie de 60 à 108 marks
(75 à 135 francs) par an pour 2 pièces, de 120 à
162 marks) (150 à 202,50) pour 3 pièces, il est de
225 francs pour 4 pièces, de 267 francs pour
3 pièces. Le loyer est retenu sur la paye et se paye
une quinzaine d'avance. Il faut un préavis de
14 jours pour donner congé. Tous les logements
sont pourvus de bonne eau. Les water-closets et

les fosses sont nettoyés et désinfectés aux frais de la fabrique.

Pour les ouvriers célibataires et pour ceux qui sont venus travailler sans leur famille, on a construit des espèces de casernes, 4 casernes avec sept dortoirs pour 16 hommes, soit 448 et une grande caserne pour 1,200 ouvriers.

Dans ces casernes on a organisé pour eux ce qu'on appelle des ménages, c'est-à-dire une pension à bon marché, et cela dès 1856. Le nombre de ceux qui en profitent a été de 453 en 1870, de 1,775 en 1873, il est descendu depuis lors à 500 et se maintient à ce chiffre. L'habitant d'une de ces casernes est tenu d'acheter lui-même le pain, — par contre on lui fournit le logis, le déjeuner, le dîner et le souper (de la viande tous les jours) moyennant 1 franc par jour; avant 1874, il ne payait que 84 centimes.

Il paraît que par 100 ouvriers, la nourriture revient pour le dîner et le souper entre 55 et 60 francs par jour.

La fabrique a renoncé à tirer un revenu de ces casernes. Elle s'efforce de couvrir les frais de l'alimentation. Elle a construit un bâtiment loué à un entrepreneur, qui prend 1 fr. 40 par jour pour la nourriture et le logis et qui paye une redevance d'environ 20 centimes par tête et par jour. Les chambrées y sont plus petites, 6 lits au maximum.

On sait que les aciéries Krupp ont organisé

toute une série d'institutions afin d'assurer le bien-être et la vie à bon marché des ouvriers, une boulangerie, une institution de consommation, dont M. Krupp a fourni le premier capital, — celle-ci a renoncé au bénéfice et se borne à couvrir les frais généraux. Elle vend à meilleur marché et des marchandises de bonne qualité. Il n'est pas fait de crédit (1).

Dans le volume « *Wohlfahrtseinrichtungen der Fried Krupp'schen Gusstahlfabrik zu Essen zum Besten ihrer Arbeiter* », on trouve les détails les plus complets sur ces diverses institutions, sur les écoles professionnelles, sur la caisse de secours, sur la caisse d'assurances sur la vie, sur le service des hôpitaux, etc.

Grâce à ces efforts persévérants, M. Krupp est parvenu à former un noyau d'ouvriers habiles, qui sont sédentaires et attachés à la fabrique. En 1883, sur 19,605 ouvriers et employés, 49 p. 100 étaient au service de 1 à 5 ans, 33 p. 100 de 5 à 15 ans, 18 p. 100 de 15 à 35 ans.

En outre des habitations d'ouvriers construites à Essen, M. Krupp en a installé 458 dans les autres exploitations qu'il possède au dehors.

Nous avons parlé plus haut d'une autre entreprise modeste, celle de MM. Schulz, Knaudt et Cie,

_____

(1) Le nombre des petits débits d'eau-de-vie aux alentours de la fabrique a diminué considérablement, il est tombé de 71 en 1870 à 40 en 1881.

qui ont créé une colonie pour leurs ouvriers dans
une commune voisine d'Essen. Ils ont construit
25 maisons habitées par 65 familles, en ayant soin
de les entourer d'un jardin, chaque famille a son
entrée séparée. Le loyer varie entre 7 marks (8,75)
et 15 marks (18,75) par mois. Le capital de
375,000 francs dépensé ne rapporte que 1 et demi
p. 100.

CHAPITRE VI

LA CITÉ OUVRIÈRE DE MULHOUSE. — SON ÉTAT ACTUEL.

Mulhouse au moment de sa réunion à la France en 1798 ne comptait que 8,000 habitants, au lieu de 70,000, chiffre actuel de sa population. Cette population s'est accrue sous l'effet du développement de l'industrie manufacturière. Pour procurer à leurs ouvriers des logements meilleurs que ceux qui se trouvaient à leur portée, les chefs d'industrie ont cherché une combinaison permettant aux ouvriers venus des campagnes voisines d'acquérir une maison moyennant une dépense à peu près égale au prix des loyers en ville et d'encourager l'épargne en rendant possible l'accès de la propriété. On sait comment s'est constituée la Société des cités ouvrières de Mulhouse sous l'influence de cette idée. Avec un capital social de quelques centaines de mille francs, souscrit par les principaux manufacturiers de la place, capital auquel se sont ajoutés des emprunts garantis par la Société, les promoteurs de l'œuvre ont construit 1,200 maisons d'ouvriers dans l'espace de trente ans. Un millier de ces maisons est payé dès maintenant par les acquéreurs, moyennant une retenue sur leur salaire, retenue dont le montant ne dépasse pas considérablement le taux des loyers ordinaires en dehors de la cité. En achetant sa maison avec des économies modestes, l'acquéreur tient en main le gage de l'épargne et en jouit immédiatement, puisqu'il peut l'occuper aussitôt après la signature du contrat. Une fois l'habitude de l'économie prise, elle persiste quand le prix d'achat de la maison est acquitté et nombre d'ouvriers sont parvenus à faire ensuite de nouveaux placements. Au point de vue social, l'acquisition d'une maison, l'accès de la propriété devient une garantie d'ordre et attache davantage l'ouvrier et sa famille au foyer de travail où il s'est fixé. Une fixité plus grande des populations ouvrières facilite aussi le développement des institutions de secours et de prévoyance, notamment la création de caisses de retraite pour les invalides. Dans le cas où les propriétaires de la cité ouvrière de Mulhouse ont dû s'éloigner, ils ont jusqu'à présent toujours trouvé à vendre leur maison à un prix supérieur à celui du prix primitif de construction. Indubitablement ce placement des épargnes des ouvriers occupés dans les manufactures de Mulhouse a été plus profitable que le versement à la caisse d'épargne.

L'ouvrier a avantage à employer ses économies à l'acquisition d'une maison, lorsque c'est possible. Ce mode de placement est préférable en général à l'achat de valeurs mobilières et au recours à la caisse d'épargne. La caisse d'épargne ne donne à ses déposants qu'un intérêt minime, inférieur au profit retiré de l'achat d'une maison, dans les conditions offertes par l'œuvre des cités ouvrières de Mulhouse, par exemple, et les placements en valeurs mobilières pour les petites économies se montrent souvent trop aléatoires.

Sans doute il n'est pas d'institution humaine qui n'ait ses inconvénients. Il peut arriver parfois que l'acquisition d'une propriété devienne dommageable, mais en règle générale, comme l'a si bien dit M. Levasseur au congrès de l'association française pour l'avancement des sciences à Nancy en 1886 : 1° Il est bon d'être chez soi, l'amour de la propriété existe chez l'ouvrier comme chez tout homme; la famille ouvrière qui a sa maison s'intéresse davantage à son intérieur qu'elle aménage à sa fantaisie, au petit coin de jardin qu'elle cultive; les grandes maisons ouvrières bien ordonnées telles que le familistère de Guise sont très utiles pour le bien-être des ouvriers. M. Levasseur considère cependant la petite maison dont l'ouvrier est propriétaire comme supérieure surtout au point de vue moral; 2° l'acquisition de la maison par l'ouvrier est un moyen d'épargner et

surtout un stimulant énergique à l'épargne par
l'obligation où est l'ouvrier de payer ses annuités ;
3° le placement de l'épargne en achat de maison
a chance d'être plus avantageux que le placement
à la caisse d'épargne, parce que si le groupe industriel continue à prospérer la population urbaine
augmente, les constructions s'étendent par delà
la cité ouvrière et le prix des immeubles s'élève ;
4° la possession d'une maison attache l'ouvrier
au sol, condition de stabilité qui est favorable à
l'ouvrier comme à l'industrie et à l'état social en
général ; elle n'empêche pas cependant l'ouvrier
de se déplacer au besoin et ne l'asservit pas à la
localité, puisque si l'industrie reste prospère, il
peut louer ou vendre avec bénéfice.

C'était en réponse aux craintes exprimées par
M. Ducrocq, qu'en excitant d'une manière trop
générale l'ouvrier à devenir propriétaire de sa
maison, on ne rendît un mauvais service à l'élite
des ouvriers disposés à suivre ce conseil et qui
pourrait parfois acquérir sa maison en perdant
quelque chose de sa part de liberté du travail
qu'un capital mobilier lui conserverait mieux (1).

(1) M. Limousin, qui est peu favorable aux petites maisons d'ouvriers où tout est étroit et peu solide, croit qu'il
serait préférable dans les grandes villes que l'ouvrier pos-
sédât des actions de la société propriétaire. Il arriverait
également ainsi à ne pas payer de loyer et pourrait plus
facilement se déplacer si quelque circonstance l'y obli-

Revenons à Mulhouse. La Société mulhousienne des cités ouvrières a été fondée en 1853, surtout grâce à MM. Jean Dollfuss et Pénot, par 12 grands industriels au capital de 300,000 francs en actions de 5,000 francs. Elle reçut une subvention de 300,000 francs de l'État (décret de 1852), prise sur les 10 millions que l'empereur Napoléon III avait décidé de consacrer à l'amélioration des logements d'ouvriers dans les grandes villes, et en outre le crédit foncier avança à 5 p. 100 355,000 francs, si bien qu'on se trouvait avoir près d'un million de francs.

Comme condition attachée à la subvention, la société devait construire au moins 300 maisons d'ouvriers, et limiter le dividende à 4 p. 100. La subvention devait servir à faire les frais de la voirie, des installations d'utilité générale. Le prix des maisons en a été par suite plus bas au début (2,200 à 3,000 francs), depuis lors la moyenne est de 2,600 à 3,400 francs.

Le premier versement doit être de 250 à 300 francs, le payement mensuel varie entre 18 et 25 francs. C'est calculé de façon à représenter 8 p. 100 du prix d'achat environ, 4 p. 100 sont aux actionnaires, 1 1/2 p. 100 pour les frais généraux, assurance, etc., 2 1/2 p. 100 à l'amor-

---

geait. Le parti socialiste ouvrier assure que le système des petites maisons a pour objet la reconstitution d'une sorte de glèbe.

tissement. L'amortissement complet a lieu en 13
à 16 ans. En 1881, la Société avait construit
996 maisons, toutes vendues pour 2,932,475 francs
2,415,452 francs étaient remboursés et la dette
des ouvriers était de 517,000 francs seulement. La
colonie est habitée par 7,000 personnes environ.

Dans une récente publication : « *Oberelsassische
Baumwollindustrie und ihre Arbeiter* », un élève de
M. Brentano donne des détails sur l'état actuel de
la cité ouvrière de Mulhouse. L'étude du docteur
Herkner a fait quelque bruit en Allemagne, parce
qu'il peint la situation des ouvriers sous des cou-
leurs fort sombres et qu'il prétend réagir contre
les appréciations optimistes portées sur le résultat
des efforts tentés par les grands industriels de
Mulhouse.

La cité ouvrière est née du sentiment, provoqué
par la Révolution de 1848, qu'il était nécessaire
de s'occuper du bien-être de l'ouvrier et notamment d'améliorer son logement. En présence de
l'encombrement inouï qui régnait dans les sales
maisons qu'habitaient les familles d'ouvriers, on
voulut essayer de l'extrême contraire et créer des
maisons isolées, destinées à abriter un nombre
restreint de personnes. Pour des motifs d'économie, au lieu de cottages détachés, on bâtit les
maisonnettes par groupe de quatre. Au rez-de-
chaussée, on trouve une petite cuisine qui forme
antichambre en même temps et dont la porte

ouvre directement à l'extérieur, elle est éclairée par une petite fenêtre et un œil de bœuf; un escalier fort étroit et raide conduit au premier étage, qui renferme une chambre de 2 m. 86 sur 5 m. 60 de large et de 2 m. 70 de haut, — un cabinet de 2 m. 24 sur 3 m. 46. Au-dessus, il y a un grenier avec une fenêtre. Le cabinet d'aisances est hors de la maison.

La maison avec jardin, dépenses de voirie et frais d'enregistrement, coûte 3,000 à 3,100 francs, cela représente un loyer mensuel de 25 francs équivalent à ce qu'on payait pour une très mauvaise habitation en ville. Nous avons dit qu'on a demandé un premier versement de 300 francs. Au bout de 13 ans et 5 mois on pouvait devenir propriétaire.

D'après M. Herkner, ce sont surtout des ouvriers de la campagne, y possédant un bout de champ qu'ils ont vendu, qui ont profité de la cité ouvrière.

Où auraient-ils trouvé sans cela les 300 francs, demande-t-il? En 1886, 55 ouvriers de fabrique et 205 journaliers, dont le salaire quotidien variait entre 2 francs et 2 fr. 50, habitent dans la cité comme acquéreurs. M. Herkner croit que les ouvriers ont emprunté, lorsqu'ils n'avaient pas d'économie ou qu'ils ont reçu des avances des fabricants.

Bien qu'il fût défendu de prendre des sous-locataires, les acquéreurs l'ont fait, afin d'augmenter leurs revenus, afin de payer plus facilement les annuités. On a fermé les yeux et on a eu l'encombrement dans de petites maisons, construites pour un nombre limité de personnes. Il paraît que lors d'une inspection faite à l'occasion de mesures à prendre contre le choléra en 1884, on a trouvé dans une seule maison de la cité 6 familles, soit 42 personnes, dans une autre 28, dans une autre 20. La moyenne est de 10 personnes.

Il était interdit de faire des modifications structurales pendant dix ans; ce délai s'est écoulé et dans la partie nord-ouest de la cité, on remarque que quelques propriétaires ont surélevé leur maison, que d'autres ont profité du terrain pour ajouter des constructions. 270 maisons ont été modifiées de la sorte. Dans la partie la plus voisine de la ville, et qu'habitent de petits bourgeois, il n'a pas été fait de changement.

Le personnel primitif s'est renouvelé en grande partie. D'après M. Herkner, beaucoup de petites maisons de la cité seraient hypothéquées.

En dehors de la cité ouvrière, le logement des ouvriers à Mulhouse est toujours déplorable. Une mauvaise chambre se paye 12 fr. 50 par mois en ville, une mansarde 7 fr. 50, trois chambres 17 fr. 50 à 18 fr. 75. La moitié d'un lit se paye 5 à 6 francs par semaine.

M. Herkner regrette qu'au lieu de ne bâtir que des cottages, on n'ait pas construit des maisons à

plusieurs locataires, installées d'avance pour recevoir plusieurs familles, — des maisons à deux
étages, chaque étage renfermant trois ou quatre
logements. La spéculation privée en édifie d'elle-
même un grand nombre. Pour les indigents, la
caserne de location est ce qu'il y a de mieux.

Dans un esprit d'impartialité, nous avons cru
devoir citer les renseignements de M. Herkner,
qui ont d'ailleurs été l'objet de protestations.

LA
QUESTION DU LOGEMENT EN BELGIQUE

L'ENQUÊTE DU GOUVERNEMENT BELGE,

Les grèves du Borinage en 1886 ont ramené brusquement l'attention sur les questions ouvrières. Le premier moment de stupeur passé, la répression achevée, le gouvernement s'adressa aux chambres pour leur demander de concourir avec lui à empêcher par une série de mesures préventives le retour de ces scènes lamentables. Il les convia à consacrer tous leurs efforts à l'étude des problèmes sociaux, et il indiquait d'une façon générale les dispositions législatives qu'il était disposé à leur soumettre en faveur des classes ouvrières (1). Mais avant de procéder à une réforme d'ensemble, il crut devoir réunir une grande commission chargée de procéder à une enquête sur les conditions du travail dans le royaume et de rédiger des

(1) Voir un excellent article de M. Georges Michel dans l'*Économiste français* du 16 avril 1887 : « Des projets de réglementation du travail en Belgique, » ainsi que le livre de M. Cheysson, p. 37 et suivantes.

propositions qui serviraient de données pour la rédaction des projets de loi. Cette commission, composée de sénateurs, de députés, d'économistes, d'industriels et de négociants, se réunit pour la première fois en avril 1886, sous la présidence du ministre de l'agriculture et de l'industrie. Celui-ci esquissa à grands traits le programme que pouvait suivre la commission : « On peut subdiviser le vaste sujet qui nous occupe en trois groupes de questions : 1° les unes concernant le régime du travail, son organisation au sein de l'atelier; 2° d'autres ayant trait aux rapports constants entre patrons et ouvriers, rapports trop souvent empreints de défiance et qu'il importerait de pouvoir faciliter; 3° enfin une troisième catégorie se rapportant aux institutions de tout genre destinées à améliorer le sort de l'ouvrier. »

L'enquête s'est opérée à la fois par voie de réponses écrites à un questionnaire très soigneusement élaboré et de dépositions orales recueillies sur place.

La troisième section s'occupa de la question du logement et l'envisagea sous tous ses aspects. Eu égard à la complexité et à l'importance de cette question, le gouvernement belge a jugé bon de faire concourir à son étude le conseil supérieur d'hygiène et l'a chargé d'une enquête sur la situation des habitations ouvrières spécialement considérées au point de vue de la salubrité.

Ce conseil a arrêté son programme et l'a réparti en quatre groupes : 1° législation ; 2° plans de constructions salubres et économiques; conditions de salubrité; 3° situation actuelle des logements pauvres; 4° association pour les habitations ouvrières.

Nous connaissons les rapports rédigés par M. Meeus, membre de la troisième section de la commission du travail, sur les logements d'ouvriers.

M. Michel, parlant en général des rapports soumis par les sous-commissions à la réunion plénière, trouve qu'au lieu de se placer au point de vue économique la commission s'est placée sur le terrain exclusivement parlementaire. De parti pris elle a exclu les chiffres, les statistiques pour se cantonner dans la recherche des documents législatifs.

Nous croyons inutile de reproduire les considérations dont M. Meeus fait précéder les diverses propositions dont il a entretenu ses collègues.

L'habitation des ouvriers laisse malheureusement beaucoup à désirer en Belgique, on retrouve dans les grandes villes et dans les centres industriels, les inconvénients que nous avons rencontrés dans les autres pays : encombrement, habitudes de saleté, absence de pudeur et de retenue, négligence des prescriptions les plus élémentaires de l'hygiène. De loin en loin les autorités communales interdisent l'occupation des maisons dont la

malpropreté, le défaut d'aérage compromettent la
santé publique. Mais ces cas sont excessivement
rares.

On a fait de sérieux efforts pour améliorer les
logements d'ouvriers. Dans presque toutes les
grandes villes des sociétés se sont constituées pour
procurer à la classe ouvrière des habitations plus
convenables. A Anvers, à Liége, à Verviers, à
Bruxelles, à Nivelles fonctionnent des sociétés de
ce genre. Des administrations publiques charitables
et notamment les bureaux de bienfaisance d'Anvers et de Nivelles ont affecté une partie de leurs
capitaux à ériger des habitations pour ouvriers.
Des industriels fournissent à leurs ouvriers des
habitations dans le voisinage de l'usine. La législation a, par des mesures successives, cherché à
favoriser ces initiatives. La loi du 12 juin 1861
accorde l'anonymat à la société de Verviers pour
les habitations ouvrières; la loi de 1862 stipule que
les droits d'enregistrement et de mutation concernant les actes des sociétés ou des particuliers en
vue de la construction ou de la vente de maisons
d'ouvriers pourront être acquittés en dix termes
annuels. La loi de 1867 étend la faveur de l'anonymat accordé à la société de Verviers à toutes les
sociétés analogues; elle interdit d'établir des taxes
communales ou provinciales sur le revenu des habitations construites par ces sociétés aussi longtemps qu'elles seront exemptes de l'impôt foncier

en vertu de la loi du 28 mai 1821, c'est-à-dire pendant huit ans. Elle réduit le droit de timbre sur les actions et obligations émises par ces sociétés.

M. Meeus donne quelques renseignements sur les tentatives faites. Nous les reproduisons à notre tour.

Société Verviétoise pour la construction des maisons ouvrières. — Cette Société a construit deux groupes d'habitations. Le premier, situé sous la commune d'Ensival, est composé de seize maisons à étages. Toutes ont été vendues au prix de 4,500 francs l'une. L'amortissement du prix de vente se fait par payements trimestriels de 100 francs. Les intérêts du solde débiteur à 6 p. 100, se payent chaque année. La Société prend à sa charge l'assurance et la contribution foncière jusqu'à parfait payement du prix de vente.

Le deuxième groupe, comprenant douze maisons à étage et une cité ouvrière de sept habitations à plusieurs étages, est situé à Verviers, au chemin du Limbourg.

L'expérience n'a pas été favorable à la cité ouvrière, où la cohabitation est trop grande et où l'ouvrier n'est pas chez soi. La Société donne la préférence aux petites maisons à un étage, d'une superficie de 50 mètres carrés, avec jardinet de même contenance.

Le capital social est de 1 million de francs dont 217,000 francs versés.

26.

Les actionnaires ont, chaque année, touché un intérêt de 4 p. 100 du capital versé, sauf pendant deux ans.

Le prix de location des maisons est de 20 francs par mois.

Société liégeoise des maisons ouvrières. — La Société a construit 425 maisons réparties dans sept quartiers. 237 maisons ont été vendues, dont 56 ont été intégralement payées.

Le capital social est de 1,502,500 francs, entièrement versé. La Société a contracté des emprunts dont le solde, au 31 décembre 1885, était de 610,850 fr. 37 c. Les comptes de prévision et de réserve s'élevaient à cette date à la somme de 176,043 fr. 38 c. L'intérêt payé aux actionnaires est de 3 p. 100.

Toutes les maisons, à étage, sont entourées de jardinets. Le loyer varie, suivant l'importance de la maison, de 22 à 30 francs par mois. Des maisons construites pour loger des employés se louent à 50 francs par mois.

Au 31 décembre dernier les 412 maisons occupées renfermaient une population de 2,828 personnes, dont 713 hommes, 751 femmes et 1,364 enfants. Il y avait : 479 ménages avec enfants, 94 ménages sans enfants et 167 ménages de célibataires.

Le nombre de décès en 1885 a été de 43 : hommes 9 ; femmes 11 ; enfants 23.

Le capital immobilisé était au 31 décembre :

Terrains. . . . . fr.   663,810 71
Constructions . . . . fr.   2,143,665 28
                                fr.   2,807,075 99

Capital social : 2 millions de francs, dont 849,500 francs versés. Obligations émises à 4 p. 100. 85,500 francs.

Société anonyme Anversoise pour la construction et l'amélioration des maisons d'ouvriers, fondée en 1868. — La Société a construit des maisons dans quatre quartiers de la ville et dans la commune suburbaine de Merxem.

Le capital immobilisé au 31 décembre 1885 était de 945,319 fr. 84 c. ; l'intérêt distribué 4 p. 100.

La Société a construit rue Kronenburg à Anvers, une maison spécialement destinée au logement des ouvriers célibataires, et de ceux qui ne séjournent que momentanément en ville.

Bureau de bienfaisance d'Anvers. — En 1864, le Bureau de Bienfaisance d'Anvers construisit, à titre d'essai, quatre maisons d'ouvriers dans un quartier, à cette époque peu habité, nommé Stuivenberg. L'essai ayant réussi, l'Administration entreprit la construction de logements d'ouvriers sur une grande échelle.

En 1869, elle avait construit 117 maisons d'ouvriers pour un ménage, 50 maisons bourgeoises dont une partie destinée au petit commerce et une école gardienne.

Le terrain affecté à ces constructions a une
étendue de 20,486 mètres carrés, dont 7,438 mètres
furent acquis à la suite d'expropriation, le restant
appartenant au Bureau de Bienfaisance. Le prix
moyen payé aux expropriés est de 4 fr. 50 c. le
mètre.

En prenant ce prix comme base, les 20,486 mètres carrés
représentent une valeur de. . . . . . . fr.   92,106 00
Les constructions, la voirie et les frais
de tous genres se sont élevés à . . . . fr.   477,919 81
                         Total. . . fr.   570,025 81

Toutes les maisons ont été louées peu après leur
achèvement, et n'ont cessé de l'être.

Le nombre de demandes dépasse toujours celui
des maisons disponibles.

Au début le prix de location était : *a*) pour les
maisons d'ouvriers de 3 fr., 3 fr. 25 c. 3 fr. 50 c.
par semaine ; *b*) pour les maisons bourgeoises de
16 à 40 francs par mois, suivant le nombre de
pièces.

En 1871 le revenu, *tous frais déduits*, était de
23,828 fr. 25 c., ou 4, 81 p. 100 du capital.

En 1874, le loyer des maisons d'ouvriers fut
élevé à 4 francs en moyenne par semaine.

Plus tard, au fur et à mesure du renouvelle-
ment des baux, ce prix de 4 francs fut majoré de
façon qu'au 1er janvier 1885, le prix moyen était
de 5 francs par semaine.

Les maisons bourgeoises subirent pendant les

mêmes périodes une augmentation de loyer de 4 à 8 fr. par mois.

Depuis 1872 jusqu'en 1882, on fit des améliorations et des changements pour une somme de 20,022 fr. 22 c., ce qui porte le capital actuellement engagé dans cette entreprise à la somme de 590,048 fr. 3 c.

En 1883, le produit net était de 33,693 fr. 53 c., soit 5,70 p. 100 du capital.

En 1881, l'Administration achevait une nouvelle série de constructions comprenant : 5 maisons pour boutique, 5 maisons d'ouvriers pour un ménage et 24 pour deux ménages.

Le prix du terrain, d'une étendue de 2,820 mètres carrés, s'élève, tous frais compris, à . . . . . fr.	66,698 16
Les constructions, la voirie et tous les autres frais occasionnèrent une dépense de fr.	177,161 19
Total. . . . fr.	243,859 35

Toutes ces maisons furent louées après leur achèvement. En 1883 le revenu net fut de 12,053 fr. 23 ou 4,94 p. 100 du capital engagé.

Les maisons d'ouvriers pour un ménage sont louées de 22 à 25 francs par mois et les maisons à deux étages à 8 fr. 75 c. par semaine. Les maisons boutiques de 45 à 60 francs par mois.

Résumé :

La première série a coûté. . . . fr.	590,048 03
La deuxième série. . . . . . . fr.	243,859 35
Total. . . . . fr.	833,907 38

Le produit de la première série était
en 1883 de. . . . . fr. 33,693 05
Celui de la 2ᵉ série . . . . fr. 12,053 23
　　　Total. . . . . fr. 45,746 88

Le produit net, tous frais déduits, est donc de 5,48 p. 100 du capital engagé.

Lors de la percée de la rue Nationale au travers du quartier populeux de Saint-André, la ville engagea l'Administration du Bureau de Bienfaisance à construire une série de maisons destinées à loger les ménages que l'exécution de la percée devait priver de leurs habitations.

La ville offrit d'avancer un capital de 1 million 500,000 francs, remboursable en intérêts et capital moyennant 66 annuités de 75,000 francs, soit 5 p. 100. La proposition fut acceptée et l'administration du Bureau de Bienfaisance acquit :

Un terrain de 11,042 mètres, situé sur les terrains de l'ancienne Citadelle du sud, au prix de 38 fr. 23 le mètre carré, soit. . . . . fr.　456,599 70

Sur ce terrain furent construites :

1º 68 maisons pour 4 ménages
　　chacune, soit . . . . . . 272 habitations.
2º 42 maisons pour 2 ménages
　　chacune, soit. . . . . . 84 　—
3º 4,23 maisons boutiques. . 23 　—
　　　Total. . . . . . . 370 　—
dont la construction, tous frais compris,
coûta. . . . . fr.　1,043,400 24
　　　Total, ... fr. 1,500,900 00

Le produit de ces habitations est de. fr. 101,650 00
dont il faut déduire les frais. Ces frais
ne nous ont été communiqués qu'en
chiffres ronds ; les voici :

Entretien	fr.	2,600 00
Eaux	»	2,500 01
Vidanges.	»	676 00
Surveillance et administration	»	2,000 00
Assurance	»	433 42

Contributions foncières.	fr.	3,026 99		
— personnelles.	»	4,792 74		9,421 30
— communales.	»	1,601 58		
			fr.	17,630 73

Le produit net serait ainsi de. . . . fr. 84,109 27
ou environ 5,60 p. 100 du capital engagé.

Dans la séance du 13 novembre, la commission du travail a adopté une dizaine de conclusions
présentées au nom de la troisième section par
M. Meeus. Les voici :

1. Il y a lieu de rédiger une statistique scientifique des logements d'ouvriers.

2. Il y a lieu de surveiller d'une façon permanente et efficace les habitations ouvrières et principalement celles qui servent de logement à plusieurs ménages. Des règlements communaux
devront prescrire, pour la construction et la reconstruction des maisons ouvrières, les conditions les
plus indispensables à la moralité et à la salubrité.

3. Il y a lieu de réviser les dispositions de la loi
de 1822 sur la contribution personnelle concernant

les exemptions totales ou partielles établies en faveur des habitations ouvrières.

4. Il y a lieu d'encourager la construction de maisons ouvrières, tant à la campagne que dans les villes, et spécialement d'engager les administrations charitables à consacrer une partie de leurs capitaux à construire des habitations pour ouvriers répondant aux exigences de la morale et de l'hygiène.

5. Les bénéfices octroyés par les articles 1, 2, 4 et 5 de la loi du 12 août 1862 qui déroge, en faveur des sociétés ayant pour objet la construction des maisons et autres bâtiments destinés à l'usage des classes ouvrières, à la législation sur les droits d'enregistrement et de transcription, sont applicables à tout constructeur de maisons ouvrières et spécialement aux administrations publiques, telles que bureaux de bienfaisance, hospices, administrations communales, qui emploieront en construction de maisons ouvrières, sous réserve d'amortissement, soit une partie de leur patrimoine, soit des capitaux empruntés.

6. Il y a lieu :

1° De favoriser les sociétés qui ont pour objet la construction, la location et surtout la vente de maisons ouvrières aux ouvriers, en autorisant ces sociétés à émettre des obligations à primes;

2° D'exempter de l'impôt foncier, pendant quinze ans, les maisons vendues à des ouvriers ;

3° D'engager les administrations communales à exonérer les sociétés et les administrations publiques de bienfaisance qui s'occupent de la construction de maisons ouvrières des frais de voirie (acquisition de terrains destinés aux rues, pavage, égouts, conduites d'eau et de gaz).

4° D'interdire aux provinces et aux communes l'établissement de taxes sur les maisons ouvrières exemptées de l'impôt de l'État. Les maisons d'une valeur n'excédant pas 3,000 francs jouiraient de ces avantages.

7. Les sociétés ayant pour objet la construction, l'achat, la vente ou la location d'habitations destinées aux classes ouvrières, pourront revêtir la forme anonyme ou coopérative.

Les exemptions de divers droits octroyées en faveur des sociétés coopératives par les articles 1, 2, 3 et 4 de la loi du 2 juillet 1875, sont applicables aux sociétés anonymes dont l'objet est défini à l'article 1er.

8. Il y a lieu d'exempter de tout droit de mutation l'ouvrier achetant une maison d'une valeur inférieure à 3,000 francs à une société de construction de maisons ouvrières ou à une administration publique s'occupant de cet objet dans les conditions déjà définies.

9. Il y a lieu de reviser certaines dispositions du Code civil à l'effet d'assurer au survivant des époux la jouissance de la maison acquise

pendant le mariage et qui lui sert d'habitation.

10. Il y a lieu de reviser les articles 826, 827, 859 et 866 du Code civil ordonnant le partage ou le rapport des immeubles en nature et leur vente quand ils ne sont pas partageables, pour le cas où il n'existe dans la succession d'autre immeuble qu'une maison d'habitation avec dépendances dont la valeur ne dépasse pas 3,000 francs.

La commission a renvoyé à l'examen de la troisième section les observations auxquelles la discussion du rapport sur les logements des ouvriers et de diverses propositions avait donné lieu. La troisième section a proposé diverses modifications, notamment de substituer la rédaction suivante :

Art. 2. — « Il y a lieu de reconnaître législativement aux administrations communales le droit :

« *a*. D'édicter des règlements prescrivant pour la construction des maisons, les conditions les plus indispensables à la moralité et à la salubrité.

« *b*. D'exercer, dans l'intérêt de l'hygiène, une surveillance permanente et efficace des habitations, et spécialement de celles qui servent de logement à plusieurs ménages.

« Les cours, vestibules et escaliers sur lesquels donnent issue plusieurs appartements loués séparément, devraient, au point de vue de la police, être considérés comme appartenant à la voie publique. »

Art. 3. — « En attendant une revision plus complète de la loi de 1822 sur la contribution personnelle, il y a lieu de modifier les dispositions de cette loi qui concernent les exemptions, totales ou partielles, établies en faveur des habitations d'une valeur locative peu élevée, en excluant des faveurs accordées, les maisons servant de boutique et de débit de boissons. »

On a passé outre à l'objection faite par un membre que le dégrèvement d'une catégorie de citoyens entraîne une augmentation d'impôt pour les autres.

Art. 4. — « Il y a lieu d'engager les administrations publiques à employer une partie de leurs capitaux à construire des habitations ouvrières convenables, et à les louer à des prix qui ne laissent, tous frais payés, qu'un intérêt, rémunération nécessaire des capitaux engagés dans l'entreprise. Les cabarets devraient y être interdits. Pour intéresser les locataires à conserver leurs habitations en bon état, il pourrait être stipulé que le produit net, au delà d'un certain taux d'intérêt du capital, serait, chaque année, partagé entre les locataires à valoir sur les prochains loyers. »

Il s'agit, paraît-il, d'un vœu en faveur d'une action toute de persuasion de la part du gouvernement sur les communes et par celles-ci sur les administrations publiques de bienfaisance.

M. Denis a proposé la constitution d'une vaste société nationale pour la construction et l'achat de maisons ouvrières à l'instar de la société nationale des chemins de fer vicinaux. Le but qu'il s'est proposé est d'obtenir à bon marché les capitaux nécessaires par l'émission d'obligations à lots et de donner une vive impulsion à la construction de logements convenables pour les ouvriers ; la société nationale parviendrait à créer des types de maisons plus parfaits au double point de vue du confort et de l'hygiène. Les bureaux de bienfaisance et d'administrations communales interviendraient dans les frais de premier établissement concurremment avec l'État. L'administration appartiendrait aux bureaux de bienfaisance.

On a objecté que la constitution de pareille société n'est pas nécessaire pour atteindre le but poursuivi, qu'elle entraînerait des frais d'administration qui retomberaient nécessairement à la charge des locataires. Il ne saurait être question d'obliger les communes et les établissements publics de bienfaisance de construire des maisons ouvrières avec le concours de la société projetée. Celle-ci ne pourrait agir que par voie de conseil. Une société dont le siège serait à Bruxelles ne serait pas renseignée sur les besoins locaux, les nécessités et les habitudes essentiellement variables des populations. Il ne suffit pas de créer des types parfaits de maisons. Il faut encore consulter les goûts et les habitudes des populations. Au surplus pour les types de maisons on n'a que l'embarras du choix. Les meilleurs types sont publiés et entre les mains de tous les architectes. Le conseil supérieur d'hygiène se propose de les réunir. Les administrations pourront y faire leur choix en s'inspirant des locaux. Les capitaux à bon marché ne manquent pas aux administrations publiques qui désirent procurer aux classes indigentes et ouvrières des habitations plus convenables. A défaut de capitaux propres, les administrations publiques de bienfaisance peuvent recourir au crédit des communes, comme on l'a fait à Anvers. Quant aux frais d'administration de la société projetée, ils seraient considérables. Il suffit de réfléchir à l'immense correspondance que les rapports de la société avec les 2,800 communes du royaume entraîneraient pour se faire une idée de l'armée d'employés qu'il faudrait entretenir. Cette vaste organisation administrative ne pourrait au surplus qu'être nuisible à la prompte expédition des affaires.

Par ces motifs la section a rejeté la proposition de M. Denis par 3 voix contre 2.

— Tenant compte des observations présentées par M. Lagasse, la troisième section propose de rédiger l'article 6 de la manière suivante :

Il y a lieu :

1° « De favoriser les sociétés qui ont pour objet exclusif la construction, la location et surtout la vente de maisons ouvrières aux ouvriers, en autorisant ces sociétés à émettre des obligations à primes.

2° « D'exempter de l'impôt foncier, pendant quinze ans, les habitations construites à neuf, dont le coût, non compris le terrain, ne dépasse pas 1,600 francs. En cas de vente de ces habitations, si l'acquéreur ne possède pas d'autre immeuble, et que le prix de vente est stipulé payable par annuités, l'exemption de l'impôt foncier serait accordé pendant quinze ans à dater du jour de la vente.

3° « D'engager les administrations communales à exonérer des frais de voirie (acquisition de terrains destinés aux rues, pavage, égouts, conduites d'eau et de gaz) les administrations, sociétés et particuliers qui consacrent leurs capitaux à la construction de maisons ouvrières.

4° « D'interdire aux provinces et aux communes l'établissement de taxes sur les maisons exemptées de l'impôt foncier.

Enfin, la section a proposé de rédiger l'article 8 :

ART. 8. — « Il y a lieu d'exempter de tout droit de mutation la vente des maisons d'une valeur n'excédant pas 1,600 francs, terrain non compris. »

Le but de la rédaction nouvelle est d'accorder

l'exemption de l'impôt aux maisons destinées à la classe ouvrière, quelle que soit leur situation. La valeur du terrain est essentiellement variable suivant les localités.

La rédaction nouvelle étend aux maisons ouvrières, construites par des particuliers, les exemptions d'impôt sollicitées par le premier rapport en faveur des administrations publiques et des sociétés. Le but poursuivi est de venir au secours des classes ouvrières. Pourquoi ne pas solliciter dans cette voie le concours des particuliers ? Craindrait-on que les faveurs accordées tourneraient plutôt au profit des propriétaires que de la classe ouvrière ?

Plus le nombre de maisons ouvrières sera grand, plus les loyers baisseront. Il est du reste des entreprises importantes de ce genre faites par des particuliers, notamment les maisons ouvrières que M. Hovaux a construites à Cuesmes-lez-Mons : le projet complet comprend cinq cents maisons dont quatre-vingt-dix sont terminées.

APPENDICE

NOTES SUR LES ÉTATS-UNIS

NOMBRE DES *building associations* EN 1886.

Les building ou loan associations sont au nombre de plus de 1,700 aux États-Unis. Dans la ville de Philadelphie seule on en compte 600 avec 75,000 membres et 400 millions de francs de capital accumulé.

LÉGISLATION DE LA PENNSYLVANIE CONCERNANT LES *building societies*. 1883.

Il n'existe pas de statistique gouvernementale donnant le nombre de ces associations, celui de leurs membres, des capitaux réunis par elles, etc. Comme elles sont exemptes de taxation au profit de l'État, elles ne font pas de rapport à l'Auditor General. Lorsqu'elles étaient imposées, la seule information publiée était l'indication de leur nom et du montant d'impôt payé par chacune d'elles.

La législation qui exempte les sociétés de prêt mutuel et de construction de tout impôt *for State purposes* se fonde sur ce qu'elles ont été déclarées par la loi, méritoires et dignes des bons soins de l'État, par suite de l'encouragement qu'elles offrent au peuple de former des habitudes d'économie et de devenir propriétaires d'immeubles, enrichissant et fortifiant par là la collectivité. De plus leurs bénéfices proviennent de leurs membres et non du public en général.

L'exemption d'impôt ne s'applique pas à la propriété im-

mobilière que ces associations peuvent posséder, seulement à leur capital, aux avances sur hypothèques et autres
faites à leurs membres.

LOGEMENT DES OUVRIERS DANS LE CONNECTICUT.

M. Hadley, professeur à Yale Collège et chef du bureau
de statistique du Connecticut, a bien voulu me communiquer quelques renseignements.

La population n'est pas dense. Les villes ont de l'espace
pour s'étendre dans toutes les directions. Même à New Ha-
ven, avec une population de 75,000 habitants, la majorité
des gens de toute classe vivent dans des maisons détachées
en bois. Une semblable maison abrite souvent deux familles,
mais rarement davantage. *Les tenement houses*, dans le vrai
sens du mot, sont rares. Nous n'avons pas d'associations
de construction et de prêt. On a tenté des essais de ce
genre, mais ils n'ont pas bien réussi. L'ouvrier qui désire
se construire un *home*, trouve qu'il peut emprunter à une
savings bank à 6 p. 100 et rembourser graduellement le
capital. Une grande partie des maisons de nos ouvriers ont
été payées ou se payent de cette manière.

Dans la partie est de l'État (district manufacturier
textile) les fabricants sont propriétaires des maisons et les
louent aux ouvriers moyennant 20 à 35 francs par mois.
Cette coutume devient de moins en moins fréquente. Les
loyers sont bas, mais les ouvriers n'aiment pas à se sentir
dépendants.

BIBLIOGRAPHIE D'OUVRAGES RÉCENTS SUR LA MATIÈRE

ÉTATS-UNIS

Improved Dwellings for the laboringe lasses (New York Putnam).

Methods of improving the homes of the poor, by Stephen Smith M. D. Read before the N. Y. Public Health and Dwelling Reform Association. April 1875.

Better homes for workingmen, by Alfred I White, 1885.

Laws affecting tenement and lodging houses, published by Association for improving condition of the poor.

Les Rapports de cette société ainsi que ceux de la Charities Aid Association.

Homes for the people by R. I. Paine. Journal of social science, nᵒ XV, 1881).

La déposition de M. Meyer devant la commission d'enquête anglaise de 1884 sur les logements d'ouvriers.

Les volumes de l'enquête sénatoriale américaine sur les relations du capital et du travail.

Foreign office report nᵒ 43, 1887.

National and people's Banks in the united States of America.

Cooperation as a business, par C. Barnard (Putnam. New York 1881) dont le premier chapitre est consacré aux Philadelphia Building associations.

Building association and home journal, 529 Commerce street, Philadelphie.

How to manage building associations par E. Wrigley, Philadelphie, 1873.

ANGLETERRE

Rapports des diverses enquêtes parlementaires et extra-parlementaires 1882. — 1884-85.

Health Exhibition literature :

H. Duff-Legal obligations in respect to dwellings of the poor 1884.

Health in the dwelling. Conferences (Dwellings for the poor. Sanitary construction of houses, promotion of social science). 1884.

Westgarth prize essays on the street realignment, reconstruction and sanitation of central London and of the re-housing of the poorer classes. 1886.

What to do and how to do it, a manual of the law affecting the housing and sanitary condition of Londers, Issued by Sanitary Laws enforcement society.

Edw. Spencer. Artizans' and Labourers' Dwellings. London, 1881.

Dº. — Homes of Working Clasles in Dublin, 1884.

Schloss. The homes of the poor 1885.

Mansion house Council on the Dwellings of the people Report 1885-1886, London.

Dwellings of the poor. Report of the Dwellings Committee of the Charity organisation Society, 1881.

Dwellings of the poor by S. Loch, 1882.

Old lessons in sanitary science revived and new lessons considered by Sir R. Rawbinson 1880.

Social and national Influence of the domiciliary, condition of the people, by Sir R. Rawlinson, 1883.

The Bitter Cry of outcast London, by the Rev. Mearnes.

How the poor live by George R. Sims, 1883.

FRANCE

A. Delaire. Les logements d'ouvriers et le devoir des classes dirigeantes, Lyon, 1886.

G. Picot. Un devoir social et les logements d'ouvriers. Paris, 1885.

E. Muller et E. Cacheux. Les habitations ouvrières en tous pays, 1879.

Dr Marjolin. Causes et effets des logements insalubres, 1881.

Dr du Mesnil. L'habitation du pauvre à Paris, 1882.

R. Lavollée. Les Classes ouvrières en Europe, 1884.

E. Cacheux. L'Économiste pratique (habitations ouvrières), 1885.

Comte d'Haussonville. Misères et Remèdes, 1886.

—   La Misère à Paris.

Bulletin de la société d'Économie sociale, t. VII à IX, 1880-1885.

E. Cheysson. La question des habitations ouvrières en France et à l'étranger, la situation actuelle, ses dangers, ses remèdes. Paris, 1886.

L. Masson et Dr A. J. Martin. Les maisons « salubres et insalubres » à l'Exposition internationale d'hygiène de Londres, avec atlas. Paris, 1885.

Rapport fait au nom de la Commission chargée d'étudier la situation des classes ouvrières, par le comte de Melun, 1875.

Henri Violette. Histoire de la Compagnie immobilière de Lille, 1872.

Société immobilière d'Orléans ayant pour but de développer l'esprit d'épargne. Statuts.

Société anonyme des habitations ouvrières de Passy-Auteuil. Statuts.

C. Lavollée. Rapport sur les habitations ouvrières à la

Société d'encouragement pour l'industrie nationale, 1882.

Documents publiés par la Commission administrative chargée de l'étude des questions relatives à la création des logements à bon marché pour la population ouvrière de Paris.

Rapports au Conseil municipal de Paris, 1883-1885.

Langlois. Les logements ouvriers à Paris (Correspondant décembre 1885, janvier 1886).

ALLEMAGNE

Dr J. Balmer Rint : Die Wohnung des Arbeiters, 1883.

Diestelkamp. Wohnungsverhälnisse unserer ärmeren Klassen, 1886.

Engel die moderne Wohnungsnoth, 1873. Leipzig, Duncker et Humblot.

Fr. Engels Zur Wohnungsfrage (sozialdemokratische bibliothek XIII Zürich, 1887.

Hansen Die Wohnungsverhaltnisse in den grösseren Staedten, Heidelberg, 1883.

C. W. Hoffmann Die Wohnungen der Arbeiter, 1852.

Dr E. v. Plener die Englischen Baugenossenschaften Vienne, 1873.

Er. Reichardt. Die Grunzüge der Arbeiterwohnungsfrage. Berlin, 1885.

Dr Ruprecht Die Wohnungen der arbeitenden Klassen in London 1884.

Dr E. Sax Die Wohnungsjustände der Arbeitenden Klassen. Vienne, 1869.

Mart. Schall Das Arbeiterquartier in Mulhausen im Elsass Berlin.

Die Wohnungsfrage mit besonderer Rucksicht auf die arbeitenden Classen. Berlin, 1865. Herausgegeben vom central Vereine fur das Wohl der Arbeitenden Classen.

D͏ʳ Ed. Wiss. Die Wohnungsnoth in den Grosstädten.
Vierteljahrschrift fur Volkswirtschaft, 1887 1ᵉʳ volume).

Die Wohnungsnoth der ärmeren Klassen in den deutschen Grosstädten. 2 volumes publiés par le Verein fur socialpolitik. (Hambourg, Francfort, Strasbourg, Bochum,
Chemnitz, Osnabruck, Crefeld, Dortmund, Essen, Berlin,
Elberfeld, Breslau, Leipzig, Londres, Paris et la France).
1886.

Verhandlungen der Generalversammlung des Vereins fur
socialpolitik, 24-25 sept. 1886. 1 vol. Leipzig, 1887.

X. Mossmann. Lettre à M. Herkner sur son livre : die
Oberelsässische Baumwollindustrie. 1887.

TABLE DES MATIÈRES

ÉTATS-UNIS.

ANGLETERRE.

ALLEMAGNE.

BELGIQUE.

APPENDICE.

FIN.

8336-87. — CORBEIL. TYP. ET STÉR. CRÉTÉ.

LIBRAIRIE GUILLAUMIN ET Cⁱᵉ

8396-87. — Corbeil Typ. et stér. Jules Crété.

www.ingramcontent.com/pod-product-compliance
Lightning Source LLC
Chambersburg PA
CBHW050545270326
41926CB00012B/1924